Henner Kotte | Christian Lunzer

MORDSARBEIT

Wenn Kollegen Mörder werden …

UEBERREUTER

ISBN 3-8000-7141-X

Covergestaltung: Kurt Hamtil
Coverfoto: The Image Bank / Paul Thomas

Druck: Druckerei Theiss, A-9431 St. Stefan i. L.
1 3 5 7 6 4 2

Ueberreuter im Internet: www.ueberreuter.at

Inhalt

Zur Arbeitswelt der Zukunft

Kein Zweifel, unsere Arbeitswelt ist härter geworden – und kälter. Die Zahl der Arbeits- und Erwerbslosen steigt ständig. Immer mehr Menschen müssen zu Teilzeitarbeit oder Minderbeschäftigung Zuflucht nehmen, verdingen sich als abhängige »neue Selbstständige« oder akzeptieren, nicht ganz freiwillig, so genannte 1-Euro-Jobs. Working Poor. Mit der Hilfe von Pinguinen, die sich im Eis der Antarktis kalte Füße holen, wirbt der österreichische Gewerkschaftsbund im Dezember 2005 um neue Mitglieder. »Wenn die Arbeitswelt kälter wird«, so der Text auf den Großplakaten, »kommen Sie zu uns.« Verstöße gegen das geltende Arbeitsrecht von Unternehmerseite her steigen proportional zur Zahl der Arbeitslosen. 19000 Verfahren sind, laut Arbeiterkammer, in Österreich zu Beginn des Jahres 2006 anhängig, mit einer stolzen Wachstumsrate von 40 Prozent pro Jahr. Nur die Spitze eines Eisberges – viele Arbeitnehmer akzeptieren rechtswidrige Bedingungen und scheuen den Weg zu Gericht, da sie zu Recht, wie eine Studie der Wirtschaftsuniversität Wien nachgewiesen hat, annehmen müssen, bei Kündigung und neuer Stellensuche Repressalien und Hindernissen ausgesetzt zu sein. Die Arbeitgeber sind vernetzt. Still und heimlich hat die österreichische Bundesregierung ein Gesetz beschließen lassen, das es dem Arbeitgeber ermöglicht, bei Kündigung seitens des Arbeitnehmers die Kosten, oder besser wohl die vorgeblichen Kosten, aller betriebsinternen Schulungen und Kurse zurückzuverlangen. Der Sklave wird an die Kette gelegt, das Humankapital abgesichert.

Nur ein paar Zahlen zur Erinnerung aus den Erfolgsmeldungen der letzten Zeit. Die Deutsche Telekom, jahrelang mit dem Geld der Zwangskunden aufgebaut, wird nach Millionengewinnen im vergangenen Jahr 31000 Stellen abbauen. Die Deutsche Bank plant, nach Bekanntgabe einer besonders günstigen Ertragslage, zeitgleich 6400 Entlassungen, die Allianz-Versicherung 8000, Henkel 3000 und IBM entlässt 620 hoch qualifizierte Programmierer. Electrolux schließt

die AEG in Nürnberg mit dem Verlust von 1750 Arbeitsplätzen, 320 gehen verloren, wenn Conti das Werk in Hannover-Stöcken schließen wird, nachdem vor ein paar Jahren schon das Werk im österreichischen Traiskirchen zur Gänze wegrationalisiert wurde. VW in Wolfsburg wird ... und so weiter und so weiter.
Wirtschaftlicher Erfolg wird mit Entlassung der dafür verantwortlichen Arbeiter belohnt. Was inzwischen als Naturgesetz gilt, wogegen es nichts zu tun gibt und worüber auch kaum mehr Diskussionen geführt werden.
Arbeit, die Lebenssinn, Einkommen und Überleben sichert, ist zu einem kostbaren und seltenen Gut geworden. Auch zu einem Mordmotiv?
Mobbing ist doch schon seit einigen Jahren ein Schlüsselbegriff für die Beschreibung unserer Arbeitswelt. Jeder gegen jeden, nicht nur im Betrieb, in der Firma, der Fabrik, sondern ebenso im Forschungsinstitut, auf der Universität, im Krankenhaus, im Medienunternehmen, im Theater oder im Museum. Endlich tragen die Arbeitnehmer den Arbeitskampf unter sich aus. Und nicht mehr nur für ihre Karriere, den Weg nach oben, sondern aus einem viel allgemeineren und elementareren Grund: zur Erhaltung des Arbeitsplatzes, zur Sicherung des notwendigen Einkommens für sich und für die Familie.
Die Armutsfalle schließt sich leicht und schnell. Nur wenige Voraussetzungen sind dafür nötig: eine längere Krankheit, eine globalisierungsbedingte Firmenschließung, Erhöhung des Unternehmergewinns durch Rationalisierungen im Personalbereich, dadurch Verlust des Arbeitsplatzes bei hohen Fixkosten, einer größeren Familie zum Beispiel. Schon zwei unversorgte Kinder genügen, um einen Durchschnitts- und Alleinverdiener an die Armutsgrenze zu bringen. Seine Existenzangst ist somit berechtigt und betrifft nicht nur den Familienerhalter selbst, sondern auch Frau und Kinder. Dazu noch der soziale Druck, erfolglos zu sein, als Versager, Fortschrittsverlierer abgestempelt zu werden und den Kindern, der Ehefrau nicht den als notwendig erachteten Konsum ermöglichen zu können. Wenn dann auch noch das Prinzip Hoffnung fehlt, die Zukunft keine Aussicht auf Besserung bietet, schlägt Verzweiflung leicht in Aggression um. Tötungsdelikte innerhalb der Familie stellen heute schon fast die Hälfte aller Fälle dar, und bei einer großen Zahl davon sind neben Sprachlosigkeit – der Unfähigkeit, sich mitzuteilen – Existenzangst, Arbeits-

und Einkommensprobleme und die dadurch verursachten Probleme in der Beziehung auslösende Motive.
Beispielhaft und stellvertretend für viele eine »Familientragödie« aus der unmittelbaren Vergangenheit: Hubert R. hatte als Fahrer für die Wiener Untergrundbahn gearbeitet. Kollegen schätzten ihn als äußerst gewissenhaften, verlässlichen Mitarbeiter. Ein schweres Lungenleiden zwang ihn jedoch, die Arbeit aufzugeben und um Invalidenrente anzusuchen. Sie war nicht hoch, da Hubert R. noch keine fünfzig Jahre alt war und daher auch keine langen Versicherungszeiten aufweisen konnte. Noch im Vertrauen auf seinen sicheren Arbeitsplatz hatte er eine große Familie gegründet, mit vier Töchtern, von denen nur die älteste schon auf eigenen Füßen stand. Mit dem Verlust des Arbeitsplatzes war auch ein Wohnungswechsel notwendig geworden. Die Familie zog in das kleine Einfamilienhaus der Schwiegermutter in Mauerbach, einem kleinen Dorf im Wienerwald, zwanzig Kilometer von Wien entfernt. Im Dachgeschoß standen der Familie knappe neunzig Quadratmeter Wohnfläche zur Verfügung, im Parterre wohnte die alte, hörbehinderte Frau. Hubert R. fand an seinem neuen Wohnort keine Möglichkeit, zusätzlich Geld zu verdienen. Nur hin und wieder half er beim Austragen der Zeitungen. Seine Frau Sylvia, mit drei unversorgten Kindern zu Hause, musste eine Stelle als Minderbeschäftigte im örtlichen Kinderhort annehmen und half in der Pfarrkanzlei. Bei allen zuständigen Behörden hatte die Familie einen guten Ruf, die Eltern kümmerten sich ausreichend um ihre Kinder und nahmen an allen Schulaktivitäten teil, wie Lehrerin und Bürgermeister bestätigten. Daher hatte die Fürsorge auch keine Bedenken, ihnen ein Pflegekind, die neunjährige Melanie, anzuvertrauen. Das Pflegegeld war sicher ein willkommener, notwendiger Zuschuss zum Haushaltsbudget. Dass es trotz allem finanzielle Probleme geben musste, war klar. Das geringe Einkommen der Frau und die kleine Rente des Mannes konnten für die große Familie mit vier heranwachsenden Mädchen nicht ausreichen.
Am späten Abend des 10. Januar 2006 klopfte die Ehefrau Sylvia R. verzweifelt an die Tür des Nachbarhauses. Verletzt, blutüberströmt und barfuß hatte sie sich durch den hohen Schnee schleppen müssen. »Helfen Sie mir bitte, mein Mann schlägt mich, er dreht durch.« Die Nachbarn verständigten sofort Rettung und Polizei. Die Verletzte wurde ins Krankenhaus Tulln zur Erstversorgung gebracht. Die Poli-

zei fand das Haus der Familie R. in der Bergstraße unbeleuchtet und verlassen vor. Die ebenfalls benachrichtigte Tochter Petra sperrte auf. Wo waren die Kinder? Im Schlafzimmer machte sie die fürchterliche Entdeckung. Die vier Mädchen lagen, wie aufgebahrt, tot im Ehebett. Den Zwillingen Mariella und Desirée, die in wenigen Tagen ihren siebten Geburtstag gehabt hätten, waren die Kehlen durchschnitten, die beiden anderen Mädchen, die zehnjährige Michaela und das um ein Jahr jüngere Pflegekind Melanie, waren erdrosselt worden.
Sofort ordnete die Polizei eine Fahndung nach dem offenbar flüchtigen und möglicherweise bewaffneten Hubert R. an. Der Tathergang ließ sich, auch später, nur ungefähr nachvollziehen. Irgendwann am frühen Nachmittag muss es zu den Morden gekommen sein, die Kinder wiesen keine Abwehrverletzungen auf, auch konnten keine Betäubungsmittel nachgewiesen werden. Sie müssen bis zuletzt dem Vater bedingungslos vertraut haben. Dann bahrte er sie – wie bei Familienmorden typisch – liebevoll auf und wartete auf seine Frau, die um halb fünf von ihrer Arbeit im Hort nach Hause kam. Die Kinder wären von der Fürsorge abgeholt worden, sagte er, fünf Stunden lang redeten und stritten die beiden im Wohnzimmer. Dass dahinter im Schlafzimmer die toten Kinder lagen, wusste die Frau nicht. Die Großmutter im Parterre hatte infolge ihrer Gehörlosigkeit von den Vorgängen überhaupt nichts mitbekommen. Nach einer ersten Attacke mit einer Holzlatte schlug Hubert R. dann auf seine Frau mit einer bronzenen Madonnenstatue ein, doch es gelang ihr, zu fliehen. Das Schicksal ihrer Töchter erfuhr sie erst im Spital.
Hubert R. war mit dem Auto weggefahren, wahrscheinlich um seine Frau zu suchen. Erst nach Mitternacht gelang es der Polizei durch Funkpeilung des Mobiltelefons, seinen Aufenthaltsort festzustellen. Er fuhr Richtung Wien. Die erste Straßensperre überfuhr er und rammte dann einen entgegenkommenden Streifenwagen. Die Polizei schoss, aber Hubert R. war bereits tot. Unmittelbar nach dem ersten Aufprall hatte er sich ein Messer in die Brust gestoßen.
Auslösendes Moment für die Bluttat war möglicherweise der bevorstehende Geburtstag der Zwillinge gewesen, für den der Familienvater keine Geschenke hatte kaufen können, wahrscheinlicher aber die für die kommende Woche angesetzte Zwangsversteigerung des Hauses. Zwar hatte die Behörde auf Initiative des Pfarrers für eine Ersatzwohnung gesorgt, aber Hubert R. soll sehr an dem Haus, vor

allem an dem Garten, gehangen haben. Der Verlust bedeutete für ihn wohl symbolhaft den endgültigen Beweis seines Versagens. Eine Besserung der Situation, eine Möglichkeit, in Zukunft ausreichender für die Familie sorgen zu können, gab es nicht. Was die Versteigerung des Hauses betrifft, wäre er, sagten Sachverständige, auch übervorteilt worden. Sie war wegen einer geringen Schuld von 22 000 Euro angesetzt worden, entstanden aus einem Darlehen zum Ausbau des Dachbodens. Der Schuldner hätte nur das wertvolle Grundstück lasten- und vor allem mieterfrei machen wollen.

Die Tagespresse reagierte zunächst wie gewöhnlich. Sachverständige wurden zitiert, die von der Sprachlosigkeit des Mannes im Allgemeinen und der dadurch bedingten Aggressivität redeten. Gleichzeitig wurde vermeldet, dass das Ansteigen des akut von Armut bedrohten Bevölkerungsanteils in Österreich nur durch eine falsch interpretierte Statistik zu erklären sei. In späteren Berichten ließ sich, mit dem Pfarrer des Ortes als Hauptzeugen, das eigentliche Motiv – völlige Verzweiflung wegen berechtigter Existenzangst und Zukunftslosigkeit – nicht mehr verschleiern. Jetzt half auch die Behörde. Die Zwangsversteigerung wurde ausgesetzt, die Überlebenden erhielten kostenfrei psychische Hilfe und finanzielle Unterstützung wurde für später zugesagt. Davor hatten aber fünf Menschen, vier Kinder, sterben müssen.

Eine im Ausmaß erschütternde, aber keineswegs ungewöhnliche Tragödie, wie die Kriminalstatistik weiß. Die Gemeinde Mauerbach hatte von der Situation gewusst, aber niemand hatte versucht zu helfen. Damit war, wie der Pfarrer sagte, jeder an der Tragödie mitschuldig geworden. Mauerbach aber steht nur stellvertretend für die Gesellschaft der Gegenwart.

Die Bedingungen am Arbeitsplatz oder die Sorge um seinen Erhalt können also zu unmittelbaren Motiven für Gewaltverbrechen werden. Beispiele, ausgewählt nur aus der Kriminalgeschichte der deutschsprachigen Länder, werden zeigen, wie und unter welchen Umständen Situationen und die Reaktion darauf zu Mord und Totschlag führen können und wo die Schuld dafür zu suchen ist. Situationen, die keineswegs historisch, sondern pragmatisch sind.

Alle Bereiche der Arbeitswelt sind vertreten. Der Kleinbetrieb, das Dienstleistungsunternehmen, die Fabrik, die Behörde, die Zeitungsredaktion und die Universität. Der verzweifelte Arbeitslose, der für die

Aussichtslosigkeit seiner Arbeitssuche Schuldige sucht, der Arbeitnehmer, der gegen die Kündigung und den Existenzverlust kämpft, gegen unzumutbare Arbeitsbedingungen sich zur Wehr setzt, gegen Kollegen und gegen den Chef.
Wird die Zukunft unserer Arbeitswelt von immer zunehmender, auch direkter Gewalt geprägt sein? Die Chancen, dass sich der Grund dafür, das Arbeitsklima, bessert, sind – wie beim Weltklima – gering. Der Club of Rome – wer erinnert sich noch heute an ihn? – wusste schon vor zwanzig Jahren, dass steigende Industriegewinne naturgemäß in Kosten senkende Maßnahmen investiert werden, in Automatisierung und damit in die Vernichtung von Arbeitsplätzen. Und dass die westlichen Industriestaaten mit Arbeitslosenzahlen werden rechnen müssen, die bis zu ein Drittel aller Erwerbsfähigen umfassen. Ein großer Teil der Bevölkerung also lebt ohne die Selbstbestätigung durch Arbeit, ohne Einkommen, ohne Lebensunterhalt und ohne Zukunft. Da sie niemand mehr bezahlt, bezahlen kann, sind die sozialen Netze längst zerrissen. In der globalisierten und privatisierten Arbeitswelt hat auch die Politik längst keine wirkliche Eingriffsmöglichkeit mehr.

Blut im Sessel des Chefs

»Arbeiten und nicht verzweifeln!«
Thomas Carlyle

Jeder menschlichen Beziehung ist Gewalt immanent. Und je enger die Bindungen, als desto anfälliger erweisen sie sich dafür. Die Familie als kleinste Zelle der Gemeinschaft gebiert laut Kriminalstatistik die Gewalt am häufigsten. Fast ebenso viel seiner Zeit verbringt der Werktätige am Arbeitsplatz, Verbindungen sind oft »enger als die Bande des Blutes«. So nimmt es nicht wunder, dass Meldungen über dortige Gewaltverbrechen nicht selten sind: »Man hätte Emil Karl Otto Schubert (25) beneiden können. Jung war er und erfolgreich, brachte als Vorarbeiter in Pampels Schuhbude glatte 600 Märker pro Woche mit nach Hause. Emils Herz schlug sehr energisch auf der linken Seite der ›Vereinigten Schuhfabriken Pampel & Müller‹ im Dresdner Osten. Als Firmenchef Carl Pampel (38) einer erkrankten Arbeiterin, die ihre Kolleginnen in der Fabrik besuchte, das Betriebstor wies, wurde der Vorarbeiter pampig. Er forderte vom Arbeitgeber, sich bei der Ausgewiesenen zu entschuldigen und sie um Verzeihung zu bitten. Pampel bezog Klassenstandpunkt und lehnte dies rundweg ab. Darauf warf Schubert, der mit der Arbeiterin befreundet war, den Hauptriemen von der Transmission und legte den Betrieb lahm. Einem ›Gewerkschaftsbeamten‹ gelang es schließlich nach anderthalb Stunden, Schubert und Sympathisanten zu disziplinieren. Wie zufällig deckte die Betriebsleitung noch am gleichen Tage beim renitenten Vorarbeiter und einem weiteren Betriebsangehörigen gewisse Unregelmäßigkeiten auf. Man warf ihnen vor, eigene Kupons auf andere Arbeiten geklebt zu haben, um sich den Lohn dafür einzustecken. Am folgenden Tage wurden beide mit Einvernehmen des Betriebsrates standrechtlich gefeuert. Ohne Pardon und Kündigungsfrist.

Nun schritt Schubert wutschnaubend zum Showdown. Am 20. Ok-

tober erschien der Gemaßregelte mit einem Weltkriegsrevolver im Kontor, um die Rücknahme seiner Entlassung zu erzwingen. Der Schuhfabrikant lehnte barsch ab und forderte Schubert auf, die Waffe wegzustecken. Dieser sprach daraufhin den verhängnisvollen Satz ›Nein, so oder so!‹ und schoß dem fliehenden Pampel hinterher. Der Schuß traf den Türpfosten. Nun rannte der Attackierte um sein Leben, Schubert und ein Pulk Personal hinterdrein. Wieder gingen zwei Schüsse daneben. Die Hatz führte über den Fabrikhof in ein Nebengebäude hinein. In einem engen Gang dann traf die vierte Kugel das Opfer im Genick, zerschmetterte Halswirbel und Unterkiefer. Der Tod trat auf der Stelle ein. Mit den beiden letzten Kugeln wollte Schubert auch seinem Leben ein Ende setzen.
Doch er überlebte leicht verletzt und hatte sich schon gegen Ende des Jahres vor dem Dresdner Schwurgericht für seine Tat zu verantworten. Während Medizinalrat Dr. Oppe dem Angeklagten zur Tatzeit den vollen Besitz geistiger Kräfte bescheinigte und die Verhandlung schon auf Mord hinauslief, entschied sich Staatsanwalt Dr. Bücking für Totschlag, und Verteidiger Rechtsanwalt Lösker plädierte sogar für Zubilligung mildernder Umstände. Mit weinerlicher Stimme und gefalteten Händen flehte auch der Angeklagte darum. Die Geschworenen ließen Milde walten und entschieden sich für eine in diesem Falle höchst zulässige Strafe von fünf Jahren Gefängnis.«
Emil Karl Otto Schubert tötete seinen Chef anno 1921. Die Schlagzeilen von Mord und Totschlag in Büro und an der Werkbank druckte man vordem in der Zeitung, man druckt sie heute, wird sie morgen drucken. »Kollegin mit Samuraischwert enthauptet«, »Amoklauf im Betrieb – vier Tote«, »Ein Messer für den Chef«. Rainer Werner Fassbinder zeigte 1975 die Medienhatz nach einem Mord am Arbeitgeber: »Wegen geplanter Massenentlassungen erschießt der Arbeiter Küster den Chef und richtet sich selbst. Seine Witwe wird zum Spielball von Presse und Politikern.« Die Fälle gleichen einander, ob Schubert, Küster, Torsten S. ... Der Film »Mutter Küsters Fahrt zum Himmel« ist auch heute »noch am Puls der Zeit« und beredtes Beispiel der »Medien- und Machtgeilheit unserer Gesellschaft«.
»Die Arbeit ist die Quelle alles Reichtums, sagen die politischen Ökonomen. Sie ist dies – neben der Natur, die ihr den Stoff liefert, den sie in Reichtum verwandelt. Aber sie ist noch unendlich mehr als dies. Sie ist die erste Grundbedingung alles menschlichen Lebens, und zwar

in einem solchen Grade, dass wir in gewissem Sinn sagen müssen: Sie hat den Menschen selbst geschaffen.« Die Klassiker des Marxismus erkannten den Stellenwert der Arbeit im gesellschaftlichen Leben. Produktive Tätigkeit bietet genauso viel, wenn nicht mehr Konfliktpotenzial, als es dem Familienkreise immanent ist. Der Fall des Emil Karl Otto Schubert verdeutlicht die emotionalen, existienziellen und gesellschaftlichen Gründe exemplarisch: Sicherlich, auch im Bezug auf Arbeit existieren die ganz persönlichen Animositäten, Antipathie, gar Hass. Die Familie sucht sich keiner aus, auch dem Arbeitsteam wird man zugeordnet. Vorausgesetzt, man ist nicht dessen Leiter. Denn am Arbeitsplatz herrscht Hierarchie, Befehlsgewalt, ohne diese wahrgenommene Verantwortung könnte kein Produktionsprozess jemals funktionieren. »Ich Chef – du Turnschuh« ist mehr als nur das Thema des Chaplin-Filmes »Modern Times«. Logisch nachvollziehbar werden die Verantwortungsträger besser entlohnt als Untergebene. Diesem Verhältnis ist Neid immanent. Ungerechte Behandlung durch die Leitungsebene ist nicht ausgeschlossen. Der Aufstieg in die höhere Gehaltsklasse ist vielen Wunsch, der mangels Gelegenheit manchmal auch mit Gewalt Realität werden soll. »Das Motiv ist die dienstliche Pragmatik, die hier in diesem Amte als ehernes Gesetz waltet. Stellen Sie sich einmal vor, Sie würden hier arbeiten. Und Sie könnten nie und nimmer in ihrer Karriere weiterkommen, nur durch Dienstjahre und den Tod derer, die vor Ihnen sind. Ein scheußliches, aber verständliches Gefühl.« Eine Pitavalgeschichte trägt bezeichnenderweise den Titel: »Die laufende Nummer des Todes«.

»Arbeit! Arbeit! Segensquelle / Arbeit ist das Zauberwort / Arbeit ist des Glückes Seele / Arbeit ist des Friedens Hort!« Arbeit »hat den Menschen selbst geschaffen«. Was aber, wenn der Mensch Arbeit nicht mehr hat? Die Statistik der Erwerbslosen in Deutschland weist eine hohe Arbeitslosenquote aus. Betroffene fühlen sich »nichts wert«, sind »dem Lebensinn beraubt« und »außerhalb der Gesellschaft«. Nicht selten Fälle, in denen von Arbeitslosigkeit Bedrohte zur Rache schreiten. »Tragödie am Morgen des 9. Dezember 2005 im Bibliografischen Institut. [...] Ein Redakteur stach mit dem Messer auf eine Kollegin ein. Die 46-Jährige wurde schwer verletzt. Torsten S. (36) stellte sich später selbst der Polizei. Vermutlicher Hintergrund der Tat: Ende dieses Jahres sollte sein befristeter Arbeitsvertrag auslaufen. ›Wir stehen alle unter Schock‹, sagte gestern der Pressesprecher des Mannheimer Verlages, ›es ist absolut fürchterlich, was da passiert ist. Ich weiß nicht, warum der Mann durchgedreht ist.‹ Seinen Angaben zufolge gehörte Torsten S. zu einem 35-köpfigen Team, das 2003 zusätzlich zur Erarbeitung der 21. Auflage der 30-bändigen ›Brockhaus Enzyklopädie‹ eingestellt wurde. Diese ist mittlerweile erschienen. ›Der auf zwei Jahre befristete Vertrag läuft daher Ende 2005 aus‹, so der Pressesprecher. Ein Großteil jener Mitarbeiter werde aber übernommen und an neuen Projekten arbeiten. Torsten S. sei jedoch einer von sieben Beschäftigten, deren Zeitvertrag nicht verlängert worden ist. Davon soll der 36-jährige Leipziger vorige Woche erfahren haben. Derzeit ist er krankgeschrieben. Gestern gegen acht Uhr tauchte er jedoch im Institut auf. ›Er stach mit einem Messer auf die Frau ein, die allein im Zimmer war‹, so der Kripochef. Institutsmitarbeiter alarmierten 8.08 Uhr die Polizei über die erschütternde Tat. Das Opfer kam schwer verletzt in die Uniklinik und wurde notoperiert. Torsten S., der zunächst vom Tatort geflüchtet war, stellte sich kurz nach 8.30 Uhr auf dem Revier. Er wurde vorläufig festgenommen. Gegen ihn läuft ein Ermittlungsverfahren wegen versuchten Mordes. Bisherigen Erkenntnissen zufolge stach er heimtückisch von hinten mit einem Küchenmesser, das eine 20 Zentimeter lange Klinge hat, auf die Geschädigte ein. Die Kripo geht ›von einem beruflichen Hintergrund der Tat‹ aus.«

Ohne Job – kein Geld, nur Stütze, sozialer Abstieg programmiert. Auch die Vermittler in den Arbeitsagenturen werden verstärkt Opfer, weil sie Arbeit nicht vermitteln können. »Arbeit ist des Glückes Seele« – wer sie nicht hat, kann austicken und kommt mit Messer, Pistole oder Sprengsatz zum zugeordneten Fallmanager. Viele der Ämter haben Sicherheit durch privaten Wachschutz bestellt, staatliche Organe können ihn nicht gewährleisten: Personalmangel.

Arbeit schafft Mehrwert, den sich in einer kapitalistischen Gesellschaft der Unternehmer aneignet. Die Theoretiker des Kommunismus wollten den geschaffenen Mehrwert gesellschaftlich gerecht verteilen. Auf, auf zum Kampf, zum Kampf, auf zur proletarischen Revolution. 1919 starb in den Wirren einer revolutionären Umgestaltung der Kriegsminister Sachsens. Auslösender Faktor: Kürzung bislang gezahlter Löhne.

Am 12. April »vormittag versammelten sich die Verwundeten der Dresdner Lazarette auf dem Theaterplatz, um gegen die Verfügung des Kriegsministers Neuring zu protestieren, daß in Zukunft nur noch Friedenslöhnung an die Verwundeten ausbezahlt werden solle. In einem Zuge von etwa 500 bis 600 Mann bewegten sich die Demonstranten nach dem Kriegsministerium, woselbst sie eine Abordnung an den Kriegsminister schickten. Dieser weigerte sich jedoch, diese zu empfangen. Darauf nahm die Menge, von kommunistischen Rednern aufgereizt, eine drohende Haltung an und stürmte den Eingang des Gebäudes. Die Sicherheitswache schritt ein und machte von der Waffe Gebrauch. Inzwischen hatten sich die Demonstranten noch verstärkt. Die Wache wurde überwältigt und entwaffnet. Die herbeigerufenen Regierungstruppen erklärten, nicht eingreifen zu wollen, haben die Waffen abgegeben und sind wieder abmarschiert. Die aufgeregte Menge hält den Platz vor dem Kriegsministerium besetzt. An verschiedenen Stellen sind Maschinengewehre aufgestellt und nehmen das Ministerium unter Feuer – Ueber die Vorgänge, die der Ablehnung der Deputation durch Neuring folgten, ist ein klares Bild noch nicht zu zeichnen. Nach Behauptungen der Demonstranten sollen von einem Feldwebel Handgranaten geschleudert worden sein, nach anderen Behauptungen wären aber die kommunistischen Hetzer daran schuld und hätten provoziert. Es hat aber erstere Darstellung mehr Wahrscheinlichkeit. Nachdem die Handgranaten explodiert waren, flüchteten die Demonstranten; dann aber sammelten sie sich voll Wut und stürzten nun in das Ministerium und in die unmittelbar daneben befindliche Hauptwache. Die Mannschaften wurden in einem Nu entwaffnet und das Gebäude demoliert. Vorbeimarschierende Sicherheitstruppen, die die Wache ablösen sollten, wurden entwaffnet und ihre Gewehre in die Elbe geworfen. Die Straßenbahnen wurden angehalten. Ein Kommunist kletterte auf das Dach eines solchen Wagens und hielt hier eine Ansprache, worin er zur Ausrufung der Räterepublik aufforderte. Es wurde dann ein begeistert aufgenommenes Hoch auf den Bolschewismus und Kommunismus ausgebracht.

Inzwischen war eine neue Abordnung beim Kriegsminister erschienen und hatte dieser den größten Teil der Forderungen bewilligt. Die nächsten Vorgänge sind wiederum noch nicht ganz einwandfrei festgestellt. Tatsache ist, daß der Minister nun entweder freiwillig oder gezwungen unter die Menge trat, wahrscheinlich aber gezwungen; denn sie verlangte eine schriftliche Bestätigung der gemachten Zusagen. Zunächst verweigerte der Minister dies, dann aber erklärte er sich dazu bereit. Nun aber war es bereits zu spät. Von allen Seiten wurde auf ihn eingeschlagen. Er blutete bereits kräftig am Kopf. Dann nahmen ein paar dieser Gesellen ihn und warfen ihn über die Brücke in die Elbe. Der Minister versuchte zu schwimmen und gelangte auch ein Stück weit. Nun aber wurde von den wahnwitzig gewordenen Menschen auf ihn geschossen. Es sollen gegen 200 Schüsse auf ihn abgegeben worden sein. Ein Kopfschuß traf den Unglücklichen und er sank dann sofort unter. Die Leiche ist bisher, soweit bekannt, noch nicht gefunden worden. Nach diesem traurigen Ausgang setzte nun eine wilde Schießerei ein. Den ganzen Nachmittag über hörte das Maschinengewehrfeuer nicht mehr auf. Unser Vertreter versuchte, über die Friedrich-August-Brücke in das Ministerium zu gelangen; allein von beiden Seiten wurde gefeuert. Auch die beiden Minister Uhlig und Held erschienen vor dem Ständehaus, sahen sich die Sache an und verschwanden. Zahlreiche Verletzte wurden teils von anderen Personen teils auf Wagen, die ganz blutig waren, ins Schloß gebracht. Es sollen auch verschiedene Tote zu verzeichnen sein. Zuverlässige Zahlen sind darüber bei der Aufregung und bei der Unübersichtlichkeit der Vorgänge nicht zu erfahren. Der Straßenbahnverkehr über die Augustusbrücke ist vollständig eingestellt worden. Auch andere Wagen können nicht verkehren, denn die Aufständischen schießen beim Näherkommen jedes Wagens. [...] In der Stadt ist natürlich die Erregung über die Vorkommnisse und über das traurige Ende des Ministers ungeheuer. Man fürchtet weitere Ereignisse.« Die treten ein: Stunden später wird in Sachsen der Belagerungszustand ausgerufen, das Standrecht verhängt. 78 Personen werden verhaftet, elf Personen angeklagt, alle werden am 26. Juli 1919 freigesprochen. Die Indizien reichten für keine Verurteilung, zu viele Spitzel der Regierung waren an den Provokationen und der Unruhe beteiligt (das Verbot der NPD in Deutschland im Jahre 2003 scheiterte aus ähnlichen Gründen). Der Kriegssold wurde vorerst weiter an die Kriegsversehrten ausgezahlt.

Entlohnung war auch Auslöser des Streits, dem Rudolph Moshammer am 14. Januar 2005 zum Opfer fiel. »Mit einem Kabel um den Hals liegt der Modemacher tot im Flur, im ersten Stock seines Hauses vor der offenen Schlafzimmertür. Offenbar erdrosselt. (...) Der Homosexuelle suchte in der Nacht zum 14. Januar im Münchner Bahnhofsviertel einen Freier und trifft auf Herisch Abdullah. 2000 Mark für Sex habe Moshammer ihm geboten, da sei er zu ihm in den Wagen gestiegen und mit zu seinem Haus nach Grünwald gefahren. Dort sei es zu den vereinbarten sexuellen Handlungen gekommen. [...] Doch dann gab es Streit. Moshammer habe den vereinbarten Lohn nicht zahlen wollen, sondern gedroht, ihn hinauszuwerfen und die Polizei zu rufen. Da packte der junge Mann ein Elektrokabel, schlang es seinem Opfer um den Hals und erdrosselte den 64-Jährigen.« Moshammer und Freier hatten sich mündlich auf das Honorar geeinigt. Ein Arbeitsvertrag.

»›Nicule, man ermordet uns? In unserem Rumänien?‹ Die Frau kann nicht begreifen: Sterben soll sie, Mutter der Nation? Ungläubig schaut sie ihren Gatten an. Ungläubig blickt sie in die Gesichter der Soldaten. Sie und ihr Mann hatten bislang im Lande geherrscht. Unumschränkt und ohne Widerspruch. Von allen geliebt, mussten sie glauben. Kein Bürger hat je anderes ihnen gegenüber behauptet, und wenn, hat er es nie wiederholt. Sie beide führten den Staat auf eigene Weise und nach ihrem Gutdünken, sie taten, was ihnen beliebte. Sie an der Spitze des Staates besaßen, was es sie zu besitzen gelüstete. Das konnte sich nicht innerhalb von Stunden geändert haben. Ihr Volk konnte doch sie als seine gewählten Führer nicht mit einem Mal so tödlich hassen, ihrem Volk war es doch immer gut gegangen. Sie hatten alles dafür getan. Und doch war es Tatsache: Elena und Nicolae Ceausescu wurden in einem Schnellprozess verurteilt – Tod durch Erschießen. ›Nicule, man ermordet uns? In unserem Rumänien?‹ Kein Mensch gibt der Frau eine Antwort. Das Urteil wird von Ionel Boreu vollstreckt. ›Natürlich hat mich Ceausescus Erschießung sehr bewegt. Andrerseits blieb ich aber auch irgendwie unberührt. Zum einen war er mein oberster Befehlshaber, auf den ich eingeschworen war; zum anderen hatte er mir mein Leben erschwert, meine Energie aufgesogen. Damals, in jenen Stunden, Minuten und Sekunden, handelte ich wie ein Roboter, ich musste einen Befehl ausführen. Nicht mehr und nicht weniger. Ich habe nur daran gedacht, dass ich ihn töten muss, denn wenn ich es nicht getan hätte, hätte man mich erschossen. Wir schossen sofort. Ich verschoss 29 Patronen, der Zweite 30 in den Boden, der Dritte nur eine. Elena ist vornübergefallen, mit dem Kopf nach vorn. Er fiel nach hinten, auf den Rücken, die Knie unter sich. Das kam von den abprallenden Schüssen in den Boden.

Die zwei, drei Serien hatten ihn auf den Rücken geworfen, sie hatte es von unten erwischt, von den Beinen aufwärts, dann ist sie auf die Knie gefallen. Wahrscheinlich weil ich von unten nach oben geschossen hatte, aus der Hüfte. Das war das erste Mal, dass ich so geschossen hatte, damals wurde bei uns noch nicht aus der Hüfte gefeuert. Ich denke, es war richtig, dass ich den Mut hatte, das Feuer zu eröffnen. Die beiden waren sofort tot, bevor noch die anderen auch auf sie schossen. 29 Schuss genügen, um zwei Menschen aus geringer Entfernung zu töten. Keiner hatte uns genaue Anweisungen erteilt, wie die Hinrichtung zu erfolgen hat. Uns wurde nur gesagt, ihr erschießt sie. Indem wir sie dann schnell erschossen, verhalfen wir ihnen auch zu einem würdevollen Tod. Entsprechend haben sie sich auch verhalten, vor allem er. Sie haben nicht geweint, nicht um Gnade gefleht. Ceausescu ist wie ein echter Präsident gestorben ...‹« Den Tyrannenmord scheint die Geschichte zu legitimieren. Wer würde heute die Hitler-Attentäter vom 20. Juli 1944 als gemeine Mörder bezeichnen, die leider gescheitert sind? Der Tod eines Staatschefs kann nur durch Vertreter ›seines Volkes‹ geschehen, ob Tyrann, ob Demokrat: Caligula. Lincoln. Allende. Yitzhak Rabin. Amt und Politik schieben sie ins Visier der Täter.

Symbolisch auch die Liquidierungen von Jürgen Ponto, Alfred Herrhausen, Hanns Martin Schleyer durch die RAF, die Rote Armee Fraktion. Die Funktionen, die die Opfer innehatten, hatten für die Terroristen die Todesurteile hinlänglich legitimiert. Der Arbeitgeberpräsident diente zunächst als Geisel im Austausch für die Inhaftierten der Organisation. »Als Schleyer in die Hände der RAF fiel, war er nicht der Überkapitalist, der *capo dei capi tutti industriali*, sondern schon ein Mann der *old school* des paternalistischen Managements, im Kampf um den Vorstandsvorsitz bei Daimler gescheitert, mit der Doppelpräsidentschaft beim Bundesverband der Deutschen Industrie und bei der Bundesvereinigung der Deutschen Arbeitgeberverbände sichtlich überfordert. Die RAF hatte sich also des Stereotyps bemächtigt, nicht einer realen Person ... Mit Schleyer glaubten sie einen Mann als Geisel genommen zu haben, dessen Netzwerk aus politischer und ökonomischer Macht die Bundesregierung zur Freilassung der Stammheimer Gefangenen zwingen würde. In ihrer verspäteten Militanz agierten sie nicht nur in der falschen Filmdekoration, sie hatten sich auch im Objekt ihrer ›Aktion‹ vertan.« – »Die

Entführung Schleyers in Köln-Braunsfeld und die Ermordung seiner Begleiter, ein veritables Massaker, ist seit 1977 in zahllosen Fernsehsendungen, detailliert dann auf Grund der Aussagen von Peter-Jürgen Boock in Heinrich Breloers Zweiteiler ›Todesspiel‹ mediatisiert worden. Die drei ineinander geschobenen Autos, der blaue Kinderwagen, die Tiefgaragen, das Hochhaus in Erftstadt-Liblar, in dem Schleyer zunächst gefangen gehalten und ›verhört‹ wurde, all das ist Gangsterfilm, Terror-Folklore und Zensur der Linksbewegung in der Bundesrepublik zugleich. Von der Wucht des Überfalls, der nur neunzig Sekunden dauerte, kündet das nüchterne ballistische Protokoll des BKA:

›Im Einzelnen verfeuerten

- Willy-Peter Stoll mindestens 50 Schüsse aus der polnischen Maschinenpistole WZ 63 (er traf den Fahrer Marcisz tödlich),
- Sieglinde Hofmann mindestens 39 Schüsse aus ihrem Schnellfeuergewehr HK 43,
- Peter-Jürgen Boock mindestens 11 Schüsse aus einem Schnellfeuergewehr HK 93,
- Stefan Wisniewski mindestens 7 Schrotpatronen, ein Flintengeschoß, eine Eisenkugel und 10 Schrote aus einer Repetierflinte.‹«

Schleyer wird Geisel in einem politischem Spiel, dessen Ende programmiert scheint: Eine Regierung kann sich nicht von Terroristen erpressen lassen. Die Inhaftierten der Roten Armee Fraktion werden nicht entlassen. Das zu diesem Zweck entführte Flugzeug wird von der GSG 9 (Grenzschutzgruppe 9) gestürmt – nur ein Todesopfer: der Pilot. Für Schleyer ist dies das Todesurteil. »Der Einzige, der in den 44 Tagen der Entführung als Mensch reagierte, war der Entführte selbst. Hanns Martin Schleyer, der SS-Offizier, der als rechte Hand Heydrichs fungiert hatte, verwandelte sich im Anblick seines Todes in einen Hilfe suchenden Menschen ... Dieser moderne Barbar war der Einzige, der eine Spur Humanität zeigte. Im Augenblick seiner vollständigen Ohnmacht offenbarte er bislang unbekannte Züge«, sagt einer der Beteiligten. Das Todesurteil an Hanns Martin Schleyer wird vollstreckt. »In einem Waldstück kurz hinter der belgisch-französischen Grenze zerrten sie [Stefan Wisniewski und Rolf-Clemens Wagner] ihn aus dem Kofferraum, er kam im Gras zum Liegen und wurde sofort mit einem Genickschuss getötet. Ursprünglich sollte der tote Dr. Schleyer nach Bonn gefahren und dort in der Nähe des

Bundeskanzleramtes abgestellt werden. Aber die zwei verließ wohl der Mut und sie fuhren, in Frankreich bleibend, nach Mühlhausen.« – »Am Nachmittag des 20. Oktober 1977 ging bei der französischen Tageszeitung ›Libération‹ ein Kommuniqué der Schleyer-Entführer ein: ›Wir haben nach 43 Tagen Hanns Martin Schleyers klägliche und korrupte Existenz beendet. Herr Schmidt, der in seinem Machtkalkül von Anfang an mit seinem Tod spekulierte, kann ihn in der Rue Charles Peguy in Mühlhausen in einem grünen Audi 100 mit Bad Homburger Kennzeichen abholen. Für unseren Schmerz und unsere Wut über die Massaker von Mogadischu und Stammheim ist sein Tod bedeutungslos. Andreas, Gudrun, Jan, Irmgard und uns überrascht die faschistische Dramaturgie der Imperialisten zur Vernichtung der Befreiungsbewegung nicht. Wir werden Schmidt und den ihn unterstützenden Imperialisten nie das vergossene Blut vergessen. Der Kampf hat erst begonnen. Freiheit durch den bewaffneten antiimperialistischen Kampf.‹« – »Hanns Martin Schleyer wurde mit drei Schüssen in den Hinterkopf umgebracht. Alle drei Schüsse stammten aus derselben Waffe, vermutlich einem Revolver Smith & Wesson, Kaliber 38 oder 357 Magnum. Die gerichtsmedizinische Untersuchung stellte einen Kopfschuss oberhalb des linken Ohrs, einen Steckschuss auf der rechten Kopfseite und einen weiteren Steckschuss vom linken oberen Hinterkopf nach vorn rechts unten fest. Auch wenn die Schüsse aus einer Waffe kamen, ist damit nicht gesagt, dass es nur einen direkten Täter gab.«
Ein Arbeitsplatz und dienstliche Stellung schaffen Mordmotive. »Die Coverdales hatten über Eunice Parchmans Arbeitswilligkeit ihnen gegenüber nachgedacht. Sie hatten ihr ein eigenes Bad, einen Fernseher, ein paar bequeme Sessel und ein Bett mit einer guten Federkernmatratze zugebilligt, weil man schließlich auch dafür sorgt, dass ein Arbeitspferd einen guten, trockenen Stall hat. Sie wollten, dass sie zufrieden war, denn dann würde sie bleiben. Doch sie sahen in ihr nie den Menschen. Als sie am Samstag, dem 9. Mai, aufstanden, verschwendete keiner von ihnen einen Gedanken an ihre Vergangenheit, fragte sich, ob sie jetzt wohl nervös war oder von den gleichen Hoffnungen und Befürchtungen heimgesucht wurde wie sie selbst. In diesem Stadium war Eunice für sie nicht einmal viel mehr als eine Maschine, und die Leistung dieser Maschine hing davon ab, dass sie gut geölt wurde und keine Abneigung gegen Treppen hatte.« Euni-

ce Parchman arbeitet, arbeitet gewissenhaft und sorgsam. Trotzdem führt die Missachtung der Zofe in die Katastrophe, zum Mord am Arbeitgeber. Unausweichlich.

Der Aufstand der Dienstboten ist keinesfalls nur Phantasiegeburt diverser Kriminalautoren. Das Leben schrieb die Katastrophen. Zum Beispiel 1933 in Paris: »Es war allgemein bekannt, dass die Familie Lancelin ihre Hausangestellten schlecht behandelt hatte. Doch Léa und Christine Papin hatten alle Anfechtungen widerspruchslos ertragen und ihre Arbeit trotzdem stets vorbildlich und musterhaft erledigt. Mit der Herrschaft sprachen sie, wie sich das für Dienstboten gehörte, nur das Notwendigste. Die betreffende Zeile aus dem Polizeiprotokoll wurde später berühmt: ›Die eine Gruppe sprach nie mit der anderen. Doch dieses Schweigen war nicht leer, sondern hatte eine tiefere Bedeutung – auch wenn sich diese den Betroffenen nicht erschloss.‹

Auch an diesem Abend hatte es wieder heftige Vorwürfe von Seiten der Herrschaft gegeben. Im ganzen Haus war nachmittags wegen eines Kurzschlusses der Strom ausgefallen und als Frau Lancelin und ihre Tochter vom Einkaufen zurückkamen, hatten sie den beiden Mädchen die Schuld an der Misere gegeben. Der genaue Hergang des Streits blieb unklar. Jedenfalls hatten sich die beiden plötzlich auf ihre Dienstgeberinnen gestürzt, ihnen die Kleider vom Leib gerissen und die Augäpfel ausgedrückt. Dann hatten sie mit Haushaltsgeräten, die gerade zur Hand waren, auf sie eingeschlagen, sie mit Zinnkrügen, einem Hammer und einem Plätteisen malträtiert, mit einem Küchenmesser die Geschlechtsteile der Mutter aufgeschlitzt, ihr am Bauch und Gesäß tiefe Schnittwunden beigebracht und mit dem herausströmenden Blut die Tochter beschmiert. ›Saubere Arbeit!‹, das war alles, was Christine nach Beendigung der grausamen Tat zu Léa sagte. Dann säuberten die Mädchen sorgfältig die Tatwerkzeuge, wuschen sich, zogen sich um und legten sich ins Bett, um auf den Hausherrn zu warten. Die Leichen hatten sie im Vorzimmer liegen lassen.« Eine Erklärung für ihre Tat konnten die Schwestern Papin nicht geben. Jean Genet lässt »Die Zofen« in seinem Stück, das sich am Falle der Schwestern Papin orientiert, sagen: »Endlich! Die gnädige Frau ist tot! Auf dem Linoleum ausgestreckt … mit den Geschirrhandschuhen erwürgt … Ich habe gedient. Ich habe die Bewegungen gemacht, die es braucht, um zu dienen. Ich habe der gnädigen Frau zugelächelt.

Ich habe mich gebückt, um das Bett zu machen, gebückt, um die Fliesen zu putzen, gebückt, um das Gemüse zu schälen, um an den Türen zu horchen, um mein Auge an das Schlüsselloch zu halten. Aber jetzt bleibe ich aufrecht. Und fest. Ich bin die Würgerin!« – Der Arbeitgebermord wird philosophisches Abbild von Unterdrückung und Sichunterdrücken-Lassen: Sadomasochismus. Alles nur Spiel, zu dem wir gezwungen werden, gezwungen sind? »Arbeit! Arbeit! Segensquelle / Arbeit ist das Zauberwort / Arbeit ist des Glückes Seele / Arbeit ist des Friedens Hort!«

Die Kriminalfälle ausgesucht und nachgeschrieben haben ein Österreicher, ein »Ösi«, und ein Ostdeutscher, ein »Ossi«; und darin kann man, wenn man will, programmatische Absicht erkennen: Österreich wird seit kurzer Zeit und entgegen einer früheren, anders lautenden Auffassung im deutschen Sprachraum als Wirtschafts- und Arbeitsmarkt-Wunderland gepriesen, einerseits. Und andererseits sollen die Ossis, wie man hört, an der deutschen Wirtschafts- und Arbeitsplatzmisere schuld sein.

Die Sammlung vereint Mordfälle. Mord im Job und auf dem Arbeitsmarkt. Ein mitunter tödliches Pflaster. Wir Autoren hatten Spaß an der Recherche und lernten die Tätigkeit eines freien Schriftstellers schätzen. Außerhalb der produktiven Hierarchien erscheint uns das Leben weniger gefährlich. Sind Sie Chef oder Arbeitnehmer?

Henner Kotte / Christian Lunzer

Arbeitsmarktverwaltung

Arbeitsmarkt, diversifiziert: der Fall Schenk und Schlossarek

Die drei Herren, die am Abend des 11. März 1883 im Extrazimmer des »Schwarzen Adler« im Wiener Vorort Rudolfsheim beisammen saßen, ließen es sich, wie zu sehen und zu hören war, gut gehen. Das Feinste aus Küche und Keller, was das traditionsreiche Gasthaus zu bieten hatte, war aufgefahren worden. Einen Anlass für diese fröhliche Feier gab es durchaus: Hugo Schenk, der Herr mit dem Schnauzbart, etwa Mitte dreißig, der in der Mitte saß und meist das Wort führte, hatte endlich, nach zwei schweren Jahren, seine Freiheit wieder. Vom Wiener Landesgericht war er wegen Betrugs und Heiratsschwindels zu dieser Strafe verdonnert worden, die er, da es nicht die erste war, in voller Länge im Gefangenenhaus Stein an der Donau abzubüßen gehabt hatte.

Heute entlassen war er von seinem Bruder Karl, das war der schmächtige Herr, und dem Freund aus gemeinsamer Haft, dem 26 Jahre alten Maschinenschlosser Karl Schlossarek, mit Vollbart, vom Bahnhof abgeholt worden. Schlossarek war schon seit zwei Monaten frei – er hatte nur 22 Monate wegen Einbruchs abzusitzen gehabt. Eine Geldsendung in der nicht unbeträchtlichen Höhe von 200 Gulden, zur Verfügung gestellt von Hugo Schenks in Mähren lebender Ehefrau, sicherte den Erfolg des Abends.

Aber nicht nur der fröhlichen Feierlichkeit sollte die Zusammenkunft gewidmet sein. Sie galt auch kommerziellen Zwecken. In der trauten Gemeinsamkeit der Zelle hatten Hugo Schenk und Karl Schlossarek einen Plan angedacht, der eine unfehlbare Methode zu dem so allgemein ersehnten Geschäftsprinzip – möglichst wenig Einsatz, möglichst wenig Arbeit und größtmöglicher Gewinn – darstellte. Es mussten nur mehr Details besprochen werden. Die Grundidee war einfach und klar.

Erwerbsarbeit, die den Lebensunterhalt sichert, war – und ist heute wieder – ein seltenes und daher kostbares Gut. Was die Arbeitgeber natürlich auch damals schon wussten und entsprechend nützten, hinsichtlich der Arbeitsbedingungen und der Arbeitszeit, aber auch auf einem viel direkteren Weg. Für besonders lohnende, daher »Vertrauensstellung« genannte Anstellungen forderte der Arbeitgeber vom Arbeitnehmer eine Kaution, ein Deposit, in nicht unbeträchtlicher Höhe, meist im Umfang eines Halbjahreslohns. Sie verfiel bei Kündigung durch den Arbeitnehmer und sicherte damit die repressive, aber profitable Gestaltung des Arbeitsplatzes im Sinn des Arbeitgebers. Arbeitssuchende gab es viele, vor allem aber solche, die aus der ländlichen Provinz kamen, um in der Großstadt – Wien zum Beispiel – ihr Glück zu suchen. Kaum einer von diesen kannte die Stadt, viele verstanden die Sprache nicht, waren daher auf Hilfe angewiesen. Aber alle hatten sie Geld bei sich. Diese Tatsachenkombination bildete die Grundlage für die Geschäftsidee aus Stein. Man beschloss, ein privates Stellungsbüro, eine Arbeitsmarktservicestelle zu gründen.
Die Aufgaben wurden definiert. Hugo Schenk mit seiner Beredsamkeit, seinem gewinnenden und Vertrauen erweckenden Wesen, das sich, siehe Vorstrafen, bereits bewährt hatte, übernahm die Kundenakquisition. Karl Schlossarek, jünger und wegen seines Berufs mit entsprechender Körperkraft ausgestattet, sollte den operativen Teil, die Annahme und Einbringung der Geldmittel, übernehmen. Bruder Karl, der als Einziger nicht vorbestraft, sondern Arbeiter bei der Eisenbahn war und dem man daher weder körperliche noch geistige Leistungen zutraute, musste für einfache Dienstleistungen wie Botengänge zur Verfügung stehen.
Das Startkapital, die 200 Gulden minus der Kosten des Anbahnungs-Abendessens, wurde investiert, dem Geschäftszweck entsprechend. Als Erstausstattung besorgte Hugo Schenk einen Revolver und ein Assortiment scharfer Messer. Mit Hilfe seiner technischen Vorbildung – nach Abbruch der Mittelschule in Brünn hatte er eine technische Militärschule besucht – beschaffte er zusätzlich einschlägige Chemikalien, die am freien Markt aus guten Gründen nicht erhältlich waren, dem Chemiker mit eigener Firma aber ausgefolgt wurden: die Gifte Zyankali, Blausäure, beide in der Fotografie anwendbar, und das als Schlafmittel gebräuchliche Chloralhydrat. Damit wollte er ein Getränk brauen, das Schlossareks Arbeit entscheidend erleichtern

sollte und dem er daher den Projekttitel »Bändiger« gab. Um dieses Gebräu gebrauchssicher zu machen, bewies er vorbildliche Einsatzfreude. Die diversen Mixturen erprobte er mutig im Selbstversuch.
Als Ausgangspunkt für die Akquisition diente der Stellenmarkt der Wiener Tageszeitungen. Der erste, viel versprechende Kunde fand sich sofort. Am 29. März 1883 zum ersten und am 1. April zum zweiten Mal hatte ein Müllergeselle namens Franz Podpera aus Mähren im »Neuen Tagblatt« ein Inserat schalten lassen, in dem er kundtat, eine Stelle als Mehlhändler oder Mehlverkäufer zu suchen. Er wollte von der Produktion in den Handel und hatte sich dafür auch die Zahlung einer Kaution vorgenommen. Ganz im Sinne des Stellenvermittlungsbüros Brüder Schenk und Schlossarek. Am 2. April, gleich am nächsten Tag also, wurde Podpera von Hugo Schenk besucht, der sich als Maschinist der Dampfmühle von Bisenz bei Sternberg vorstellte. »So ein Zufall«, sagte er. Sein Chef hätte ihn gerade beauftragt, einen einschlägig vorgebildeten, tüchtigen Verkäufer zu suchen. Die Bedingungen wären nicht schlecht: freie Wohnung, freie Beleuchtung und Beheizung, dazu 50 Gulden Lohn im Monat. Als Kaution wären 500 Gulden verlangt. Die Bedingungen waren nicht nur nicht schlecht, sie waren zu gut, um wahr zu sein. Dass sie das auch nicht waren, wusste Podpera nicht und sagte deswegen sofort zu. Die Kaution allerdings hatte er auf einem Sparbuch, was Hugo Schenk nicht gefiel. Sein Vorhaben war auf Bargeld ausgerichtet. Er verlangte daher, dass das Sparbuch postlagernd an den Dienstort geschickt werden sollte, damit, so sagte er, sein Herr sich von der Zahlungsfähigkeit des präsumptiven Mitarbeiters überzeugen könne. Irgendwie würde man dann schon an das Sparbuch kommen, dachte er. Gleich am nächsten Tag morgens könne man schon aufbrechen. Er sei leider verhindert, aber sein Kompagnon würde die Fahrt mitmachen – getreu nach Stufe zwei des Plans.
Podpera und Schlossarek stiegen am Nordbahnhof in den Zug nach Sternberg. Schlossarek war mit einem Revolver entsprechend ausgerüstet. Der angeblich verhinderte Hugo Schenk folgte unbemerkt in einem hinteren Waggon desselben Zuges, als stille Eingreifreserve. Eine Station vor Sternberg, in Rohatec, gelang es Schlossarek, Podpera zum Aussteigen zu bewegen. Er müsse einmal – die Züge hatten damals nur selten Klosetts – und es gäbe von hier aus auch eine praktische Abkürzung zur Mühle nach Bisenz. Im so genann-

ten Wrasowetzer Wald rasteten die beiden auf einer Wiese. Plötzlich spürte Podpera den Lauf von Schlossareks Revolver an der Schläfe. Ein Kampf um Leben und Tod begann. Podpera erlitt drei Schussverletzungen, erwies sich aber trotzdem als dem Schlosser überlegen. Dieser musste, ebenfalls durch einen Schuss im Gesicht verletzt, Fersengeld geben. Schenk, der die Niederlage beobachtet, sich aber nicht einzugreifen getraut hatte, flüchtete mit. Abgekämpft im wahrsten Sinn des Wortes fuhren beide nach Wien zurück, wo Schenk dem Schlossarek die Kugel aus der Wange zog. Einen Arzt aufsuchen wollte man nicht.

Der erste Geschäftsfall war, da gab es in der anschließenden Manöverkritik nichts zu beschönigen, ein völliger Fehlschlag gewesen. Die Hauptschuld lag bei Schlossarek, der auf den Einsatz des Bändigers vergessen hatte. Außerdem war der Revolver als Notlösung zu schwach. Beim zweiten Versuch würde beides besser werden.

Darauf musste man nicht lange warten. Wieder auf Grund einer Zeitungsanzeige traf Schenk am 18. April, diesmal in der Gestalt eines Agenten eines vermögenden Wiener Wäschefabrikanten, den Kutscher Franz Bauer. Ihm stellte er eine Lebensstellung als Leibfiaker und Hausmeister in der Villa seines Chefs in Weidlingau, nahe bei Wien, in Aussicht. Selbstverständlich mit freier Wohnung, die sofort beziehbar sei. Der Fuhrwerker, bisher nur Bettgeher, packte sofort seine Habe und fuhr mit Kompagnon Schlossarek vom Westbahnhof ab. Dieser war diesmal besser vorbereitet und hatte zwei Flaschen Schnaps, eine ohne und eine mit Bändiger, bei sich. Vom Bahnhof Weidlingau wanderten die beiden durch den Wienerwald zur angeblichen Villa. Diesmal verhielt sich Schlossarek nach Plan. Der Bändiger funktionierte, nach ein paar Gläschen fiel Bauer besinnungslos zu Boden. Schenk, der wie vorher stille Reserve gespielt hatte, eilte herbei und beide nahmen die Ersparnisse des Kunden, immerhin 170 Gulden, an sich und fuhren nach Wien zurück.

Trotzdem war auch dieses zweite Unternehmen nur ein Teilerfolg. Bauer erwachte nach wenigen Stunden, schleppte sich zur Polizei und erstattete Anzeige. Zwar kannte er die Namen seiner Arbeitsvermittler nicht, konnte aber eine exakte Personenbeschreibung liefern – was zusammen mit den Angaben Podperas leicht das frühe Ende des Stellenvermittlungsbüros hätte bedeuten können. Glücklicherweise war die Wiener Polizei gerade anderweitig beschäftigt. Von Frankreich aus hatte der Anarchismus jetzt auch sein drohendes Haupt gegen die k. u. k. Monarchie gewandt, und ob dieser staatspolitisch vorrangigen Aufgabe mussten alltägliche Raubüberfälle natürlich zurücktreten. Voraussetzungen, die sich für diese Firma auch weiterhin als durchaus vorteilhaft erweisen sollten und ihr eine ungewöhnlich lange Existenz sicherten.

Trotzdem beschlossen die drei, aus den bisherigen Misserfolgen ihre Lehre ziehend, eine grundlegende Änderung ihrer Marktstrategie. Karl Schlossarek, bisher nur für die Erkundung der Tatorte zuständig, würde sich in Zukunft um exaktere Angaben und geeignetere Locations bemühen müssen. Schlossarek war dem operativen Teil allein nicht gewachsen. Hugo Schenk müsste sich aktiver beteiligen, vor allem, da die Ruhigstellung der Kunden nach Entgegennahme der Barschaft endgültig und final sein müsse. Der Möglichkeit einer Anzeige und Identifizierung könne man sich, auch bei den momentan günstigen Gegebenheiten, nicht aussetzen. Ein zentraler Punkt aber musste im Kundenbereich Platz greifen. Es gab ja nicht nur das starke Geschlecht, das Posten suchte und Kaution stellte, beides galt ja für das schwache Geschlecht genauso. Und dafür hatte man in der Firma ideale, bisher ungenutzte Ressourcen. Hugo Schenks diesbezügliche Talente, sein unwiderstehlicher Charme, sein blitzendes Plüschauge, sein strammer Schnurrbart und dazu sein poetisches Talent in Wort und Schrift.

Dafür ein Beispiel:

Fast prophetisch das Gedicht, das er 1875 in der »Mährisch Illustrierten Zeitung« aus Olmütz veröffentlicht hatte, unter dem Titel »Frühlingslieder«:

Oh, schau mich nicht so böse an
Und schmoll mir nicht, mein Täubchen!
Sonst, was ich heut Dir angethan,
Thu morgen ich auf's neue, Weibchen!

Warum? Wohl, weil ich ein Barbar
Mit einem Kieselstein im Busen,
Der nichts versteht von Aug' und Haar,
von Tanz und Sang, entlehnt den Musen?

Oh, nichts von all'dem, holdes Kind!
Wie hell Dein Blaues Aug auch flimmert –
's gibt Blumen, welche duft'ger sind,
wenn sie ein Tröpfchen Thau beschimmert.

Und Sterne, deren heller Strahl
durch Wolkenschleier schöner leuchtet,
Und Augen doppelt hold zumal,
Wenn sie ein Thränlein still befeuchtet!

Dass er für den Einsatz seiner Begabung einmal mit zwei Jahren Freiheitsentzug bestraft worden war, würde sich nicht mehr wiederholen. Anzeigen seitens unbefriedigter Kundschaften könnten nicht mehr vorkommen, wenn diese zur endgültigen Ruhe gebracht worden waren.
Auf Empfehlung des Protagonisten, der darin ausreichend Erfahrung hatte, einigte man sich, das Kundensegment zu spezialisieren: auf den Bereich des Dienstpersonals, auf Köchinnen, Stuben- und Dienstmädchen, in einem – für damalige Verhältnisse – schon leicht vorgerücktem Alter, so um die dreißig. Sie waren aufgrund ihrer Arbeits- und Lebenssituation am ehesten Veränderungsvorschlägen zugänglich. Dafür aber musste das Dienstleistungssortiment der Firma Brüder Schenk und Schlossarek erweitert werden: Nicht mehr nur Arbeitsplätze, sondern neue Lebenssituationen wurden angeboten. Das Stellenbüro erweiterte sich um ein Heiratsbüro. Eine erfolgreiche Diversifizierung, wie sie vielleicht auch dem Arbeitsmarktservice heute als Beispiel dienen könnte. Hugo Schenk hatte diesbezüglich – Neigung, Talent und Einsatz im Betrieb korrespondierten ideal – schon privat Vorarbeit geleistet, so konnte die neue Geschäftsidee sofort umgesetzt werden.
Im Mai 1883 hatte er aufgrund einer Zeitungsannonce von einem Dienstmädchen namens Josefine Timal erfahren, die bei ihrer Herrschaft in der Türkenstraße in ungekündigtem Arbeitsverhältnis stand, aber durchaus veränderungswillig war. Allerdings, wie vorhergesehen, eher im Bereich ihrer Lebenssituation als in ihrer Arbeitsstelle.
Karl Schenk erkundete an der Strecke seiner Nordbahn, kostengünstig mit Freifahrschein, eine passende Lokalität bei Mährisch-Weissenkirchen, wo Bruder Hugo, der diesmal als Ingenieur in guter Stel-

lung auftrat, angeblich beschäftigt war. In der Nähe, bei der Ortschaft Zerotin, fand Karl im Wald das so genannte Gevatter-Loch, einen Tümpel, tief genug, um Kundinnen, wie beschlossen, endgültig verschwinden zu lassen. Josefine kündigte ihre Stelle, deponierte ihre Habe in der Wohnung der Brüder und reiste, zusammen mit Hugo Schenk und ihrem Sparbuch, Richtung Mährisch-Weissenkirchen. Mit Freund Schlossarek unternahm man eine Waldpartie, rastete an dem idyllischen Weiher und Schenk bot zu trinken an: eine Cuvée aus Rotwein und Bändiger. Josefine fiel in Ohnmacht, Schenk machte Schlossarek Platz, der einen vorsorglich mitgebrachten Strick um das Opfer band, daran einen schweren Stein knüpfte und beide im Gevatter-Loch versenkte. Beute des Unternehmens: das Sparbuch mit 236 Gulden und 34 Kreuzern Einlage, eine goldene Uhr, diverse Effekten aus dem Haushalt und eine endgültig zur Ruhe gebrachte Kundin.
Josefine hatte noch eine Tante, Franziska mit Namen und, wie Hugo Schenk in Erfahrung gebracht hatte, nicht unvermögend. Bei ihr schien, da sie von der beabsichtigten Vermählung ihrer Nichte wusste, das Angebot eines neuen, lukrativen Arbeitsplatzes sinnvoller.
In Pöchlarn, in Niederösterreich, ließ der Ingenieur Schenk sie wissen, habe er ein kleines Schlösschen geerbt, für das er in Lebensstellung eine Haushälterin und Wirtschafterin suche. Tante Franziska war einverstanden, löste sofort ihren heimatlichen Haushalt auf und nahm ihr Sparbuch mit. Von Wien aus fuhr sie mit dem Bräutigam ihrer Nichte am 13. Juli im Abendzug nach Pöchlarn. Bruder Karl und Freund Schlossarek waren, die Umgebung zu erkunden, schon mit dem Frühzug vorausgefahren und warteten am Bahnhof. Zu viert ging man zum angeblichen Schloss. Um Mitternacht aber, am Donauufer, fielen Schenk und Schlossarek über die Ahnungslose her. Schlossarek warf sie zu Boden und Schenk, zum ersten Mal, wie vereinbart, selber mit aktiv, schnitt ihr die Kehle durch. Die Leiche warfen sie, mit einem Stein beschwert, in den Strom. Die Beute, ein Sparbuch mit 1200 Gulden und 16 Kreuzern, teilten sich Schenk und Schlossarek, 100 Gulden bekam Bruder Karl. Er hatte ja nur marginale Vorarbeiten geleistet.
Nach wie vor war die regelmäßige Lektüre einschlägiger Zeitungsannoncen Voraussetzung für neue Geschäfte. Ende Juli 1883 ergab sich so der Hinweis auf das Dienstmädchen Theresia Ketterl, bei der Familie Baron Buschmanns bedienstet. Auch diesmal war das Offert

zur Verehelichung mit dem attraktiven Ingenieur das erfolgversprechendere Anbot. Theresia liebte Landpartien und war leicht zu überreden. Buschmanns waren zur Sommerfrische verreist und Bräutigam Schenk überzeugte sie, alle Pretiosen, auch die der Herrschaft, auf den projektierten Ausflug mitzunehmen. Leicht könnten sie sonst aus der erkennbar leeren Wohnung gestohlen werden. Theresia packte und vergaß auch Buschmanns Hündchen nicht, für das ein eigener Reisekoffer angeschafft wurde. Zuerst logierte man mit allen Effekten in St. Pölten im Hotel »Kaiserin von Österreich« und fuhr dann weiter ins Gebirge nach Lilienfeld. Am 5. August unternahmen Schenk, seine Braut und Buschmanns Hund eine Wanderung über die Klosterebene auf die Reisalpe. Aber nur Schenk kam zurück. Beute: die ketterlischen und buschmännischen Sparbücher im Gesamtwert von 1177 Gulden und 69 Kreuzer, zuzüglich diverser Wertpapiere um 1400 Gulden.

Schenks kostengünstigste Akquisition ab Oktober 1883 war das Stubenmädchen Josephine Eder, in Hietzing bei einer Baronesse von Malfatti bedienstet. Sie brachte bereitwilligst und regelmäßig herbei, was sie von den offenbar zahlreichen Pretiosen ihrer Herrschaft mitgehen lassen konnte. Außer dem bewährten Charme seiner eigenen Person musste Hugo Schenk keine weiteren Initiativen setzen, keine Investitionen vornehmen. Fräulein Eder musste daher auch, zumindest vorläufig, nicht ruhig gestellt werden. Im Gegenteil. Sie wurde zu einer Art freier Mitarbeiterin befördert.

Anders ihre Freundin Rosa Ferenczy. Für sie war wieder die Abteilung Verehelichungsanbahnung einzusetzen. Am 29. Dezember 1883 wurde sie nach Wolfsthal bei Pressburg gelockt, nach Vorarbeiten Bruder Karls, und dort von Hugo Schenk und Karl Schlossarek mit einer Hacke erschlagen und in die Donau geworfen. Im Gegensatz zu Tante Franziska, deren Leiche schon am nächsten Tag bei Krummnußbaum, wenige Kilometer unterhalb des Tatorts, angeschwemmt wurde, blieb Rosa Ferenczys Körper verschwunden. Beute: ihr Sparkassenbuch und ein Koffer mit Kleidern und drei Paar Schuhen.

Die so erfolgreich erweiterte Tätigkeit des Stellenvermittlungsbüros Gebrüder Schenk & Schlossarek blieb aber letztendlich doch nicht unbemerkt. Das Verschwinden der Josefine Timal war dem »Täglichen Polizei-Rapport« zwar vorerst nur eine kurze Meldung wert gewesen. Man hatte sie zuletzt gesehen, als sie mit ihrem Verlobten,

einem Herrn Ingenieur Schenk, nach Galizien abreiste. Dem Hinweis folgte aber keine entschiedene Nachforschung. Den Anarchisten konnte der Vorfall nicht in die Schuhe geschoben werden. Mehr Aufsehen erregte erst Theresia Ketterls rückkehrlose Landpartie im August. Was sicher weniger dem Verschwinden eines Dienstmädchens galt als vielmehr der Tatsache, dass mit ihr Pretiosen, Wertpapiere und das Hündchen der Herrschaft spurlos abhanden gekommen waren. In der Hinterlassenschaft Theresiens – dass es auch eine Verlassenschaft war, wusste man noch nicht – fanden sich bündelweise Liebesbriefe, deren poetische Diktion und Handschrift auffällig denen jenes Ingenieur Schenk glich, der mit Josefine Timal verschwunden war.
Polizeirat Breitenfeld, Wiens oberster Kriminalbeamter, ließ kurzfristig von seinen Anarchisten ab und kommandierte zur Observierung jenes Schenk, dessen Vorstrafen er im Strafakt gefunden hatte, seinen Kommissar ab, den späteren Polizeipräsidenten Wiens, Johann Stuckart, zusammen mit vier Detektiven. Wie sich bald herausstellte, war dieser Schenk keineswegs verschwunden, sondern durchaus am Leben und gleichzeitig an drei verschiedenen Stellen Wiens gemeldet. In einem Untermietkabinett in der Goldschlagstraße 19, zusammen mit seinem Bruder Karl in der Sperrgasse 5 und in der Stourzhgasse 19, bei einem gewissen Karl Schlossarek, auch dieser polizeibekannt. Bruder Karl hatte keinen schlechten Leumund. Schlossarek hingegen, Maschinenschlosser, verheiratet und Vater eines kleinen Kindes, ging offenbar seit seiner Entlassung aus Stein keiner geregelten Arbeit mehr nach, konnte aber auf einigermaßen großem Fuß leben. Hugo Schenk selbst tauchte nur sporadisch, vor und nach seinen »Abstechern«, wie der Volksmund später seine Erwerbsreisen nennen sollte, in der Goldschlagstraße auf, mit immer wechselnder Damenbegleitung. Meine Schwestern, Cousinen, Tanten, Nichten, sagte er zu seinem Quartiergeber. Daneben hatte er nicht nur eine angetraute Ehefrau in Mähren, sondern auch hier in Wien eine feste Beziehung mit Namen Emilie Höchsmann. Ihr gegenüber war er der exilierte und incognito lebende polnische Fürst Wiepolski mit großen Ländereien jenseits des Ozeans in Cincinnati. Emilie erwartete ein Kind von ihm, profitierte zwar durch Geldzuwendungen und Geschenke von seiner Geschäftstätigkeit, hatte aber von deren wahrer Natur keine Ahnung.

Breitenfelds Detektive beobachteten unermüdlich Hugo Schenks Quartiere und meldeten Ende November 1883 eine auffallende Zunahme von einlangenden Briefen mit weiblicher Handschrift. Daraus war wohl auf eine neue Initiative am Arbeits- bzw. Heiratsmarkt zu schließen. Eile war geboten. Da der Quartiergeber angegeben hatte, Schenk sei am 6. Dezember nach Linz abgereist, fuhr Breitenfeld ihm nach, den Haftbefehl in der Tasche. Als er am 8. Dezember mit dem Frühzug angekommen war, musste er erfahren, dass Schenk am Vortag wieder abgereist war, natürlich in Damenbegleitung. Breitenfeld telegraphierte umgehend nach Wien. Schenks Wohnungen und die in Frage kommenden Aussteigebahnhöfe Penzing und Fünfhaus wurden sofort unter Beobachtung gestellt. Der Erwartete aber erschien nicht. Erst um Mitternacht meldeten die sicherheitshalber auch Schlossareks Heim in der Stourzhgasse observierenden Detektive, dass sich gerade zwei Männer dem Haus genähert, aber nur einer es betreten habe. Der Statur nach könnte es Hugo Schenk gewesen sein. Kommissar Loschan wartete bis in die frühen Morgenstunden, bis er sicher sein konnte, dass Hugo Schenk eingeschlafen war. In wachem Zustand schien er ihm zu gefährlich. Als aber um fünf Uhr früh dann drei Beamte mit Blendlaternen vor seinem Bett standen, ließ sich der zitternde Schenk widerstandslos festnehmen. Zur gleichen Zeit waren auch Bruder Karl und Freund Schlossarek, die mit Schenk Wohnung getauscht hatten, in der Goldschlagstraße verhaftet worden.
Im Gefängnis benahm sich Schenk nach dem ersten Schrecken selbstbewusst und, wie es im Polizeibericht heißt, äußerst »keck«. Das Gestehen überließ er seinen Mitarbeitern. Erst dadurch wurden die Raubüberfälle auf die stellungsuchenden Podpera und Bauer, das Verschwinden von Tante Franziska und das Schicksal Rosa Ferenczys als Unternehmen der gemeinsamen Stellungsvermittlung bekannt und geklärt. Er wolle jetzt seine Memoiren schreiben, kündigte Hugo Schenk an, und gab in einem Kassiber seinem Schwager genaue Anweisungen, wie er Herstellung und Vertrieb des zu erwartenden Bestsellers organisieren sollte. Vom Verkaufserlös hatte er zwei Drittel für seine Ehefrau und für das noch ungeborene Kind seiner Freundin bestimmt. Aber der Staatsanwalt untersagte das neue Geschäft. Die Gesellschaft, hatte Schenk im unvollendeten Vorwort geschrieben, müsse ihm doch eigentlich Dank schulden, dass er so viele nicht

mehr vermittelbare oder verheiratbare »alte Schachteln« vom Markt genommen habe. Im Übrigen schob er alle Gewalttaten auf seinen operativen Geschäftsführer und Kompagnon Schlossarek.
Die Justiz beeilte sich, die Anklage zu formulieren, und war in knapp mehr als einem Monat fertig. Sie beschränkte sich ausschließlich auf die durch Geständnisse der Beteiligten geklärten Fälle. Ob nicht noch einige stellungsuchende Dienstmädchen mehr dem Unternehmen Schenk & Schlossarek zum Opfer gefallen waren, wurde nicht weiter verfolgt. Zumindest ein Fall schien der bekannten Vorgangsweise der Firma zu entsprechen.
Am 28. Juli 1879 war in einem Feld im Payerbachgraben im südlichen Wienerwald die Leiche einer etwa 35 Jahre alten, korpulenten und nur mit einem Hemd bekleideten weiblichen Person gefunden worden. Der Bekleidung nach zu schließen, die ordentlich zusammengefaltet neben der Toten lag, musste sie ein Dienstmädchen aus der Stadt gewesen sein. Ihre Identität und ihr Schicksal wurden nie geklärt. Was, wie schon zeitgenössische Kritiker schrieben, als doch recht bezeichnendes Bild vom Wert und von der Stellung des Dienstpersonals in der Gesellschaft zu werten war.
Am 13. März 1884 begann der Prozess gegen die Brüder Schenk und Schlossarek in Wien vor einem Ausnahmegericht. Die Geschworenengerichte waren kurzfristig ausgesetzt worden, um mit den erwarteten Anarchisten einfacher und schneller umgehen zu können. Die Wiener, vor allem aber die Wienerinnen, kamen in Scharen, um den schönen Hugo, von dessen phänomenalen Erfolgen man schon so viel gehört und gelesen hatte, zu sehen. In zwei großen Waschkörben wurden seine Liebesbriefe, die er an verschiedene, inzwischen tatsächlich verschiedene, Damen geschrieben hatte, in den Saal getragen und zur Vorlesung gebracht. Denn ihr poetischer Gehalt erregte allgemein Bewunderung, was dem Schreiber sichtlich große Freude machte. Nicht lange, schon nach drei Tagen, am Abend um Viertel vor sechs am 15. März, verkündete der Vorsitzende »im Namen seiner Majestät des Kaisers« den Richterspruch.
Alle drei Angeklagten wurden in allen Fällen für schuldig befunden und mit dem Tod durch den Strang bestraft. Nur Karl wurde vom Kaiser zu lebenslanger Haft begnadigt. Er war todkrank und würde dem Staat nicht mehr lange zur Last fallen. Eine besonders bittere Pille hatte das Gericht noch für das Unternehmen Schenk & Schlossarek

bereit. Es listete in jedem Geschäftsfall das Betriebsergebnis genauestens auf, da der »Schaden« den Leidtragenden, den Lebenden wie den Erben, ausgeglichen werden musste, wie es im Urteil angegeben war. So sollten Hugo Schenk und Karl Schlossarek zu gleichen Teilen ersetzen: 88 Gulden dem Podpera, 170 Gulden dem Franz Bauer, 1260 Gulden und 10 Kreuzer den Timal'schen Erben und denen nach Theresia Ketterl 1189 Gulden und 20 Kreuzer.
Damit war das Stellen- und Ehevermittlungsbüro Brüder Schenk und Schlossarek liquidiert. Eder hatte für ihre freie Mitarbeit dreieinhalb Jahre Gefängnis ausgefasst. Bruder Karl starb nach wenigen Monaten im Inquisitenspital an Tuberkulose, der Scharfrichter Heinrich Willenbacher vollstreckte das Urteil an Hugo Schenk und Karl Schlossarek am 22. April 1884 um sechs Uhr früh am Galgen im ersten Hof des Landesgerichts für Strafsachen in Wien.
Ein findiger Wiener Verleger versuchte noch, die Gedichte Hugo Schenks, u. a. das zitierte Frühlingslied, als Büchlein zu verkaufen. Den Erlös versprach er dem Kind Emilie Höchsmanns zukommen zu lassen. Aber auch diese Geschäftsidee unterband die Behörde. Die bereits gedruckten Bände wurden konfisziert und eingestampft.
Blieb noch, an Firmenvermögen, die Verlassenschaft nach Hugo Schenk. Am 5. Februar 1885 wurde sie, im Gemeindehaus des achten Wiener Gemeindebezirkes, zugunsten der Opfer versteigert. Mit einem überraschend positiven Ergebnis, wie das »Illustrierte Wiener Extrablatt« berichtete: »Ausgebreitet auf einem langen Tisch lagen die eleganten Anzüge des schönen Raubmörders, sein brauner Mentschikoff, mehrere Überzieher, sein Reisekoffer, die schwarze Reisetasche, welche Schenk stets an einem Riemen trug, seine goldene Uhr, mehrere goldene Ketten etc.
Zur anberaumten Stunde hatten sich circa 40 Personen eingefunden, und die Licitation nahm einen sehr raschen – um nicht zu sagen animierten – Verlauf. Bei einer Versteigerung von wertvollen Kunstgegenständen hätte es nicht lebhafter zugehen können. Stiefeletten und Socken erzielten exorbitante Preise. Für den Reisekoffer und den bekannten braunen Mentschikoff wurden 15 Gulden erzielt, das Dreifache des Schätzwertes. Ein Fez, welchen Schenk stets zu tragen pflegte, wenn er von einem seiner Raubmorde nach Hause kam und es sich bequem machen wollte, war auf 5 Kreuzer geschätzt und wurde von einem Tandler um 55 Kreuzer erstanden. Ein alter, zerrissener

Eisenbahn-Courier [so hieß damals der Fahrplan], welchen Schenk zu benützen pflegte, wurde für 1 Gulden und 8 Kreuzer verkauft. Ein alter, schmutziger Regenschirm, welcher an dem Orte der Ermordung von Rosa Ferenczy gefunden wurde und auf 5 Kreuzer geschätzt war, ging um das Zehnfache weg.«

Insgesamt erbrachte die Auktion 250 Gulden, eine durchaus ansehnliche Summe.

Stellenvermittlung, privat: der Fall Rosalia und Franz Schneider

War nur die zu rasche Ausweitung des Geschäftsfeldes für das jähe Ende der Firma Schenk & Schlossarek verantwortlich? Das spurlose Verschwinden weiblicher Dienstboten beschäftigte die Öffentlichkeit nur kurze Zeit; Nachschub davon gab es genug in Böhmens Hain und Flur und die Behörde sah kaum einen Anlass, wegen Hugo Schenks Tätigkeit die Dienstbotenordnung zu ändern oder den Arbeitsmarkt, der fast wie ein Sklavenmarkt in der Antike funktionierte, unter öffentliche Aufsicht zu stellen. Kein Wunder, dass die Geschäftsidee aus Stein bald Nachfolger fand.

Marie Hottwanger, 25 Jahre alt, nach Hollabrunn in Niederösterreich zuständig und Dienstmädchen in Wien, suchte einen neuen Posten. Seit Ende Januar 1891 hatte sie sich in einem Kabinett beim Ehepaar Schmidt in der Mariahilfer Straße Nr. 43 einquartiert. Ihre Wirtsleute lobten sie als eine sehr ordentliche, ruhige und hilfsbereite Mieterin. Im März schien sie eine Stelle gefunden zu haben, verließ diese aber schon nach vierzehn Tagen wieder. Sie gefiel ihr nicht. Sie war an große Haushalte gewöhnt und wollte unbedingt wieder in einem solchen arbeiten. Als aber ihr eigenes Suchen nicht zum Erfolg führte und auch ihre Ersparnisse langsam zur Neige gingen, entschloss sie sich dann doch, professionelle Hilfe in Anspruch zu nehmen. Am Vormittag des 2. Juli 1891 meldete sie sich im Dienstvermittlungs-büro Meixner am Franziskanerplatz in der Wiener Innenstadt an.
Ihr Freund, der Goldarbeiter Karl Hornung, hatte sie begleitet und wartete im Gasthaus gegenüber. Schon nach kurzer Zeit sah er seine Freundin mit einer älteren, kleinen und auffallend mageren Frau aus dem Büro auf die Straße treten und gemeinsam weggehen. Verabredungsgemäß blieb er vorerst sitzen. Er wollte sich nicht gleich zu erkennen geben. Wahrscheinlich wäre die neue, präsumptive Herrschaft unangenehm berührt, wenn sie erfuhr, dass Marie einen festen Freund hatte. Nach etwa zwanzig Minuten kamen die beiden Frauen zurück. Marie blieb auf der Straße stehen, die unbekannte Begleiterin aber betrat plötzlich das Gasthaus, in dem Karl Hornung wartete,

und trat zu einem Mann, der am Nebentisch saß und einen auffallend großen, roten Schnurrbart trug. Sie beugte sich zu ihm hinunter und Hornung hörte, wie sie sagte: »Sie kommt schon.« Dann verließ sie die Gaststube wieder und ging mit Marie in Richtung Kärntner Straße davon. Der Mann mit dem roten Schnurrbart stand ebenfalls auf und folgte den beiden in kurzer Entfernung. Karl Hornung entschloss sich, weiter zu warten, obwohl ihm die Szene eigenartig vorkam. Von jetzt an aber wartete er umsonst. Keine Nachricht, kein Lebenszeichen mehr von seiner Freundin.
Zuerst erkundigte er sich im Vermittlungsbüro. Dort wurde ihm gesagt, dass die ältere Frau Hausmeisterin einer Villa Hausner in Rekawinkel an der Westbahn, ungefähr vierzig Kilometer vor Wien, sei und dringend ein Dienstmädchen für ihre Herrschaft gesucht hatte. Der Posten wäre sehr gut bezahlt und auch sonst besonders günstig gewesen. Marie Hottwanger wollte deshalb sofort mit der Hausmeisterin aufbrechen. Sie hatte nur ihre Papiere und etwas Weggeld aus ihrem Untermietkabinett geholt.
Zwei Tage später meldete sich die Hausmeisterin dann bei den Quartiergebern in der Mariahilfer Straße. Sie solle Grüße von Marie ausrichten, es gehe ihr ausgezeichnet. Sie brachte den Zimmerschlüssel mit, den Marie in der Eile vergessen hatte zurückzugeben. Dafür sollte sie die zwei Koffer, die fertig gepackt im Kabinett standen, abholen. In dem Moment kam auch gerade der Briefträger, der eine Karte von Marie an Frau Schmidt brachte, in der sie ebenso die gute Stelle und ihr Glück, diese gefunden zu haben, beschrieb. Es gab keinen Grund, der Hausmeisterin zu misstrauen. Beim Hinuntertragen der Koffer half ein Mann mit rotem Schnurrbart, angeblich der Gärtner der Villa. Ein Dienstmann brachte die Koffer dann weiter in das Hotel Holzwart beim Westbahnhof. Dort wurden sie beim Hausknecht deponiert und am 6. oder 7. Juli von demselben Mann, dem Gärtner, abgeholt. Karl Hornung aber hatte immer noch nichts von seiner Freundin gehört. Warum, war ihm nicht erklärlich. Hatte er sie beleidigt? Warum hatte sie ihm nichts von ihrer neuen, angeblich so guten Stelle gesagt? Warum keine Adresse angegeben? Hatte sie so schnell einen neuen Freund gefunden? Er schrieb einen Brief mit der Anschrift »Villa Hausner, Rekawinkel, Niederösterreich«. Eine Woche später aber kam er mit dem Vermerk »unzustellbar, da Adresse unbekannt« zurück.

Am 24. Juli meldeten die Wiener Morgenblätter einen grausigen Fund bei Neulengbach an der Westbahn. Im so genannten Dreiföhrenwald war die Taglöhnerin Maria Stoibner beim Beerensuchen im dichten Gestrüpp auf eine schon in Verwesung übergegangene weibliche Leiche gestoßen. Sie benachrichtigte sofort die Gendarmerie, die eine Tatortaufnahme und eine sofortige Autopsie veranlasste. Die Identität der Toten und die Ursache ihres Todes konnten aber nicht geklärt werden. Die Frau musste bei Lebzeiten etwa ein Meter fünfzig bis ein Meter sechzig groß gewesen sein, war über 18, jedoch unter 30 Jahre alt und hatte lange, dunkelblonde Haare. Der Tod war sicher vor mindestens 14 Tagen eingetreten, die Gesichtszüge konnten nicht mehr rekonstruiert werden. Spuren direkter Gewalt waren nicht festzustellen. Am Tatort, wenn es überhaupt der Tatort war, gab es nach der langen Zeit natürlich keine Spuren mehr. Eine passende Abgängigkeitsanzeige (Dienstmädchen!) lag nicht vor, daher entschloss sich die Gendarmerie, die Beschreibung der wenigen Habseligkeiten der Toten zu veröffentlichen. Vielleicht ließ sich so ihre Identität aufklären. Sie hatte ein schwarzes, eineinhalb Zentimeter breites Schmuckband um den Hals, ein weißes Hemd, ein graues Mieder, einen rot und weiß gestreiften Unterrock getragen und weiße Strümpfe, von roten Gummistrumpfbändern gehalten. Ein großer schwarzer Strohhut, geputzt mit einem Bukett aus roten, künstlichen Rosen und schwarzen Bändern, war das charakteristischste Kleidungsstück. Er wurde im Bezirksgericht zur Besichtigung deponiert. Persönliche Kleinigkeiten fehlten ebenso wie die Oberkleidung. Wahrscheinlich war die Frau einem Raubmord zum Opfer gefallen.
Karl Hornung las die Meldung. Die Personenbeschreibung konnte gut auf seine Freundin passen. Auch der Strohhut kam ihm bekannt vor. Er erinnerte sich sofort an das geheimnisvolle Benehmen der Frau im Wirtshaus am Franziskanerplatz und an den Mann mit dem auffallenden, roten Schnurrbart. Beider Identität war falsch, wie er wusste. Es gab keine Villa Hausner in Neulengbach und daher auch keine Haushälterin und keinen Gärtner. Seine Vermutung, Marie könnte einem Verbrechen zum Opfer gefallen sein – Hugo Schenks Dienstmädchenbeseitigungsbüro war noch im allgemeinen Gedächtnis –, schien schreckliche Wirklichkeit geworden zu sein.
Hornung meldete seinen Verdacht dem zuständigen Polizeikommissariat Sechshaus. Der gerade diensthabende Oberkommissar Sa-

batzka besaß, zum späteren Unglück des Herrn und der Frau vom Franziskanerplatz, die unabdingbare Voraussetzung für einen erfolgreichen Kriminalisten – ein gutes Gedächtnis. Er erinnerte sich im Gespräch mit Karl Hornung an eine nur wenige Tage alte Meldung des »Täglichen Polizei-Anzeigers«, in dem auch von einem stellungsuchenden Dienstmädchen und einem Gärtner mit rotem Schnurrbart die Rede gewesen war.

»Mann, der sich für einen Gärtner ausgibt, bei 30 Jahre alt, vielleicht auch älter, mittelgroß, kräftig gebaut, mit rotem Schnurrbart, rötlichblonden Haaren, ziemlich großer Nase, niederösterreichischen Bauerndialekt sprechend, bekleidet mit lichtbraunem, gerippten Sakko, solcher Hose, schwarzem Gilet, blauer Leinwandschürze, weißem, ungestärkten Hemd und Röhrenstiefeln, hat am 1. d. M. die Dienstmagd Anna Djuris, III, Erdbergerlände Nr. 2 wohnhaft, unter dem Vorwande, ihr eine Stelle als Stubenmädchen bei einer Baronin in Neulengbach zu verschaffen, von hier nach Neulengbach gelockt, sie in einem Gasthause in der Umgebung von Neulengbach genotzüchtigt und ihr die Ersparnisse von 30 Fl. zu erpressen versucht. Polizeikommissariat Landstraße, 8. Juli 1891.«

Die Übereinstimmungen der Anzeige Anna Djuris und der Meldung Karl Hornungs waren eindeutig genug. Kommissar Sabatzka war sofort überzeugt, es hier mit Verbrechen derselben Täter oder desselben Täters zu tun zu haben, und dass beide Verbrechen nur die »Spitze eines Eisberges« waren. Er schickte Hornung zur Agnostizierung des Hutes und der übrigen Hinterlassenschaft nach Neulengbach. Er selber musste nochmals mit Anna Djuris sprechen.

Der fiel es naturgemäß nicht leicht, die schrecklichen Erlebnisse noch einmal wiedergeben zu müssen, aber sie hatte doch den entscheidenden Hinweis: Der Wirt in Neulengbach und ihr Peiniger mussten sich, wie ihr aufgefallen war, von früher her kennen. Sie hatten recht vertraut miteinander getan. Sabatzka schickte zwei seiner Detektive aus. Der Wirt gab die Bekanntschaft zu, von früheren Besuchen, kannte aber den Namen nicht. Er wusste nur, dass ein Bruder des Mannes mit dem roten Schnurrbart als Knecht bei einem Bauern in der Umgebung arbeitete. Den zu finden war nicht schwer. Der Knecht hieß Karl Schneider, Franz der Bruder. Sabatzka blätterte im Vorstrafenregister und hatte bald nähere Angaben. Franz Schneider, 35 Jahre alt, Sohn eines Schuhmachers aus Murstetten, Bezirk Atzenbrugg, hatte außer »weniges der Fleischhauerei« keinen Beruf erlernt, sich als Aushilfsknecht bei Bauern in der Umgebung Neulengbachs herumgetrieben. 1882 heiratete er eine gewisse Rosa, geborene Capellari, deren Erbteil es ihm angetan hatte und deren uneheliches Kind er benutzte, um den Vater, einen gewissen Eligius Maxl, zu erpressen – er hatte schon früh den Hang erkennen lassen, auf fremde Kosten zu leben. Er war mehrfach wegen Diebstahls und Betruges vorbestraft. Die letzte Haft, 18 Monate in der Strafanstalt Garsten, hatte er erst am 28. April 1891 abgebüßt. Seine Frau, sechs Jahre älter als er, stammte aus Villach, war Köchin und bisher nur einmal mit einem geringen Delikt – wegen Falschmeldung – mit dem Gesetz in Konflikt geraten.

Nach der Entlassung war Schneider, wie Sabatzka eruieren konnte, zuerst wieder mit seiner Frau zusammengezogen. Sie arbeitete als Köchin im Haushalt der Baronin Falke, hatte aber vor 14 Tagen ihre Stelle gekündigt und beide hatten sich nach Baden bei Wien abgemeldet. Dort allerdings waren sie unbekannt. Verlief Sabatzkas Spur, so nahe am Ziel, im Sand? Kommissar Zufall – oder der Fehler, den auch überlegte Verbrecher machen – half weiter. Vor dem Auszug hatte das Ehepaar, offenbar plötzlich zu Geld gekommen, Möbel bei einem Trödler gekauft. Dessen Hausknecht hatte die Anschaffungen liefern müssen und erinnerte sich an die Zustelladresse, nicht in Baden, sondern in Wien, in der Rudolfsgasse 25. Dass sie sich unter falschem Namen angemeldet hatten, nützte wenig. Zu genau war die Personenbeschreibung, die der Hausknecht gegeben hatte.

Am 10. August frühmorgens erschien eine Polizeiabteilung unter Führung des Herrn Oberkommissars persönlich vor der im Parterre gelegenen Wohnung und verhaftete das Ehepaar. Eine sofort durchgeführte Hausdurchsuchung förderte drei Koffer zu Tage, die nicht aus dem Besitz der Inhaftierten stammen konnten, und eine Anzahl von Dienstbotenbüchern – Arbeitsnachweis und Personalausweis für Dienstboten in einem –, ohne die keine neue Arbeit angetreten werden konnte, die dazu vorgelegt werden mussten und von denen niemand sich freiwillig getrennt hätte. Sabatzka hatte Recht behalten: Die Fälle Djuris und Hottwanger waren keineswegs die einzigen Unternehmungen des Dienstvermittlungsbüros Schneider gewesen. Es war weitaus aktiver und, wie befürchtet, in seinem Sinn erfolgreicher gewesen. Wieder lagen kaum Abgängigkeitsanzeigen vor, die zu den sichergestellten Arbeitsbüchern gepasst hätten. Seit Hugo Schenk hatte sich, trotz vieler Versprechen, die Lage der Dienstboten nicht verbessert. Nur die Geständnisse der Verhafteten konnten Auskunft über das Schicksal der verschwundenen Inhaberinnen der Bücher geben, aber beide schwiegen zunächst hartnäckig. Als erstes, freilich indirektes Schuldeingeständnis galt für Sabatzka der Selbstmordversuch Rosalias am dritten Tag der Haft. Sie hatte versucht, sich durch einen Sturz aus dem Toilettenfenster des Polizeigefangenenhauses zu töten, war aber auf ein Vordach gefallen und nur unerheblich verletzt.

Es sollte aber noch Wochen dauern, bis sie zu einem umfassenden Geständnis bereit war, umfassend natürlich nur, was ihre Mitarbeit im Dienstvermittlungsbüro betraf. Ihr Gemahl und Partner schwieg bis zuletzt. Der Beginn des Unternehmens, für den er alleine verantwortlich war, konnte daher niemals restlos aufgeklärt werden. Die Höhe der Dunkelziffern auf seinem Konto wurde nie bekannt. Dem Staatsanwalt genügten in seiner Anklageschrift die durch Indizien oder die Angaben der Frau bewiesenen Fälle. Für eine Verurteilung des Ehepaares und für die Höchststrafe reichten sie allemal.

Die Idee zu seinem Unternehmen muss Franz Schneider, wie seine Vorgänger Schenk & Schlossarek, während seiner letzten Haft in der Zelle entwickelt haben. Wieweit er durch Vorbilder angeregt worden war, wurde nie erörtert. Kaum in Freiheit, schritt er jedenfalls zur Tat. Der »Überverdienst« aus dem Gefängnis und das Geld seiner Frau hatten nicht lange gereicht. Am 26. Mai 1891, um neun Uhr früh, sprach er am Rennweg Johanna Stoiber an. Sie war Dienstmädchen und auf Stellungssuche. Wunderbar, sagte Franz, so ein Zufall. Er wisse einen besonders guten Platz bei einer adeligen Familie in Purkersdorf bei Wien, mit 16 Gulden Monatslohn, einer für damalige Begriffe durchaus achtbaren Bezahlung. Nicht nur das, er sei direkt beauftragt, eine geeignete Kandidatin für diese Stelle zu finden. Sein Verkaufsgespräch muss so überzeugend gewesen sein, dass Johanna stante pede ihre Koffer packte, ihre Papiere an sich nahm und mit ihrem Vermittler abfuhr. Aber nicht nach Purkersdorf, sondern in das zwar ebenfalls an der Westbahn gelegene, aber um 20 Kilometer weiter entfernte Neulengbach. Dort kannte Schneider sich aus, wie man weiß, und Johanna ahnte nichts Böses. In der Schule hatte sie offenbar im Fach Heimatkunde nicht aufgepasst. Den Koffer

deponierte man in der bereits bewährten Gastwirtschaft des Herrn Komarek und dann marschierten Stellenvermittler und Stellungssuchende los, zuerst im Kreis herum und dann, als es Abend wurde, zum finsteren Haspelwald. Durch ihn gäbe es, sagte Schneider, einen direkten und bequemen Weg zum Schloss, zum neuen Dienstort. In diesem, wahrscheinlich seinem ersten, Unternehmen erwiesen sich Schneiders Arbeitsmethoden noch als amateurhaft und keineswegs der Situation und dem Ziel angemessen. Sein Versuch, an die ihm zustehende Vermittlungsprovision zu kommen, führte zu einer seltsam skurrilen und letztlich, im Sinn seines Unternehmens, erfolglosen nächtlichen Aktion.
Johanna verrichtete an einer Kapelle am Waldesrand noch ihr gewohntes Abendgebet, dann umfing beide Forst und Dunkelheit. Auf einmal packte Franz Schneider plötzlich und unvermutet seine Begleiterin am Hals, versuchte sie zu würgen und drückte sie an einen Baum. Johanna wehrte sich – mit Erfolg. Sie weinte und bat, aus dem Wald geführt zu werden, was Franz versprach. Er nahm sie am Arm und so gingen beide eine gute halbe Stunde. Ob sie Geld habe, fragte er dann – in seinem Sinn wäre es sicher sinnvoller gewesen, sich schon früher danach zu erkundigen. »Nein«, antwortete Johanna. Im Koffer vielleicht, im Wirtshaus? Auch da nicht, nein. Sie sei ein ganz armes Mädchen. Leider. Inzwischen hatte Franz die Orientierung verloren und sich verirrt. Man müsse im Wald übernachten – und dazu trug er Reisig und Laub für ein Lager zusammen. Beide legten sich nieder. Franz stürzte sich wieder auf Johanna. Doch der gelang es zum zweiten Mal, ihn abzuschütteln. Ab jetzt blieb sie wach und betete laut. Damit endlich dürfte Franz das Sinnlose seiner Tätigkeit klar geworden sein, er ging weg. Johanna blieb und schaffte es, nachdem es hell geworden war, den Weg aus dem Wald heraus zu finden. Zu ihrem unwahrscheinlichen Glück fand sie noch am selben Tag, in Eichgraben bei Neulengbach, sogar die ersehnte neue Stelle.
Sicher deshalb verschwieg sie ihr nächtliches Abenteuer zunächst und unterließ die Anzeige gegen ihren erfolglosen, zudringlichen und orientierungslosen Dienstvermittler.
Schneiders erster Versuch war, da gab es keinen Zweifel, völlig falsch gelaufen. Zumindest für ihn. Richtig eingeschätzt hatte er nur die Marktlage. Stellungsuchende Dienstmädchen gab es sonder Zahl, sie ließen sich auf der Straße finden und mit dem Hinweis auf einen

adeligen Dienstgeber und entsprechend hohen Lohn waren sie leicht zur Reise nach Neulengbach zu überreden. Alles andere aber hatte er völlig falsch gemacht. Warum hatte er sich nicht vorher nach den finanziellen Verhältnissen seiner Kandidatin erkundigt, sondern war an ein Wesen geraten, das außer ein paar kaum verwertbaren persönlichen Dingen nichts besaß, was eine Vermittlung bezahlt gemacht hätte? Auch die erotische Komponente, von ihm fest mit eingeplant, war unbefriedigend geblieben.
Nur der unglaubliche Zufall, dass Johanna trotz allem doch eine neue Stelle gefunden hatte und sich ihres Abenteuers schämte, hatte ein mögliches, sofortiges Ende der Schneider'schen Aktivitäten verhindert. Eine Anzeige bei der Polizei wäre für ihn – siehe unter feuerrotem Schnurrbart – aller Wahrscheinlichkeit zufolge fatal verlaufen.
Trotzdem, Franz Schneider ließ sich nicht entmutigen. Wieder in Wien zurück versuchte er sofort, aus Fehlern lernend, eine neue Aktion. Wie sie ausging, blieb ungewiss. Er soll am 27. oder 28. Mai in Neulengbach zwar in Begleitung eines Mädchens gesehen worden sein, aber es gab keine weiteren Hinweise, keine Abgängigkeitsanzeige. Schneider schwieg.
Auch nicht erfolgreich – im Sinn des Unternehmens – war der Vermittlungsversuch mit Anna Djuris. Wieder kein Geld, dafür eine Anzeige bei der Polizei mit unangenehm exakter Personenbeschreibung. Sie blieb nur, vorläufig, ohne Folgen, da die Polizei in Wien, wo sie erstattet worden war, wenig Lust hatte, wegen verschwundener Dienstmädchen aus der Provinz nachzuforschen.
Wirklich erfolgreich für ihn war erst der dritte (oder vierte) Versuch. Zum ersten Mal stimmten Objektwahl und Prozedere. Zwischen dem 18. und 21. Juni – an das genaue Datum konnte sich seine Frau, die ab jetzt mitbeteiligt war, in ihrem Geständnis nicht mehr erinnern – sprach er auf der Straße Rosa Kleinschmidt an.
Sie war erst 18 Jahre alt und völlig ahnungslos und unerfahren. Er wisse einen wunderbaren Posten bei einer Gräfin in Klosterneuburg, nur müsse der sofort angetreten werden. Eilig packten beide Rosaliens Siebensachen, wobei Schneider den Besitz als lohnenswert taxieren konnte – so den Fehler der ersten Unternehmung vermeidend. Dann fuhren sie nach Neulengbach. Dass es nicht Klosterneuburg war, fiel Rosalie nicht auf. In einem Wald bei St. Christophen erwürgte er sie und nahm ihre Habe an sich: 20 Gulden in bar, ihren

Koffer mit Inhalt im Wert von 50 Gulden. Der Toten zog er alle verwertbaren Kleidungsstücke aus, Wäsche und Schuhe, und warf die nackte Leiche in einen Graben, wo sie erst nach dem Geständnis, am 19. November, gefunden wurde. Nur anhand der blonden Haare und der eigentümlichen Zahnstellung konnte sie identifiziert werden.
Schneider hatte inzwischen seine Frau ausführlich über seine neue Erwerbsquelle informiert. Gemeinsam verkauften sie die Beute, und durch den Erfolg motiviert beschloss Frau Schneider jetzt, sich aktiv in das Unternehmen einzubringen. Sie übernahm sofort die Akquisition, denn ihr Gatte war, bei seinem wenig vorteilhaften, vor allem aber auffälligen Äußeren, dafür sicher weniger qualifiziert. Ihr als Frau würden stellungsuchende Dienstmädchen, auch wenn sie nicht so leichtgläubig und unerfahren und dadurch vielleicht auch finanziell besser gestellt waren als Rosalia Kleinschmidt, zweifellos eher Vertrauen entgegenbringen als ihrem Ehegespons. Ihr würde es leichter fallen, sich nach den finanziellen Qualitäten eventueller Kandidatinnen zu erkundigen, ohne gleich Verdacht zu erregen. Sie beschloss auch, die Nähe amtlicher, seriöser Stellenvermittlungsbüros aufzusuchen, um die Anwerbung ernsthafter erscheinen zu lassen. Deshalb postierte sie sich in der Nähe des renommierten und bekannten Büros am Franziskanerplatz, wo sie auf Marie Hottwanger traf – mit den beschriebenen Folgen: Das Ehepaar hatte arbeitsteiliges Vorgehen beschlossen.
Rosalie war für die Anbahnungen zuständig, die Finalisierung des Auftrags oblag ihrem Mann. Als er sich mit Marie Hottwanger im Dreiföhrenwald beim Buschenschenker Josef Danner am Heurigen stärkte, ermahnte ihn, wie Zeugen aussagten, seine Gattin: »Sauf nicht so, du Tepp, wast denn ned, was'd vor dir hast?« Frau Schneider wurde in der Folge zur treibenden Kraft des Unternehmens. Schon sechs Tage nach Marie Hottwangers Tod hatte sie eine neue Kandidatin angeworben: Frieda Zuffer, gerade aus Hermannstadt in Siebenbürgen angekommen. Für sie war eine Stelle als Stubenmädchen in der Villa Ecker in – richtig! – Neulengbach ausersehen worden. Sicherheitshalber hatte sich Rosalie vorsorglich bei der Quartiergeberin nach dem Finanzstatus der Mieterin erkundigt und durchaus befriedigende Auskunft erhalten. Zuffer nahm Geld und Wertpapiere mit, um sich bei ihrer neuen Herrschaft entsprechend vorteilhaft einzuführen. Die Koffer allerdings blieben vorerst in ihrem Quartier zu-

rück. Im schon bekannten Haspelwald ließ Rosalie ihren Mann und Frieda Zuffer unter einem Vorwand vorausgehen. Nach kurzer Zeit kam Franz allein zurück – aber mit dem Geld, den Wertpapieren und einem Teil der Kleidung seiner Begleiterin. »Ich hab ihr das Haxl gestellt, sie umgeschmissen und so schnell gewürgt, dass sie nur wenig hat schrein können.« Die allem Brauchbaren beraubte Leiche zogen beide in ein nahes Gebüsch. Auch sie wurde erst am 19. November gefunden und mittels einer Zahnprothese im Oberkiefer agnostiziert.

Die Nacht verbrachte das Ehepaar im Wald und gab am nächsten Tag im Postamt Neulengbach im Namen ihres Opfers ein Telegramm an die Quartiersfrau auf, mit einer Meldung, die der auf der Karte der Marie Hottwanger entsprach. Es gehe ihr gut, die Stelle sei hervorragend und die Hausmeisterin der Villa würde in den nächsten Tagen ihre Koffer abholen lassen. Tatsächlich kam diese zwei Tage später. Der Inhalt des Gepäcks – Wäsche, Kleider, Schuhe – wurde verkauft.

Vier Tage später stand schon die nächste Kandidatin vor der Tür, die Köchin Franziska Watzer. Sie hatte aber einen aufmerksameren Schutzengel als ihre Vorgängerinnen. Ihre Vermittlung wurde durch die Verhaftung der Ehe- und Geschäftspartner, der Liquidierung der Firma, verhindert.

Am 25. Januar 1892 begann der Prozess vor dem Schwurgericht. Beide Angeklagten machten, so die Zeitungsberichte, keinen besonders vorteilhaften Eindruck:

»Sie, ein kleines, schwächliches, spindeldürres Frauenzimmer mit spitzer Nase und listigen, kleinen Äuglein. Er ein ordinärer Mensch, bei dem alles ins Rötliche spielt, so daß man unwillkürlich an einen Darsteller des Teufels erinnert wird. Das dunkelblonde, an der Seite gescheitelte Haar hat einen rötlichen Stich, der dicke, die Lippen verdeckende Schnurrbart ist grellrot. Er hat lange, affenartige Hände, deren Fingerspitzen fast die Knie berühren, und während der Verlesung der Akte mustert er bald zynisch lächelnd, bald mit unheimlichen Blicken das Publikum, wobei seine geschlitzten Augen die diesem Manne innewohnende Tücke und Roheit widerspiegeln.«

Die einstige Harmonie des Geschäfts- und Ehepaares zerbrach vor den Richtern. Erbittert versuchten sie, sich gegenseitig den größeren Teil der Schuld zuzuschieben. Ohne Erfolg allerdings, denn beide

wurden nach nur drei Tagen Prozessdauer in allen Anklagepunkten für schuldig befunden und zum Tod durch den Strang verurteilt.
Da die Anklage und mithin auch der Schuldspruch fast ausschließlich durch das Geständnis Rosalia Schneiders zustande gekommen waren, blieben möglicherweise Taten, die Franz Schneider allein begangen hatte, ungesühnt. Es hatte Hinweise gegeben – wie die Beobachtung aus Neulengbach –, aber keine Beweise, keine Abgängigkeitsmeldungen. Das Schicksal der Dienstmädchen und die Anteilnahme der Dienstgeber daran hatte sich seit Schenk & Schlossarek nicht verändert.
Am 17. März 1892 wurde die Todesstrafe an Franz Schneider im Wiener Landesgericht durch den Scharfrichter Franz Willinger vollstreckt. Überraschend war seine Frau, wohl wegen ihres Geständnisses, infolge allerhöchster Entschließung zu lebenslangem Zuchthaus begnadigt worden, obwohl auch in der Verhandlung klar geworden war, dass sie, zumindest in der Schlussphase ihres Dienstvermittlungsbüros, der aktivere, planende Partner gewesen war.

Am Arbeitsplatz

Dienstverhältnisse: der Fall Bloemers

- Lebte nun der Oberstleutnant Roos noch, als ihm der Kopf abgesägt wurde?
- Er hat noch geröchelt, als mein Bruder den Kopf hochhob, um die Säge anzusetzen.

Prozessprotokoll

»Der Ermordete, der im Rufe eines tüchtigen Offiziers stand und der vielfach über die Heeresverhältnisse des Auslandes geschrieben hat, war lange Zeit als Hauptmann und Major im Großen Generalstabe tätig, ein Nervenleiden zwang den im Alter von 46 Jahren stehenden Offizier nun seinen Abschied zu nehmen. Seine Ehefrau lebte schon seit Jahren getrennt von ihm in Paris, weshalb er Leute zu seiner Bedienung nötig hatte.« Oberstleutnant Alexander Roos »besaß in dem stillen Städtchen M.-Gladbach eine idyllisch gelegene Villa in der Rheydterstraße 28, die er, von aller Welt zurückgezogen, allein bewohnte. Eine ältere Frau machte ihm die Aufwartung. Da diese aber häufig kränkelte und wohl auch zu schwach war, um das Haus, die Wirtschaft und den Garten in Ordnung zu halten, suchte sich die alte Frau eine leichtere Beschäftigung. Der Oberstleutnant beschloß nun, um nicht allein zu sein, den verheirateten Sohn der alten Frau, namens Adolf Bloemers, nebst dessen Gattin ins Haus zu nehmen. Er räumte den Eheleuten im Parterregeschoß eine sehr hübsche Wohnung ein. Bei den Eheleuten Bloemers wohnte auch der Bruder des Portiers, der unverheiratete Möbelpolierer Leonhard Bloemers, ein arbeitsscheuer Mensch. Der Oberstleutnant hatte diesem Menschen mehrfach Arbeit verschafft. Als er aber hörte, daß Leonhard Bloemers arbeitsscheu war, empfand er gegen den Mann ein gewisses Mißtrauen; er verbot ihm daher das Haus. Leonhard Bloemers verkehrte und wohnte aber trotzdem bei seinem Bruder.

Der arbeitslose Leonhard Bloemers war vielfach in arger Geldverlegenheit. Er machte daher eines Tages seinem Bruder und seiner Schwägerin den Vorschlag, den Oberstleutnant zu ermorden und sich in den Besitz seines Vermögens zu setzen.«
Frau Bloemers erzählte später: »Ich räumte eines Tages die Wohnung des Oberstleutnants auf. Mein Mann und mein Schwager waren im Zimmer. Da sagte mein Mann: Wenn ich nur ein paar tausend Mark bekommen könnte, dann wäre mir geholfen. Da versetzte mein Schwager: ›Wir müssen den Oberstleutnant totmachen, da haben wir sofort Geld.‹«
»Der Bruder und die Schwägerin hatten zunächst Bedenken. Die beiden Brüder Bloemers durchsuchten in Abwesenheit des Oberstleutnants dessen Wohnung und fanden auch in einem Pult dreihundert Mark. Damit waren die Unholde aber nicht zufrieden. Es wurde ›Kriegsrat‹ gehalten.«
»Nun sei zwischen ihnen darüber gesprochen worden, wie man die Sache anfangen solle. Die Frau Bloemers habe vorgeschlagen, den Oberstleutnant zu erschlagen, er, Leonhard Bloemers, habe jedoch empfohlen, Gift in den Tee zu tun. Frau Bloemers habe zunächst gesagt, dabei tue sie nicht mit. Schließlich habe sie aber doch ihm und ihrem Manne Geld zur Reise nach Düsseldorf gegeben, wo sie Gift in einer Apotheke besorgen wollten. In Düsseldorf angekommen, hätten sie zunächst mehrere Restaurants besucht, offenbar, um sich Mut anzutrinken. Dann seien sie in zwei Apotheken gegangen, wo sie jedoch ohne Giftschein kein Gift zu erhalten vermochten, obwohl sie angaben, daß sie einen tollen Hund vergiften wollten. Sie mußten deshalb schließlich unverrichteter Dinge wieder nach M.-Gladbach fahren. Am nächsten Tage hatte Frau Bloemers dann vorgeschlagen, den Oberstleutnant aufzuhängen, um den Anschein eines Selbstmordes zu erwecken, allein schließlich sei doch der Plan, ihn zu erschlagen und die Leiche fortzuschaffen, zur Ausführung gebracht worden. Adolf Bloemers habe gesagt: ›Es passiert so viel in der Welt, ohne daß etwas herauskommt!‹«
»Vorsitzender: Beratschlagten Sie nicht gleichzeitig, wie Sie den Leichnam beiseite schaffen könnten?
Leonhard Bloemers: Jawohl, ich machte den Vorschlag, den Leichnam in den Rhein zu werfen. Mein Bruder und Frau Bloemers machten dagegen den Vorschlag, den Leichnam im Koffer fortzuschaffen und zu vergraben.

Vorsitzender: In welcher Weise wollten Sie den Mord ausführen?
Leonhard Bloemers: Wir wollten hinaufgehen und sobald der Oberstleutnant auf unser Schellen öffnete, ihn vor den Kopf schlagen. Wir gingen auch hinauf, es fehlte uns aber der Mut. Frau Bloemers, die mit diesem Plan einverstanden war, machte uns wegen unserer Zaghaftigkeit Vorwürfe. Das war am Samstag. Am folgenden Sonntag beratschlagten wir bei einer Flasche Wein, wie wir den Oberstleutnant am besten und unauffälligsten aus dem Wege räumen könnten.
Vorsitzender: Wann sollte die Tat ausgeführt werden?
Leonhard Bloemers: Für die Ausführung der Tat wurde der Morgen nach dem Geburtstag der Kaiserin (der 23. Oktober 1905) bestimmt, da wir wußten, daß der Oberstleutnant da länger schlafen würde. – Er hatte auch in der Wirtschaft ›Erholung‹ einen langen Abend mit Kameraden verbracht. – Wir verabredeten, ihn durch starkes Klopfen im Keller dorthin zu locken und ihn mit einem Hammer niederzuschlagen. Kurz nach acht Uhr früh ist Adolf in den Keller gegangen und hat dort mit einem Hammer auf ein leeres Faß geschlagen. Darauf ist Oberstleutnant Roos heruntergekommen und hat mich gefragt, was das für ein Mordsspektakel sei. Er bitte sich Ruhe aus. Ich hätte nun den Oberstleutnant nach der Verabredung festhalten sollen, bin aber ängstlich geworden und hinaufgelaufen, während Roos wieder in sein Zimmer gegangen ist. Mein Bruder Adolf hat mich aber wieder heruntergerufen und mir Vorwürfe gemacht, daß ich so feige bin. Dann hat Adolf zum zweiten Male auf das Faß geschlagen, und als nun Roos zur Kellertür heruntergekommen ist, hat mein Bruder ihn von hinten mit dem Hammer auf den Kopf geschlagen. Roos ist gleich niedergefallen, worauf ich hinzugetreten bin, um ihn auch noch mit der stumpfen Seite eines Beils auf den Kopf zu schlagen. Ich habe etwa zwei- bis dreimal zugeschlagen und ebenso wie mein Bruder geglaubt, daß Roos jetzt tot sei. Inzwischen klingelte es oben, weshalb ich hinaufgegangen bin, um zu öffnen. Vor der Tür stand ein Polizeibeamter, der einen Personenstandszettel überbrachte. Auch mein Bruder war hinaufgekommen, und nun haben wir uns zum Frühstück niedergesetzt.«
»Auf weiteres Befragen erzählt nun der Angeklagte, wie während des gemeinsamen Frühstücks plötzlich stöhnende Laute aus dem Keller heraufgedrungen seien, worauf Frau Bloemers ärgerlich ausgerufen

habe: ›Das habt ihr aber schlecht gemacht. Was man einmal angefangen hat, muß man auch zu Ende führen. Nun schlagt den Kerl vollständig tot!‹ Darauf seien sie beide hinuntergelaufen und hätten dort gesehen, wie der Oberstleutnant sich langsam am Geländer der Kellertreppe aufzurichten versuchte. Da habe sein Bruder [Adolf] ausgerufen: ›Jetzt hast du uns lange genug geärgert!‹«

»Leonhard Bloemers: Ich holte einen Stein und warf nach dem Oberstleutnant, traf aber nicht. Nun warf mein Bruder mit einem Stein; letzterer traf den Oberstleutnant an den Kopf, so daß er niederfiel und laut jammerte. Inzwischen hatte mein Bruder das Dolchmesser des Oberstleutnants aus dessen Wohnung geholt. Mein Bruder stach nun mit dem Dolchmesser auf den Oberstleutnant mit den Worten ein: ›Du A…, du hast uns lange genug geärgert, nun sollst du auch fühlen.‹

Vorsitzender: Was hat denn Frau Bloemers während der ganzen Zeit getan?

Leonhard Bloemers: Sie stand auf der oberen Treppe und paßte auf.

Vorsitzender: Also in den Keller ist sie während der Tat nicht gekommen?

Leonhard Bloemers: Nein.

Vorsitzender: Ihr Bruder soll auch auf den tot Daliegenden eingehauen haben?

Leonhard Bloemers: Ja, er stellte seinen Fuß auf den Hals des Oberstleutnants und schlug auf den Schädel los, weil er noch nicht glaubte, daß Roos tot sei.

Vorsitzender: Was geschah nun?

Leonhard Bloemers: Es wurde der Kopf abgesägt.

Vorsitzender: Und wer tat dies?

Leonhard Bloemers: Mein Bruder. Er meinte, daß das nötig wäre, um die Leiche unkenntlich zu machen. Die Absägung ist mit einem schmalen Fuchsschwanz erfolgt.

Vorsitzender: Man hat nun aber in der Brust des Toten auch mehrere Dolchstiche gefunden. Wie erklären Sie sich dies?

Leonhard Bloemers: Das muß dann mein Bruder getan haben.

Vorsitzender: Lebte nun der Oberstleutnant Roos noch, als ihm der Kopf abgesägt wurde?

Leonhard Bloemers: Er hat noch geröchelt, als mein Bruder den Kopf hochhob, um die Säge anzusetzen.«

»Die Leiche und der Kopf sind nunmehr, wie der Angeklagte erzählt, in das Wohnzimmer der Bloemerschen Wohnung getragen worden. Hier erklärte Frau Bloemers, man müsse dem Toten unbedingt seinen Trauring nehmen, da sonst seine Identität festgestellt werden könnte. Der Ring ließ sich jedoch nicht ohne weiteres ablösen.«
»Leonhard Bloemers: Da der Ring aber zu fest saß, sagte Frau Bloemers: ›Sägt den Finger ab; je mehr man die Leiche verstümmelt, desto unkenntlicher wird sie.‹ Mein Bruder sägte darauf der Leiche den Ringfinger ab.«
»Dann habe Frau Bloemers den Handkoffer herbeigebracht, in den zunächst der Kopf verpackt wurde. Mit diesem Koffer ist der Ehemann Bloemers am Nachmittage auf ein Feld bei Viersen gegangen und hat ihn dort in einem Gebüsch bei der Chaussee oberflächlich vergraben. Nach seiner Rückkehr wurden Koffer, die Kleidung und die Wäsche des Toten verbrannt. Inzwischen hatte Frau Bloemers ein großes Stück Packleinewand herbeigeschafft, in das der Rumpf des Ermordeten eingenäht wurde. Dann legten die Täter das Paket auf eine Ziehkarre und fuhren damit nach der Verscharrungsstraße des Kopfes.«
»Vorsitzender: Sie und Ihr Bruder zogen den Karren?
Leonhard Bloemers: Jawohl.
Vorsitzender: Ging Frau Bloemers mit nach Viersen?
Leonhard Bloemers: Jawohl, Frau Bloemers sagte: ›Ich muß wissen, wo der Leichnam verscharrt wird, ich komme mit.‹ Wir vergruben zunächst den Rumpf, etwa 100 Schritte weiter den Kopf und den Finger.«
»Nach der Heimkehr seien die Schränke und Kästen nach Geld und Wertsachen durchsucht worden. Sie hätten jedoch nur 280 Mark in bar gefunden, die zu gleichen Hälften zwischen ihm und seinem Bruder geteilt worden seien. Dann sei darüber beraten worden, in welcher Weise die Wertsachen zu Geld gemacht werden sollten. Wie der Angeklagte zugesteht, sei er in allen Fällen der ›Verschärfer‹ der Sachen gewesen, weil er am ruhigsten gewesen sei. Bis nach Nymwegen hätten sie Wertgegenstände verkauft. Die Einnahme habe er stets mit seinem Bruder redlich geteilt.«
»Vorsitzender: Wann wurde der Keller vom Blut gereinigt?
Leonhard Bloemers: Am folgenden Tage.
Vorsitzender: Wer beteiligte sich an dem Reinigen des Kellers?
Leonhard Bloemers: In der Hauptsache suchte Frau Bloemers den Keller vom Blut zu reinigen.

Vorsitzender: Nach einiger Zeit hat Ihr Bruder mit einer Handlaterne die Stellen beleuchtet, wo die Leichenteile vergraben waren?
Leonhard Bloemers: Jawohl.
Vorsitzender: Weshalb geschah das?
Leonhard Bloemers: Er wollte sehen, ob auch die Leichenteile gut vergraben wären.
Vorsitzender: Wurde nicht von Leuten gefragt, wo der Oberstleutnant sei?
Leonhard Bloemers: Jawohl. Hauptsächlich fragte der Briefträger nach dem Oberstleutnant. Es wurde ihm geantwortet: ›Der Oberstleutnant ist nach England gereist.‹«
Der Bruder Adolf Bloemers bestätigt die Aussagen. Weist aber die Anschuldigungen, seine Gattin betreffend, zurück. Nein, sie habe das Vorhaben nie »angereizt«. Auch nicht, als sich der Oberstleutnant wieder erholt hatte und an die Kellertür klopfte.
»Adolf Bloemers: Wir öffneten und versuchten zunächst, den Oberstleutnant mit Steinen totzuwerfen. Da dies aber nicht gelang, holte ich das Dolchmesser des Oberstleutnants und stach damit.
Vorsitzender: Sie müssen sehr heftig mit dem Dolchmesser gestochen haben?
Adolf Bloemers: Ich habe mit dem Dolchmesser noch gestochen, als der Oberstleutnant bereits tot war.
Vorsitzender: Weshalb taten Sie das?
Adolf Bloemers: Um meine Wut zu kühlen.
Vorsitzender: Welche Ursache hatten Sie, noch auf den Leichnam wütend zu sein?
Adolf Bloemers: Der Oberstleutnant hat mich vielfach geärgert.
Vorsitzender: Wie sind Sie dazu gekommen, einen solch furchtbaren Mord zu begehen?
Adolf Bloemers: Ich weiß selbst nicht, Herr Richter.
Vorsitzender: Ist es richtig, daß Sie dem Oberstleutnant, nachdem er tot war, das Portemonnaie aus der Tasche genommen haben?
Adolf Bloemers: Das hat mein Bruder getan.
Vorsitzender: Wieviel Geld war in dem Portemonnaie?
Adolf Bloemers: 35 M.
Vorsitzender: Wurde das Geld geteilt?
Adolf Bloemers: Jawohl, das Geld wurde zu gleichen Teilen geteilt.

Vorsitzender: Sie haben an Frau Oberstleutnant nach Paris einen Brief geschrieben?
Adolf Bloemers: Jawohl, ich schrieb der Frau Oberstleutnant, daß ihr Mann verreist sei, damit sie nicht Verdacht schöpfte.«
»Wie der Vorsitzende im Anschluß daran hervorhebt, hat der Angeklagte einige Zeit nach der Tat der Witwe des Ermordeten eine Rechnung nach Paris geschickt, mit dem Hinzufügen: Roos sei dies ihm schuldig, und da er auf längere Zeit nach England gegangen sei, und er, Angeklagter, sein Geld brauche, bitte er um die Einsendung des Betrages. Weiterhin bemerkte der Angeklagte auf Befragen: Er sei in der holländischen Armee Korporal gewesen und nur wegen geringfügiger militärischer Vergehen bestraft.«
»Vorsitzender: Da Sie Korporal gewesen sind, so ist Ihnen doch jedenfalls bekannt, wie einem Offizier zu begegnen ist.
Adolf Bloemers: Jawohl.
Vorsitzender: Der Oberstleutnant ist sehr gut zu Ihnen gewesen?
Adolf Bloemers: Jawohl, er war aber sehr aufgeregt und hat mich einige Male mit dem Dolchmesser bedroht.
Vorsitzender: Das war aber lange vor dem Morde?
Adolf Bloemers: Allerdings.
Vorsitzender: Jedenfalls war der Oberstleutnant aufs eifrigste bemüht, Ihnen Arbeit zu verschaffen?
Adolf Bloemers: Jawohl.
Vorsitzender: Das hat Sie aber nicht abgehalten, den Oberstleutnant zu ermorden?
Adolf Bloemers: Wir wollten Geld haben.«
Am 15. Januar 1906 berichtet die »Dortmunder Zeitung«: »Wie schon telegrafisch berichtet, ist der seit dem 23. Oktober vermißte Oberstleutnant a. D. Roos von hier ermordet worden. Als der Oberstleutnant im Oktober spurlos verschwand, wurde von den in seinem Hause als Aufwärter wohnenden Eheleuten Adolf Bloemers, die Holländer sind, behauptet, er sei mit dem Bemerken abgereist, er würde einige Wochen unterwegs bleiben. Da die Familie Bloemers der Kriminalpolizei schon von einem anderen Falle her bekannt war, lenkte sich sofort ein gewisser Verdacht auf die Familie, die infolgedessen genau überwacht wurde. [...] Am Abend des 12. Januar wurden in derselben Minute nicht nur die überraschten Eheleute Adolf Bloemers, sondern auch der Bruder des Ehemannes, der Möbelpolierer

Leonhard Bloemers, und die Schwester der Ehefrau, die erst im Dezember aus dem Gefängnis entlassene Ida Severin, die dort wegen Brandstiftung eine Strafe verbüßt hatte, verhaftet.«

»Kriminalkommissar Heinzerling hat die Untersuchungen in der Mordangelegenheit geführt. Es war von Verwandten des Toten zunächst dessen spurloses Verschwinden und dann von Pfandleihern die Tatsache gemeldet worden, daß die Angeklagten zahlreiche Wertsachen des Oberstleutnants zum Versatz gebracht hatten. Der Kommissar begab sich daraufhin in die Villa Roos, wo Frau Bloemers ihm öffnete. Sie erzählte, daß Roos nach England gereist sei, und verwies darauf, daß auf dem Schreibtisch des Toten eine Spezialkarte von England ausgebreitet lag. Gleichzeitig flüsterte sie jedoch ihrem Manne etwas zu, was dem Kommissar verdächtig vorkam. Auf seine Frage, ob das Ehepaar die Silbersachen des Toten zum Versatz gebracht habe, antwortete dieses, sie seien infolge der Abreise des Oberstleutnants in Not gekommen und würden die Sachen einlösen, wenn er wiederkäme. Der Bruder des Bloemers habe sich diesen Angaben angeschlossen. Er habe die drei Angeklagten jedoch in Haft nehmen lassen und nun den Leonhard Bloemers am nächsten Tage noch einmal vernommen. Dieser blieb bei seinen Angaben über die Abreise des Oberstleutnants, wurde jedoch sehr aufgeregt, wenn er von dem Verschwinden desselben sprach. Kommissar Heinzerling sagte daraufhin: ›Hören Sie, Bloemers, ich habe mal in einem Roman gelesen, daß keine Tat unentdeckt bleibt, bei der eine Frau mitgewirkt hat! Wollen Sie wirklich, daß morgen Ihre Schwägerin uns erst zu der Leiche führt, oder wollen Sie es nicht lieber selbst tun?‹ Da habe Bloemers sich mit beiden Händen gegen den Kopf geschlagen und ein vollständiges Geständnis abgelegt, auch den Fundort der Leiche hat er ohne weiteres angezeigt. Dann hat Heinzerling die Frau vernommen, die zuerst entschieden leugnete. Als sie während ihrer Aussagen plötzlich Nasenbluten bekam, sagte ihr der Kommissar: ›Das ist das But der Vergeltung!‹

Nunmehr habe auch Frau Bloemers gestanden, die Sache mit dem Gift jedoch verschwiegen. Ihr Ehemann gestand ebenfalls unumwunden, als ihm die Aussagen der beiden anderen vorgehalten wurden. Eine lange Reihe von Zeugen und Zeuginnen wurden hierauf über den Leumund der drei Angeklagten vernommen. Von den Männern wurde allgemein behauptet, daß sie nicht gerne gearbeitet hätten

und nur dadurch in Not gekommen seien. Frau Bloemers war früher Dienstmädchen und hat sich überall gut geführt.«
Die Schwester der Bloemers »Ida Severin ist wieder entlassen worden, da sie als Mittäterin nicht in Betracht kommen kann: sie saß während des Mordes noch im Gefängnis. Dagegen sind an dem Morde die beiden Brüder Bloemers anscheinend gleichmäßig beteiligt. Inwieweit die Ehefrau, die Mutter eines kleinen Kindes, mitschuldig ist, wird noch festgestellt werden müssen.«
»Frau Bloemers bemerkte auf Befragen des Vorsitzenden: Sie sei in Elberfeld geboren, ihre Eltern seien aber, als sie drei Jahre alt war, nach Holland gezogen. Dort sei sie in die Schule gegangen. Nachdem sie die Schule verlassen, sei sie nach M.-Gladbach gekommen. Dort habe sie ihren Mann kennengelernt und ihn im Jahre 1900 geheiratet. Sie hatte zwei Kinder, die beide tot seien. Das letzte Kind starb während ihrer Untersuchungshaft. Sie befinde sich aber wiederum in gesegneten Umständen.«
»Vorsitzender: Wie kam es nun, daß der Oberstleutnant ermordet wurde?
Frau Bloemers: In der Hauptsache, weil mein Mann keine Arbeit hatte.
Vorsitzender: Er hätte doch aber Arbeit finden können?
Frau Bloemers: Er fand trotz aller Mühe keine Arbeit.
Vorsitzender: Wenn jemand arbeiten will, so findet er immer Arbeit.
Frau Bloemers: Nein, Herr Richter, das stimmt nicht.
Vorsitzender: Wie wurde der Plan entworfen, den Oberstleutnant zu ermorden?
Frau Bloemers: Ich räumte eines Tages die Wohnung des Oberstleutnants auf. Mein Mann und mein Schwager waren im Zimmer. Da sagte mein Mann: Wenn ich nur ein paar tausend Mark bekommen könnte, dann wäre mir geholfen. Da versetzte mein Schwager: Wir müssen den Oberstleutnant totmachen, da haben wir sofort Geld. Leonhard Bloemers machte zunächst den Vorschlag, den Oberstleutnant zu vergiften; ich sollte dem Oberstleutnant Gift in den Tee tun. Ich sagte: ›Ihr könnt ja Gift besorgen, ich tue aber das Gift nicht in den Tee.‹ Es ist unwahr, daß ich den beiden Männern Geld gegeben habe, um nach Düsseldorf zu fahren.
Vorsitzender: Sie haben aber den weiteren Mordplan mitberaten?
Frau Bloemers: Das ist nicht richtig.

Vorsitzender: Haben Sie nicht an dem am Sonntag vor dem Morde stattgefundenen Weintrinken teilgenommen?
Frau Bloemers: Ich habe wohl Wein mitgetrunken, aber an der Beratung, wie der Oberstleutnant ermordet werden sollte, mich nicht beteiligt.
Vorsitzender: Sie sollen, als der Oberstleutnant, nachdem er mit Beil und Hammer geschlagen war, an die Kellertür klopfte und gerufen hatte: ›Macht auf!‹ zu den Männern gesagt haben: ›Das habt ihr schlecht gemacht. Nun habt ihr's einmal angefangen, dann schlagt ihn auch vollständig tot.‹
Frau Bloemers: Jawohl, das habe ich gesagt. (Große Bewegung im Zuhörerraum.)
Vorsitzender: Ihr Mann hat das vorhin in Abrede gestellt!
Frau Bloemers: Nein, das ist richtig.
Die Angeklagte erzählte dann weiter auf Befragen des Vorsitzenden: Sie habe wohl den Männern das Packleinen gegeben, damit sie den Leichnam einhüllen konnten, am Hinausschaffen der Leiche sich jedoch nicht beteiligt.
Vorsitzender: Sie haben aber die Männer, als sie den Koffer mit dem Leichnam nach Viersen fuhren, begleitet?
Frau Bloemers: Jawohl.
Vorsitzender: Sie sollen schon vor dem Morde den Bäckerjungen, die dem Oberstleutnant die Frühstücksbrötchen brachten, gesagt haben: Sie sollten keine Brötchen mehr bringen, der Oberstleutnant sei verreist.
Frau Bloemers: Das tat ich erst, als der Oberstleutnant schon tot war.«
Dies wird vom Bäckerjungen bestritten: Drei Tage vor der Tat habe die Bloemers das Frühstück abbestellt. »Einigen Mitgefangenen gegenüber erklärte die Angeklagte, die Ermordung des Oberstleutnants bedaure sie nicht, nur ihr Mann tue ihr leid, weil er durch seine Tat so tief gefallen sei. Sie hat später einmal einen Selbstmordversuch unternommen, dann aber wieder ganz gleichgültige, manchmal auch ganz heitere Stimmung an den Tag gelegt. Sie erzählte mit einem gewissen Selbstbewußtsein von der grausigen Tat und äußerte dabei einmal: ›Wenn wir unsere Hände von den Silbersachen gelassen und nichts davon versetzt hätten, dann wäre sicher nichts herausgekommen.‹«
Die drei Verschwörer hatten sich am 22. März 1906 vor dem Schwur-

gericht zu Düsseldorf zu verantworten. »Eine Mordtat, wie sie in den Annalen der deutschen Kriminaljustiz glücklicherweise selten dasteht, beschäftigte heute das hiesige Schwurgericht. Unter der schweren Anklage, den Oberstleutnant im Berliner Generalstabe Alexander Roos in Mönchengladbach am 23. Oktober v. J. in einer geradezu scheußlichen Weise hingeschlachtet zu haben, stehen die beiden Brüder Leonhard und Adolf Bloemers und die 20 Jahre alte Ehefrau des Adolf Bloemers vor den Geschworenen.
Der Andrang des Publikums zu der heutigen Verhandlung war ein enormer. Das Gerichtsgebäude gleicht seit den frühen Morgen einer belagerten Festung. Etwa 80 Schutzleute zu Fuß und zu Pferde waren aufgeboten worden, um die Eingänge zum Gerichtsgebäude freizuhalten. Wie immer machte sich namentlich die Frauenwelt unter dem Publikum in wenig angenehmer Weise bemerkbar. Auch der Zuschauerraum war stark von Frauen besetzt. Die Angeklagten wurden unter starker Bedeckung einzeln in den Saal geführt. Nach ihrem Eintritt gab es eine Reihe aufregender Szenen. Eine Schwester der Angeklagten verfiel in Weinkrämpfe, und die beiden Brüder stürzten sich nach ihrer Entfesselung in die Arme, um sich heulend abzuküssen. Nur die Ehefrau Bloemers, die als Anstifterin des ganzen Verbrechens gilt, blieb kalt und gleichmütig. Alle drei Angeklagten machten einen durchaus unsympathischen Eindruck.
Ueber den Geisteszustand der drei Angeklagten, insbesondere der Frau Bloemers, äußerte sich der Gefängnisarzt Dr. Fleischhauer dahin, daß alle drei durchaus zurechnungsfähig seien. Die Frau habe sogar sehr viel Intelligenz an den Tag gelegt. Sie habe sich ihm gegenüber beklagt, daß ihr Mann sie bei seinen Aussagen mit in die Tat zu verwickeln gesucht habe. Er hätte ihr doch versprochen, sie ganz herauszulassen. Sie fühle sich mit ihren 20 Jahren noch zu jung zum Sterben und hoffe auch, ihre Freiheit bald wiederzuerhalten. Die hierauf den Geschworenen vorgelegten Schuldfragen lauten gegen alle drei Angeklagten auf Mord und Raub. Auf Antrag der Verteidigung wurden ihnen gegen Frau Bloemers die Hülfsfragen wegen Beihilfe hinzugefügt.
Hierauf nahm Staatsanwalt Frings das Wort zur Begründung der Anklage. Eine in ihren Einzelheiten ganz entsetzliche, grausige und abscheuliche Tat, so führte er aus, unterliege der Beurteilung der Geschworenen, eine Tat, wie sie nur selten Gerichte beschäftige und

das Düsseldorfer Gericht wohl noch niemals beschäftigt habe. Man fragte zunächst nach den Motiven der Angeklagten und habe keine andere Antwort als die, daß eine einzige Handvoll Geld in einem Schrank des Ermordeten ohne weiteres die niedrigsten Instinkte der drei Mordgesellen auszulösen vermochte. Vergeblich hätten die Angeklagten Not geltend zu machen versucht, sie, die weit besser gestellt waren wie viele Tausende anderer ums tägliche Brot kämpfende Menschen. Faulheit, Roheit und Genußsucht hätten sich bei ihnen vereinigt, um ihren Wohltäter in schrecklichster Weise ums Leben zu bringen und zu berauben. Denn Oberstleutnant Roos trage keine weitere Schuld an seinem traurigen Ende, als daß er zu vertrauenselig gewesen sei und seine Leute für besser gehalten habe, als sie in Wirklichkeit waren.
Der Staatsanwalt forderte die strengste Strafe auch für Frau Bloemers, die allerdings von Anfang an ihren Kopf aus der Schlinge zu ziehen versucht und auch heute Vorgänge so darzustellen versucht habe, als ob sie nicht mitgewirkt, ja, zu bremsen versucht habe. Das sei natürlich Unsinn. Gerade sie sei das treibende Element gewesen und deshalb könne man sie nicht nur wegen Beihilfe oder gar nur wegen Mitwisserschaft schuldig sprechen, sondern müsse auch sie des Raubmordes für überführt verurteilen.
Nach etwa eineinhalb Stunden treten die Geschworenen wieder in den Saal. Unter lautloser Stille der zahlreichen Zuhörer verkündet der Obmann: Die Geschworenen haben die Schuldfrage wegen Mordes und Diebstahls bejaht. Nach einer kurzen Beratung des Gerichtshofes verkündet der vorsitzende Landgerichtsdirektor: ›Die Geschworenen haben alle drei Angeklagten des Mordes und des Diebstahls für schuldig erachtet. Für den Mord gibt es nur eine Strafe, das ist der Tod.‹ Der Gerichtshof hat dementsprechend alle drei Angeklagten zum Tode und wegen Diebstahls zu je einem Jahr Gefängnis verurteilt. Außerdem sind die Angeklagten dauernd die bürgerlichen Ehrenrechte aberkannt und endlich beschlossen worden, die Werkzeuge, mit denen der Mord ausgeführt ist, einzuziehen und den Angeklagten die Kosten des Verfahrens aufzuerlegen. – Den männlichen Angeklagten werden darauf Handschellen angelegt, wonach die Abführung der Angeklagten unter starker Bewachung erfolgt. Die Angeklagten nahmen das Urteil mit ziemlichem Gleichmut auf. Schluß neun Uhr abends.«

»Die beiden Bloemers wurden nach einiger Zeit hingerichtet, Frau Bloemers, die sich in gesegneten Umständen befand, zu lebenslänglichem Zuchthaus begnadigt.« Ihren Vornamen hat keine zeitgenössische Berichterstattung je erwähnt.

Familienbetrieb: der Fall Kleinschroth

Ich aber wandle im Gestein
Und wolkenhoch auf schmalem Steg,
Im Abgrund schäumt der weiße Rhein
Und via mala heißt mein Weg!

Das Tal der Alpen Via Mala ist sagenhaft und legendenumwoben. Der »schlechte« oder »böse Weg« verläuft zwischen den Schweizer Orten Thusis und Zillis. An mancher Stelle hat sich der Hinterrhein mehr als 500 Meter tief in den Fels geschnitten. Bizarr die Formationen. Tosend der Fluss. Kaum Sonne dringt durch die Schlucht. Düster erscheint die Vegetation. Seit Jahrhunderten ist diese Klamm Handelsweg zwischen Nord- und Südeuropa. Mehr als ein Reisender ist im Tal zu Tode gestürzt. Und doch wurde die Schlucht erst 1934 mit John Knittels Roman *Via Mala* weltberühmt. Es ist die grausame Familiensaga derer von Lauretz. Zweimal verfilmt. Gert Fröbe und Mario Adorf spielten die Haupt- und Unperson Jonas Lauretz. Jener ist Sägemüller und herrscht über seine Familie mit gnadenloser Gewalt. Die Arbeit in der Mühle überlässt er seinen Kindern, seiner Frau. Er gibt sich dem Trunke und anderen Frauen hin. Ist der Vater daheim, prügelt und schlägt er die Seinen fast zu Tode. Ihnen ist das Leben unerträglich. So schmiedet die Familie das Komplott und sucht denjenigen, der sie von diesem Tyrann befreit. Der Tagelöhner der Sägemühle, Jöry, erklärt sich bereit. Mutter Martha, Tochter Hanna, Sohn Niklaus – sie tun mit. Es muss ein Ende haben. Mord.

»Und die Schneide der Axt, silbern glänzend, sauste durch die Luft und traf Lauretz an der Schulter. Lauretz schrie auf wie ein verwundetes wildes Tier … Lauretz verdrehte die gequälten Augen und schaute Niklaus an. ›Was hab ich denn getan? Laßt mich in Ruhe!‹, heulte er und packte mit einer wilden Kraftanstrengung Jöry am Nacken.

›Niklaus! Niklaus! Zu Hilfe! Zu Hilfe!‹

Die beiden Frauen schlichen sich näher heran, ihre mageren wachsbleichen Gesichter glänzten wie beleuchtete Masken. Hanna hielt den Arm ihrer Mutter umklammert, die Laterne in ihrer Hand zitterte. ›Niklaus!‹ Ihre Stimme klang schrill und markerschütternd. ›Mach ein Ende, Niklaus, mach ein Ende!‹

Der alte Lauretz blutete wie ein Bulle unter dem Schlachtmesser. ›Niklaus, nie wieder tu ich dir was! Komm und hilf mir!‹

Ein Messer glitzerte in Jörys Hand. Er stieß es Lauretz in die Seite. Sein Schreien wurde immer lauter. Die Rufe seiner Frau und ihrer Tochter erfüllten die Luft. Jöry warf Niklaus das Messer vor die Füße und stolperte in die Nacht davon. Jonas Lauretz sank gegen einen Holzstoß zurück. Seine Arme fielen schlaff herab.

›Er stirbt, er stirbt‹, rief die alte Lauretz. Verzweifelt starrte der Alte seinen Sohn an. ›Buab‹, murmelte er, ›Buab, du hast mir nicht geholfen.‹

Niklaus stand unschlüssig da. Plötzlich bückte er sich und näherte sich seinem Vater. ›Dir helfen!‹, schrie er außer sich. ›Ich werde dir jetzt gleich helfen! Du wirst mir nicht mehr die Knochen zerschlagen. Du wirst mir nicht mehr Muattr blutig schlagen. Und jetzt hol ich mir das Geld zurück, das du gestohlen hast!‹

›Buab‹, wimmerte er, ›hab Erbarmen! Ich werde dir nie wieder etwas tun.‹

›Es ist zu spät‹, sagte Niklaus feierlich. ›Zu spät! Ich muß es tun!‹ Er kniete auf die Brust seines Vaters. Zwei schrille Stimmen riefen seinen Namen. Er schaute sich um wie ein Raubtier, das über seiner Beute kauert und Angst hat, sie zu verlieren. Dann stieß er seinem Vater das Messer ins Herz. Lauretz bäumte sich auf. Er stieß einen Seufzer aus und sank dann langsam zurück. Niklaus zog das Messer aus der Wunde, aber noch bevor er sich erheben konnte, packte Hanna seinen Arm und nahm ihm das Messer weg.

›Du sollst es nicht allein tun! Ich bin mit dabei! Ich mache es genauso wie du!‹ Mit geschlossenen Augen beugte sie sich über den Körper ihres Vaters und stach wie eine Verrückte blindlings zu. Dann fiel sie rittlings hin. Schaum stand ihr vor dem Mund. Niklaus zerrte sie weg und half ihr auf die Knie. Das Messer entfiel ihren Händen. Frau Lauretz packte es. Sie stand neben ihnen.

›Ich habe euch geboren‹, sagte sie und blickte auf sie nieder. ›Ich tue es aus Liebe zu euch! Ihr sollt nicht sagen, daß ich euch in diesem Augenblick im Stich gelassen habe!‹ Mit weit ausholendem Schwung ließ sie das Messer niedersausen und fiel dann vornüber, das Gesicht an ihres Mannes Gesicht gepreßt.«

Via Mala ist ein Roman. Die einsame Mühle im tiefen Tal, Verabredung zum Mord, seine brutale Ausführung, schaurige Kulisse, junge Liebe und Happy End, all das erinnert an die klassische englische Kriminal- und Schauergeschichte, an Schicksals- und Heimatroman. *Die Mordsmühle. Höllenhaus. Und ewig schweigen die Wälder. Via Mala* ist ein Roman, aber er basiert auf wirklichem Geschehen. John Knittel hat gut recherchiert, vieles entspricht den Tatsachen und den Charakteren. Die wahre Geschichte trug sich 1817 im Sittenbachtal in Franken zu. Fünf Jahre darauf, am 12. August 1822, wurde das Urteil verkündet. Sieben Personen waren des Mordes angeklagt. Wir folgen den Fakten Anselm Feuerbachs. *Via Mala* ist ein Roman.

1821: Der Richter des Hersbrucker Landkreises wird vom Amt suspendiert. Verdachtsmomente liegen vor, dass er nicht immer nach der Vorschrift handle, sich bestechen lasse. Der Verdacht der Korruption verstärkt sich, als am 21. November in der Registratur des Landgerichts ein Feuer ausbricht und den Bestand der Akten dezimiert. Entsorgung des belastenden Materials? Vertuschung? Strafvereitelung? Sofort beginnen Nachforschungen in den erhaltenen Dokumenten, die den Richter seiner Amtsverbrechen überführen könnten. Der Bevollmächtigte findet darunter das Aktenbändchen *Die Aufstellung eines Kurators für den abwesenden Schwarzmüller betreffend.* »Gleichzeitig mit diesem erlangte derselbe Kenntnis von dem seit Jahren umlaufenden Gerücht, daß der Schwarzmüller von den Seinigen sei ermordet worden, sowie der weitverbreiteten Meinung: der Landrichter müsse ein bedeutendes Geldgeschenk von den wohlhabenden Müllersleuten erhalten haben, weil die bereits begonnene Untersuchung, unbegreiflicher Weise, ganz im Stillen wieder eingestellt worden sei.« Gerüchte waren nie verstummt, dass der Müller Kleinschroth von der Familie erschlagen und bei der Mühle verscharrt worden sei. Am 11. Oktober 1817, drei Monate nach seinem Verschwinden, hatte es die Gattin angezeigt. Die Ermittlungen wurden schlampig geführt, nicht alle Zeugen verhört. Angenommen wurde, dass Kleinschroth mit einem Sack Geld anderen Ortes sein Leben weiterführen wollte. Pflichtwidrig entzog der suspendierte Richter die Akten der Einsicht durch das Kriminalobergericht. Er ließ den Fall auf sich beruhen. Jetzt stand er selbst unter Verdacht.

Die Ermittlungen in Sachen des »abwesenden Schwarzmüllers« werden wieder aufgenommen.
Dass eine Todfeindschaft zwischen dem alten Kleinschroth und den Seinigen geherrscht hatte, war bekannt, gar aktenkundig. Zwei Monate vor seinem Verschwinden hatte das Gericht Recht gesprochen. Friedrich Kleinschroth hatte Klage erhoben, »daß seine Ehefrau und Söhne sich erlaubt, ihm die Schlüssel zu den Gemächern und zu seinem Geldvorrat abzunehmen, sich in den Besitz der Getreidevorräte zu setzen, des ganzen Hausregiments sich anzumaßen, ihm Achtung und Gehorsam zu verweigern und sogar mit Schlägen zu drohen«. Frau und Kinder entgegnen: Der »Kläger sei ein liederlicher Haushälter und Verschwender, er verletze alle Pflichten eines Gatten und Vaters, lebe im Ehebruch und habe erst neulich wieder mit einer liederlichen Dirne ein Kind erzeugt, was ihm schon beträchtliche Summen gekostet habe und noch mehr kosten werde«. Der Landrichter spricht Recht und befiehlt, »sich dem Gatten und Vater wieder zu unterwerfen und demselben die Leitung seines Hauswesens wieder wie Recht zu überlassen. Der Schwarzmüller jedoch zeigte am folgenden Tage an, daß die Seinigen, statt dem richterlichen Befehle Folge zu leisten, sich nun gar tätlich an ihm vergriffen hätten, wodurch das Landgericht sich veranlaßt sah, mittels einer Kommission an Ort und Stelle den alten Kleinschroth in seine Rechte als Familienoberhaupt wieder einzusetzen.«
In einem engen, von steilen Bergwänden eingeschlossenen Tale liegt die Schwarzmühle gut einen halben Kilometer von der nächsten Ortschaft entfernt. »Auf dieser lebte bis zum 9. August 1817 der Müllermeister Friedrich Kleinschroth, evangelischer Religion wie seine ganze Familie, ein starker, rüstiger Mann von 60 Jahren. Sein Gewerbe war einträglich. Mit seiner Ehefrau Barbara hatte er bereits 30 Jahre in der Ehe gelebt und 12 Kinder gezeugt, von welchen damals noch fünf am Leben waren. Sein ältester Sohn Leonhard hatte sich bereits als Müllermeister in einem anderen Ort häuslich niedergelassen. Im väterlichen Hause lebten aber noch der zweite Sohn Konrad, damals 28 Jahre alt, welcher die Feldwirtschaft des Vaters versah, Friedrich, 24jährigen Alters, welcher das Mühlgewerbe zu versorgen hatte, endlich zwei Töchter, Margaretha Barbara, alt 23 Jahre, und Kunigunde, nahe am 18. Jahr, welche im elterlichen Hause den Dienst der Mägde verrichteten. Innerhalb der Hofraithe der Mühle, ungefähr 20

Schritte vom Mühlengebäude entfernt, steht ein abgesondertes Häuschen, welches seit 1817 einem verheirateten Tagelöhner Johann Abraham Wagner für einen geringen Mietzins, mit der Verbindlichkeit zur Bewohnung überlassen war.«

Meinungen zu den Kleinschroths unterscheiden sich kaum. Die Ehefrau »zeigte von Jugend auf einen großen Mangel an Gedächtnis und Fassungskraft, so daß ihr in der Schule fast nichts beizubringen war. Infolge ihrer langen und unglücklichen Ehe mit dem Schwarzmüller und vieler fast unausgesetzter Mißhandlungen kamen ihre geringen Geisteskräfte noch tiefer herab und sie versank zuweilen in einen Zustand vorübergehender Stupidität, welche nahe an Blödsinn grenzte. Daß er eine dumme Frau hätte, die seinem Hauswesen nicht vorstehen könne, war ihres Mannes beständige Klage. Übrigens aber wird sie von allen Zeugen als eine sehr gutmütige, verträgliche, wohlwollende Frau von untadelhaften Lebenswandel geschildert. Nicht minderes Lob wird allen ihren Kindern, Söhnen wie Töchtern sowohl von dem Pfarramte, als von den Leumundszeugen einhellig erteilt. Jedermann rühmt ihre Frömmigkeit, ihre Rechtschaffenheit, Güte, Sanftmut, Ordnungsliebe und Arbeitsamkeit. An Geist aber waren sie alle beschränkt, dabei, außer über die Gegenstände ihres nächsten Berufs, höchst unwissend und in den dicksten Pöbelaberglauben versunken. Gespenster und Hexerei gehörten ihnen zur natürlichen Ordnung der Dinge. [...]

Der alte Friedrich Kleinschroth stand zwar in dem Rufe eines verständigen, für seinen Stand ziemlich gebildeten und, bis auf gewisse Punkte, sehr wirtschaftlichen Mannes. Er hielt seine Kinder fleißig zur Schule an und besuchte mit seiner Frau regelmäßig zweimal im Jahr das Abendmahl. In allem übrigen aber war er das auffallende Gegenstück seiner gutmütigen Ehefrau und seiner wohlgearteten Kinder. Rauheit, Härte, Streitsucht, unbezähmbarer Jähzorn, knickerhafte Kargheit, außer wo es der Befriedigung seiner Wollust galt, waren, nach Aussage vieler Zeugen, die Hauptzüge in dem Bild seiner widerwärtigen menschenfeindlichen Gemütsart. Seinem eigenen alten Vater erwies er sich als undankbarer Sohn, legte oft frevelnde Hand an ihn und setzte in seiner Zorneswut mehrmals dessen Leben in Gefahr, so daß dieser hinter Schlössern und Riegeln gegen die Angriffe seines Sohnes Schutz zu suchen genötigt sah. Der bösartige Sohn, der seinen Vater mißhandelte, schonte noch weniger seines

Weibes und seiner Kinder, welche er fortwährend nur als Wesen behandelte, die, ohne an seinen Pflichten einigen Anspruch zu haben, bloß dazu bestimmt seien, ihm zu dienen und unter ihm zu leiden. All seine Kinder, sobald sie der Schule entwachsen waren, dienten ihm als Knechte und Mägde und besorgten mit Arbeitsamkeit und Treue die häuslichen Geschäfte. Gleichwohl versagte er ihnen anständige Kleidung, ließ sie öfters Not leiden und setzte sie mit ihrer Mutter in manche peinliche Verlegenheit, besonders wenn er von zu Hause wegging, um mehrere Tage auszubleiben, ohne daß er Geld zur Bestreitung notwendiger Ausgaben zurückgelassen hatte. Jede seiner bösen Launen ging in Zornwut auf, welche nicht bloß aus Schimpfworten, sondern fast immer mit Tätlichkeiten und Mißhandlungen sich äußerte, und nicht selten, alle Grenzen hausväterlicher Rechte überschreitend, in wahren Verbrechen austobend.«

Ein Tagelöhner, welcher vor 20 Jahren bei Kleinschroth Dienst tat, bezeugt: Der »alte Müller habe keinen Tag vorübergehen lassen, ohne entweder mit seiner Frau oder mit seinen damals noch unerwachsenen Söhnen Streit anzufangen, auf sie zuzuschlagen und sich des ersten besten Werkzeugs, das ihm eben zur Hand gewesen, zu bedienen. Einst habe er seine Frau mit der Axt so getroffen, daß sie den Arm 14 Tage lang in der Schlinge habe tragen müssen. Die Tochter Margaretha versichert: daß ihre Mutter seit einer vor 15 Jahren von ihrem Vater erlittenen Kopfverletzung ihren halben Verstand verloren habe. Die von dem alten Müller unterhaltene Buhldirne, Kunigunda Hopfengärtner, welche vor längerer Zeit ein Vierteljahr auf der Schwarzmühle gedient hatte, war Augenzeugin, wie er einst seinem Sohne Friedrich ein Handbeil nachwarf, womit er ihn vielleicht getötet haben würde, wenn der Wurf nicht fehlgegangen wäre und ihn bloß in die Ferse getroffen hätte. Der Schullehrer Mehlhorn war Zeuge, wie er einst seine Frau und Kinder mit einer Stange Eisen mißhandelte.« Es ist die Hölle.

Mutter Barbara Kleinschroth gibt zu Protokoll: »Sie glauben gar nicht, was mein Mann für ein böser Mensch war. Er hat mir den Kopf ganz zerschlagen und zerschellet, so daß ich ein kurzes Gedächtnis habe. Er hat mich zum Boden herabstürzen wollen. Ich und mein Friedrich lagen eine Nacht mit blutigen Köpfen im Heustock. Er war ein schädlicher Mensch, wie jeder bezeugen muß, der ihn kennt.«

Konrad, der älteste Sohn, schildert das Familienleben: »Mein Vater war ein sehr wilder Mensch und hat uns nie als seine Kinder behandelt, hat uns nie seine Kinder, sondern nur Spitzbuben und Diebe genannt. Als ich noch ein Knabe von 12 Jahren war, hatte er mich, darum daß ich einen Metzen auf dem linken Arm getragen, so mißhandelt, daß ich bewußtlos in der Mühle liegenblieb und von dieser Mißhandlung noch die Narbe auf meinem Kopfe oberhalb des rechten Ohres nachweisen kann, auf welcher Seite kein Haar mehr wächst. Auch hat er mich während des Ackerns so auf das Kreuz geschlagen, daß ich nach Hause kriechen und die Pferde auf dem Felde stehen lassen mußte. Zwei Tage mußte ich damals liegen, und mein Vater hatte die Unmenschlichkeit, meiner Mutter zu verbieten, mir etwas zu essen zu geben, weil ich nichts verdiene. Kein Dienstbote konnte mit ihm auskommen, manche Jahre hatte er drei bis vier Knechte, und darum mußten dann ich und mein Bruder alles verrichten und haben es gerne verrichtet. Jeder Mensch muß sagen, daß wir durch unseren Fleiß unsere Felder und unsere Mühle verbessert haben. Und doch war ihm alles, was wir taten, nicht genug, und er schalt immer und immer in uns hinein, daß wir mehr brauchten, als wir verdienten. Und doch schaffte er uns nie Kleider an und wir mußten auf das Elendeste umhergehen. Aber nicht uns allein, sondern vorzüglich meine Mutter mißhandelte er auf das Gräßlichste. Er, in allen Stücken ein Unmensch, konnte unsere Mutter nicht mehr leiden, nannte sie immer nur Sauluder, Mistluder usw. und hat sie unzählige Mal mit Schlägen so zugerichtet, daß sie mehrere Tage im Bette liegen mußte und noch jetzt mehr Wunden an ihrem Körper aufzuweisen hat. Oft hat er sie so mißhandelt, daß sie über und über voll Blut war und man sie nicht mehr erkennen konnte. In solcher Lage befanden wir uns, weder die Mutter noch wir Kinder waren vor ihm unseres Lebens sicher. Zudem hat er drei uneheliche Kinder hergesetzt und unserer Mutter sowenig als uns Geld in die Hand gegeben, obgleich das Vermögen von unserer Mutter hergekommen ist, und er es zu Hunderten an seine Weiber ausgab. Wir Kinder hätten längst unser Brot auf andere Weise gesucht, wäre es uns nicht um unsere Mutter zu tun gewesen, die dann ganz allein den Mißhandlungen unseres Vaters ausgesetzt geblieben wäre. Wir suchten endlich Hilfe gegen unseren Vater auf dem rechtlichen Wege; aber wir fanden sie nicht. Hätten wir einen Vater gehabt, mit dem nur etwas auszukommen gewesen wäre, so hätte er eine Freude an seinen Kindern haben können.

Denn wir waren treu, fleißig und ordentlich, wie jedermann weiß. Unser Vater war ein Unmensch, der nur seine Freude daran fand, andere Menschen zu quälen.«
Auch Friedrich, der jüngere Sohn, berichtet Grausamkeiten: »Als ich einst aus der Mühle gegangen war, hörte ich ein jämmerliches Geschrei aus der Küche. Als ich hineinkam, hatte der Vater meine Mutter in der Holzecke und zerschlug sie jämmerlich mit einer zerbrochenen Holzhacke und schrie unter fortwährendem Zuschlagen: ›Luder! Ich bringe dich um! Ich bringe dich um! Ich kann dich nicht mehr im Hause leiden.‹ Er hätte sie damals ermordet, wenn ich nicht dazugekommen wäre; denn meine Mutter blutete fürchterlich. So aber sprang ich hin und entwand meinem Vater die Holzaxt und hielt ihn so lange, bis die Mutter entsprungen war. Nun erst ließ ich denselben gehen und flüchtete gleichfalls. Doch hatte ich schon einen Schlag auf das Kreuz und einen auf den Arm bekommen, daß ich fünf Tage nicht arbeiten konnte. Ich und meine Mutter blieben selbige Nacht im Stadel auf dem Futter liegen, weil wir uns in das Haus nicht hineintrauten. Lassen Sie meine Mutter durch den Doktor visitieren, Sie werden eine Menge Narben finden, die unser Vater ihr geschlagen hat. Er hat zugleich den schändlichsten Lebenswandel geführt. Er erzeugte uneheliche Kinder, obgleich seine ehelichen bereits erwachsen waren. Eine Magd hat er von uns geschwängert, und wir haben ihn selbst bei dieser Magd im Bette gefunden, und er hat damals noch eine Menge Geld für Arzneien ausgegeben, um ihr das Kind abzutreiben. Die Gläser haben wir in dem Bette der Magd gefunden. Von seiner Jugend an führte er einen schlechten Lebenswandel. Seinem Vater hat er das Geld weggestohlen und es auf liederliche Weise durchgebracht. Und diesen Vater hat er, wie ich mich noch wohl erinnere, kurz vor dessen Tod bei den Füßen angepackt, ihn die Stiege herab und vor die Mühle hinausgeschleift, so daß dieser seinen Kopf jämmerlich zerschlagen und über und über geblutet hat. Solch ein Unmensch war unser Vater! Ach! Solange wir auf dieser Welt sind, haben wir noch keine Ruhe und Freude gehabt.«
»Schon von Zeit zu Zeit hatten Mutter und Söhne, mit dem Wunsch nach Befreiung von ihrem unerträglichen häuslichen Elend oder im leidenschaftlich aufwallenden Gefühl erlittenen Unrechts, Anwandlungen von Mordgedanken, welche gelegentlich selbst gegen fremde Personen laut wurden.« So berichtet ein Jäger, der auf ein Mahl in der

Mühle rastete, dass einer der Söhne ihm vorschlug: »Er solle doch nur einmal ihren Alten für einen Rehbock erschießen!« Andere bezeugen die Aufforderung: »Wer ihren Alten wegräume, bekomme guten Lohn.« Sätze, die im Zorn geäußert wurden. Anzunehmen, dass der drangsalierten Familie Mordgedanken nicht fremd waren. Nur keiner der Angesprochenen geht aufs Komplott ein, keiner möchte Mörder werden. Die Kleinschroths am allerwenigsten. Doch scheint der Tod des Alten beschlossen. »Diese ohnehin gereizten und beschränkten Seelen in dem Gedanken an Vatermord noch zu bestärken, trug nicht wenig eine wiederholte, zwar gewiß unschuldig gemeinte, doch in jedem Falle unvorsichtige Äußerung des Landrichters bei, welche von jenen nur allzu begierig aufgenommen, in ihrem Sinne aufgefaßt, nach ihren Wünschen gedeutet wurde. Beschwerten sich nämlich die Söhne bei dem Landgerichte, suchten sie Hilfe gegen die Härte oder die Verschwendungen ihres Vaters, so pflegte sie jener Gerichtsvorstand mit der trostlosen Bemerkung zur Ruhe zu verweisen: ›Euch ist nicht zu raten noch zu helfen; ihr habt einen bösen, streitsüchtigen Vater; es wäre am besten, wenn er weg wäre.‹«

Zweihundert Jahre später sind wir geneigt, die Aussage des Landrichters weniger unschuldig zu deuten. Vielleicht ermittelte der Richter aus Mitleid, Verständnis und im Bewusstsein, dass die Familie vor Gericht nicht Recht erlangte, nie in Sachen des »abwesenden Schwarzmüllers«? Oder steckte er das Schweigegeld der Kleinschroths gerne ein? Der Untersuchungsrichter in John Knittels Roman ist grundehrlich, aber persönlich betroffen, und lässt den Fall auf sich beruhen, er findet (wie wir Leser), die Familie seiner Angetrauten habe unter dem Dämon Vater lang genug gelitten, die Strafe gleichsam schon verbüßt. Knittels Mörder entgehen der Gerichtsbarkeit. Der Richter übt Gerechtigkeit neben dem Gesetze. Aber *Via Mala* ist ein Roman. Realiter wurde ermittelt, überführt und verurteilt.

Familie Kleinschroth traut sich, den Mord selbst zu begehen, nicht zu. Gewissen, mangelnde Kraft, Angst mögen als Gründe dafür stehen. Im August 1817 jedoch verschärft sich die elende Lage der Drangsalierten noch einmal. Zum einen zehrte die allgemeine Not eines Hungerjahres. Zum anderen hatte die ehemalige Magd Kunigunda Hopfengärtner vom Schwarzmüller ein weiteres Kind entbunden. Dafür zahlte Friedrich Kleinschroth sen., für drei weitere auch, und Geschäfte hatte der Alte noch viele am Laufen. Manchmal blieb er wochenlang verschwunden. Konrad, der Älteste, besprach sein Unglück und seine Erbitterung gegen den Vater mit Johann Wagner, jenem Tagelöhner, der mit Frau und vier Kindern das kleine Häuschen neben der Mühle bewohnte. Wagner hatte im Krieg gedient, nahm danach eine Frau mit zwei Kindern und zeugte noch zwei. »Seine Herren, bei welchen er als Tagelöhner gearbeitet hatte, wußten nichts besonderes an ihm zu tadeln, außer daß er infolge seines langen Soldatenlebens nicht gern gearbeitet habe.« Sie beschrieben Wagner als roh, grausam und in seinen Gefühlen erstarrt. »Ein Mord, gehörig bezahlt und in der Hoffnung auf ewige Verschwiegenheit verrichtet, galt ihm soviel wie jede andere Tagelöhnerarbeit.«

Anfang Mai 1817, »als Konrad mit Wagner in der Schneidemühle arbeitete, erzählte jener: daß in der vergangenen Nacht sein Vater wieder fortgegangen sei und eine Menge Geld mit sich genommen habe, so daß Mutter und Kinder gar nicht wüßten, was sie anfangen sollten. ›Da wäre es am besten‹, sprach Wagner, ›wenn man eurem Vater nachginge, schlüge ihn tot und nähme ihm sein Geld ab. Man könnte ihn gehen lassen bis in den hintern Hof (ein Tal etwa eine Wegstunde von der Schwarzmühle entfernt), dort könnte man ihn niederschlagen, ihm sein Geld nehmen und ihn da liegen lassen; es würde kein Hahn danach krähen.‹ Konrad antwortete: ›Traut Ihr Euch das?‹ – ›Allerdings‹, erwiderte Wagner, ›getraue ich es mir.‹«

Auch wenn sie über Mord sprachen, zur gewaltsamen Ausführung kam es noch nicht. Vielmehr vertrauten die Kleinschroths erst einmal den Hexenkräften von Wagners Frau Anna. Ihr sagte man die Kenntnis der Schwarzen Magie nach. Wagner machte den Vorschlag, den Vater »durch Sympathie umzubringen. ›Er wisse‹, versicherte er, ›ein Zaubermittel, womit er bewirken könne, daß der Alte binnen vier Wochen ausdörren müsse wie ein Bild.‹ Konrad, abergläubisch wie seine ganze Familie, erwiderte: ›Es wäre freilich am schönsten, wenn mein Vater auf diese Weise wegkäme‹, und ging ernsthaft auf diesen Vorschlag ein. Seine Mutter hatte sich wegen eines solchen Zaubermittels ebenfalls schon mit der Ehefrau des Wagner besprochen, und so wurden, mit gemeinschaftlicher Einwilligung, dem Tagelöhner ein paar Strümpfe des alten Kleinschroth überliefert, welche in den Rauch verhängt werden sollten, Wagner aber verständiger und nützlicher zu gebrauchen wußte. Einige Wochen lang hofften Mutter und Söhne auf die verborgenen Kräfte der Schwarzen Magie, bis endlich Konrad sich genötigt sah, dem Wagner zu bemerken, daß sein Zaubermittel nichts helfe; worauf dieser, der durch nichts so leicht in Verlegenheit gesetzt wurde, sogleich mit der Antwort bei der Hand war: ›Nun! Wenn die Zauberei nichts hilft, so räume ich ihn euch auf andere Art hinweg.‹«

Inmitten des Sommers klagte der alte Kleinschroth erneut auf dem Gericht, »daß den Söhnen Befehl erteilt werden möge, binnen drei Wochen das Haus zu verlassen und sich auf die Wanderschaft zu begeben«. Die Söhne weigerten sich, wußten sie doch mit ihrem Weggang die Mutter allein der Gewalt des Vaters ausgesetzt. Ihr Elend und Not verstärkend, hatten die Kleinschroths gehört, daß die Geliebte des Alten, jene Hopfengärtner, öffentlich sagte: »Der Schwarzmüller werde alle seine Leute fortschaffen und sie zur Haushälterin nehmen. Sehr nahe lag nun auch die Besorgnis, der Vater möge eine förmliche Scheidung von seiner Ehefrau im Sinne haben.« Sohn Friedrich findet im Gemach des Vaters die schriftliche Klage und »eilte mit diesem Aufsatz in die obere Stube und las denselben der Mutter und seinem Bruder Konrad vor. Alle wurden auf das Äußerste bestürzt. Die Mutter besonders wehklagte, daß sie noch in ihren alten Tagen sich solle scheiden lassen, um einer Dirne Platz zu machen. Man beratschlagte, was zu tun sei, um den Absichten des Vaters zuvorzukommen; sogleich war man sich aber darüber einig, daß ohne Aufschub ein entscheidender Beschluß gefaßt werden müsse. Das Anerbieten des Tagelöhners kam zur Sprache und es wurde der Beschluß gefaßt, daß in der nächstkommenden Nacht der Schwarzmüller durch den Tagelöhner umgebracht werden solle. Wer zuerst den Vorschlag getan, ist nicht gewiß. Erst nach bereits gefaßtem Beschluß kamen die beiden Töchter, Margaretha und Kunigunda, in die obere Stube und erfuhren hier, daß der Tagelöhner ihren Vater wegtun wolle, und später, daß es noch in der folgenden Nacht geschehen solle.« Der Mörder ist gedungen, sein Lohn verabredet.

»Noch genoß der alte Kleinschroth am 9. August, umgeben von seinen Mördern, in Gesellschaft seiner Ehefrau, seiner Kinder und der Wagnerschen Eheleute sein Abendessen. Nach beendigter Mahlzeit ging Wagner mit seiner Frau in seine Wohnung zurück und Kleinschroth begab sich in sein Schlafstübchen, zu welchem in der Küche eine Treppe von einigen Stufen hinaufführt. Gegen zehn Uhr, als sich die Mutter niedergelegt und Konrad seine Schwestern in ihr Bett

geschafft hatte, ging er zu dem Tagelöhner hinüber, ihm zu sagen, daß nun alles zur Ruhe gegangen sei. Dieser zögerte nicht, bewaffnete sich mit seiner Holzaxt, wie verabredet worden war, und ging zur Mühle hinüber, um sich den versprochenen Lohn zu verdienen. Wagner und Konrad hatten auf ihrer Nachmittagsfahrt die Ausführung des Mordes in der Art verabredet, daß der alte Kleinschroth aus seiner Schlafstube in die dunkle Küche gelockt und hier von Wagner mit seiner Holzaxt erschlagen werden solle. Dieser stellte sich daher in der Küche neben die Treppe, welche aus dem Schlafgemach führt, und Friedrich begab sich auf Wagners Verlangen und Konrads Zureden in die Mühle, um diese leer gehen zu lassen, damit durch das Läuten der Glocke der Müller veranlaßt werde, aus seiner Schlafstube herabzukommen. Konrad begab sich indes in seine Kammer und setzte sich auf sein Bett, um den Ausgang zu erwarten.
Wagner stand schon bereit mit aufgehobenen Beil, als die Mühlglocke heftig zu läuten begann. Bald kam der Müller in bloßem Hemde aus seiner Schlafkammer herab und war ungefähr bis zur letzten Stufe herabgestiegen, als Wagner mit dem Rücken der Axt nach dessen Kopf einen gewaltigen Schlag führte, der aber in der Dunkelheit das eigentliche Ziel verfehlte und den Müller anderswohin traf. Dieser erhob aus Schrecken oder im Schmerz über den empfundenen Streich sogleich ein entsetzliches Geschrei, so daß es Konrad und dessen Mutter und Schwestern in ihren Betten hörten. Er suchte, sich zurück in seine Schlafkammer zu flüchten. Allein Wagner, der nach verfehltem Streich das Beil hinweggeworfen hatte, faßte den Müller schnell um den Leib, welcher seinen Mörder ebenfalls anpackte und sich dessen zu erwehren suchte, indem er von Zeit zu Zeit ausrief: ›Ach Gott! Ach Gott! Laßt mich gehen!‹, oder: ›O weh! O weh! Lieber Bub, laß mich los, ich will dir auch meine Lebtage nichts mehr zuleide tun!‹ So rangen sie eine Weile miteinander und zwar so mächtig, daß Wagner befürchtete, zuletzt noch selbst diesem Kampfe zu erliegen. Da dachte endlich dieser an sein Taschenmesser, ließ mit seinem rechten Arm den Müller ein wenig los, langte aus seiner Westentasche das Messer hervor, öffnete dieses mit einem Druck an seinen Körper und stieß dessen Klinge dem Müller in den Leib.
Konrad, als er seinen Vater laut schreien hörte und hieraus schloß, daß der Streich sein Ziel verfehlt habe, sprang aus Angst vor die Mühle, lief um die Sägemühle herum, kehrte aber bald wieder zurück

und eilte auf gewaltiges Hilfegeschrei in die Küche. Sein Vater hatte soeben den Messerstich erhalten; aber noch stand er und stöhnte. Da nahm Konrad aus der Holzecke in der Küche einen Scheit Holz, reichte es von hinten her dem Wagner zu und lief sodann wieder auf die Straße hinaus, um zu sehen, ob auch alles sicher sei.

Wagner, der unterdessen das Messer hatte fallen lassen, schlug nun mit dem Holzscheit dem Müller auf den Kopf, so daß er endlich rückwärts auf den Herd niederstürzte.

Allein auch dieser Streich hatte, wie Wagner behauptet, weil er seinem Ziel zu nahe stand, nicht mit voller Kraft geführt werden können. Der Müller lebte und stöhnte noch. Wagner bemächtigte sich daher eines auf dem Herde liegenden Backsteins und schlug damit mehrmals mit aller Gewalt auf dessen Kopf, so daß der ohnehin spröde Backstein in mehrere Stücke zersprang. Und nun erst hörte der Müller zu wimmern und zu stöhnen auf.

Konrad war indessen von der Straße in seine Kammer wieder zurückgegangen. Kaum hatte er sich auf dem Bett niedergesetzt, als Wagner zu ihm kam und meldete, daß es jetzt mit seinem Vater aus sei, indem er ihn aufforderte, Licht zu bringen. Dieser ging in die Mühle zu seinem Bruder Friedrich, der die Mühlglocke hatte läuten lassen; und beide kamen mit einem Licht in die Küche. Hier fanden sie ihren Vater in seinem Blute, noch ein wenig röchelnd. Wagner verlangte nun von Friedrich eine Schnur; dieser gab ihm ein Stückchen, welches er zufällig in der Tasche trug, und entfernte sich wieder. Jener aber legte dem Sterbenden die Schnur um den Hals, um ihn vollends damit zu erdrosseln; doch wurde sie von ihm nicht zugezogen; denn unterdessen war der Müller verschieden.

Der Leichnam wurde mit Konrads Hilfe von Wagner in die Schlafstube geschleppt und neben dem Bette auf den Boden niedergelegt, worauf jener das Gemach verschloß. Wagner, nachdem er sich zuvor noch ein Glas Branntwein hatte einschenken lassen, verfügte sich wieder nach Haus, um von seiner Arbeit auszuruhen; Konrad aber ging zu seiner Mutter hinauf, jammerte und rief: ›O Mutter, wenn es nicht geschehen wäre, so geschähe es nimmermehr!‹ Sie selbst weinte jedoch, nach ihrem eigenen Geständnis, ihrem Mann keine Träne, weil er sie immer so arg mißhandelt habe, und lebte sogar in der Überzeugung, Gott selbst müsse ihr und ihren Kindern den Entschluß eingegeben haben, ihren Mann ermorden zu lassen. Als sie in

ihrem Schlußverhör befragt wurde: ob sie glaube, daß es ihr nach ihrem Tode wohlergehen würde, antwortete sie: ›Ich glaube allerdings, daß ich von Gott in Gnaden aufgenommen werde, denn ich habe auf dieser Erde soviel ausgestanden, daß es gar keine Gerechtigkeit gäbe, wenn es mir nach dem Tode sollte vergolten werden.‹
Am folgenden Tage, sonntags in der Frühe, holte Konrad die Ehefrau des Wagner herüber. Diese wusch das Blut in der Küche auf und erhielt dafür den Wasserständer, dessen sie sich dabei bedient hatte, zum Geschenk. Nachmittags begab sich Konrad mit seinem Bruder auf den Jahrmarkt nach Petersau; doch nicht aus Lust, sondern weil sie von ihren Mahlgästen geladen waren und nicht ausweichen konnten. Vielmehr schlichen sich dort beide Brüder seitwärts auf einen benachbarten Berg, fielen auf ihre Knie nieder, bereuten ihre Tat und riefen Gott um Vergebung ihrer Sünden an.
Montags in der Frühe wickelte Johann Wagner den Leichnam in ein Leintuch, welches ihm die alte Müllerin brachte, steckte denselben in einen von seiner Ehefrau verfertigten Sack von sogenanntem Steifschächter und grub sodann in der hintersten Abteilung der Sägemühle ein Grab. Mit Hilfe Konrads trug er um die Mittagsstunde die Leiche dahin und verscharrte sie mit Hilfe seiner Ehefrau. Friedrich stampfte die lockere Erde über seines Vaters Grab wieder fest. Und während all dieses geschah, stand die Ehefrau des Ermordeten unter der Haustür und betete.
An dieser Stelle lag der Leichnam beinahe Jahr und Tag. Als sich um Michaelis 1818 das Gerücht verbreitet hatte, der Schwarzmüller sei erschlagen worden und liege in der Sägemühle verscharrt, wurde der halb verweste Leichnam von Wagner mit Konrads Beihilfe wieder ausgegraben. Die beiden Brüder trugen ihn dann auf einer Bahre zu den Felsen am Weiheracker, wo sie und Wagner ihn unter Moos und Steinen verbargen. Der Tagelöhner erhielt für die Arbeit dieses Tages neuen Lohn.«
Als im November 1821 die Kriminalermittlungen ernsthaft aufgenommen werden, sind die Kleinschroths nicht geständig. Anna Wagner sagt jedoch sofort aus, »die Söhne des Müllers hätten ihren Gatten beredet, ihnen zu helfen, ihren Vater auf die Seite zu schaffen«. Am 7. Dezember 1821 wurde »von dem ordentlichen Untersuchungsgerichte die provisorische Verhaftung der Müllersleute beschlossen und noch desselben Abends begab sich dasselbe, mit gehö-

riger Mannschaft versehen, auf die Schwarzmühle, wo man die ganze Familie in der Wohnstube versammelt und soeben nach beendigtem Abendessen noch in Verrichtung des Tischgebets begriffen fand. Als dieses zu Ende gebetet war, wurde der Müllersfrau und ihren Söhnen der Arrest angekündigt und sämtliche Familienmitglieder wurden unter Wache in gesonderten Gemächern voneinander getrennt. Das summarische Verhör, welches auf der Stelle mit der Mutter und ihren beiden Söhnen vorgenommen wurde, blieb indessen ohne alles Eingeständnis. Sie versicherten, von ihrem Ehemanne und Vater nichts mehr zu wissen, als daß er vor mehreren Jahren davongegangen sei; dessen Aufenthalt sei ihnen nicht bekannt.

Am folgenden Tag wurde Johann Wagner herbeigeführt, um den Ort zu zeigen, wo, nach seiner Angabe, der Leichnam des Ermordeten begraben liege. Derselbe führte die Gerichtspersonen links der Mühle eine steile Bergwand hinauf, sodann über verschiedene Äcker zu einigen Felsen, zwischen denen sich eine Kluft befand, welche Wagner als den Ort bezeichnete, wo der Leichnam von den Söhnen begraben worden sei. Nachdem man hier mehrere lose Steine hinweggeräumt hatte, geriet man auf Laub und Moos, wobei Wagner bemerkte, ›nun müsse der Leichnam gleich kommen‹. Wirklich kamen auch, nach hinweggeräumtem Laub und Moos nebst einigen Fetzen halbvermoderten Tuchs, gegen Westen ein paar Schädelknochen, gegen Osten Wirbelbeine, Rippenbeine, das Steißbein und mehrere Röhrenbeine zum Vorschein, welche insgesamt von dem anwesenden Gerichtsarzt für die Gebeine eines Menschen erklärt wurden. Bei dem Herausnehmen aus der Kluft erklärte Wagner: ›Es werden wohl die Gebeine des erschlagenen Friedrich Kleinschroth von der Schwarzmühle sein; denn es haben ihn die Söhne desselben vor vier Jahren in meiner Gegenwart hinaufgetragen und hier hineingeworfen, und wir haben zusammen ihn mit Laub und Moos zugedeckt; auch hat derselbe Friedrich Kleinschroth gerade so schöne Zähne gehabt, wie dieser vor uns liegende Unterkiefer zeigt.‹

Nun wurden sämtliche Kinder des Schwarzmüllers einzeln, jedes nach Wiederabführung des anderen, an Ort und Stelle zu den gesammelten Gebeinen, dann zur Kluft geführt. Konrad Kleinschroth brach, als er die Gebeine sah, ungefragt in den Ausruf aus: ›Ja! das ist mein Vater!‹, setzte jedoch nach einigem Bedenken hinzu ›ich aber bin der Täter nicht.‹ – Friedrich Kleinschroth blickte ganz trotzig, ohne Zeichen von Verlegenheit, stumm auf die Gebeine hin und antwortete erst auf die Frage: was dies sei? ›Nun! was wird das sein? – Beine sind es; ob es aber Menschenbeine sind oder Tierbeine, das weiß ich nicht; ich kenne weder Menschenbeine noch Tierbeine!‹ – Die jüngste Tochter Kunigunda rief aus, als sie zur Kluft geführt wurde: ›Davon weiß ich nichts; ich weiß wohl das von meinem Vater, aber von dem hier oben weiß ich nichts; – ich bin unschuldig, ganz gewiß unschuldig!‹ Als die älteste Tochter Margaretha an die Reihe kam, rief auch sie: ›Ich bin unschuldig an der Tat – ich bin unschuldig. Ich habe von der Sache nicht eher was gewußt, als bis mein Vater angefangen hatte, fürchterlich zu schreien; aber da war es zu spät. Ich habe seitdem keine ruhige Stunde gehabt. O Gott! Was wird aus uns noch werden!‹« Das düstere Familiengeheimnis war gelüftet, die Täter geständig. Und doch konnte der Gerichtsarzt die tatsächliche Todesursache nicht mehr feststellen. »Daß der Tod des Müllers durch die demselben zugefügten Mißhandlungen zugefügt worden sei, darüber konnte der Augenschein, selbst zu bloßen Vermutungen und Schlüssen, nicht den mindesten Anhaltspunkt darbieten. Von dem Kopf war nur die linke Hälfte vorgefunden. Es zeigten sich zwar auf dieser Seite bedeutende Risse, Spalten, Zertrümmerungen; allein diese großen Zerstörungen sind, nach dem gerichtsärztlichen Gutachten, weit eher den Felsstücken zuzuschreiben, die über dem Leichname bei dessen zweiter Beerdigung zusammengeworfen worden sind, als den Streichen, welche Wagner zuerst mit einem Stücke Holz, dann mit einem Backsteine dem Müllermeister versetzt zu haben behauptete.«

Das Verbrechen kann nicht bewiesen werden, aber »von der Barbara Kleinschroth und ihren Söhnen ist eingestanden, daß am Morgen des 9. August, aus Veranlassung des auf der Schlafstube des alten Müllers von Friedrich gefundenen Aufsatzes, der Beschluß gefaßt worden sei, ihren Ehegatten und Vater in der darauffolgenden Nacht durch den Tagelöhner Wagner ermorden zu lassen. Dieses vorausgesetzt und da alle diese Mitglieder der Kleinschrothschen Familie durch ein gemeinsames Interesse an Begehung der Tat, nämlich durch den Haß gegen den Vater als ihren unversöhnlichen Feind und durch Furcht vor den ihnen noch bevorstehenden feindseligen Handlungen desselben, zu gleichem Entschlusse bestimmt wurden: So scheint der Begriff eines Komplotts seine Anwendung zu finden. Das Strafgesetzbuch fordert aber zum Wesen eines Komplottes nicht bloß, daß ›zwei oder mehrere Personen aus gemeinschaftlichem Interesse ein Verbrechen miteinander beschließen‹, sondern auch, daß ›sie sich zu dessen gemeinschaftlicher Ausführung durch Verabredung eines gegenseitigen Beistandes verpflichten‹. Allein Mutter und Söhne hatten sich keineswegs zur gemeinschaftlichen Ausführung des Verbrechens vereinigt, keine dieser Personen hatte sich zur Tat selbst, keine hatte sich der anderen zum gegenseitigen Beistande verpflichtet; der Mord sollte allein von dem Tagelöhner ausgeführt werden und nur in Beziehung auf diesen Wagner, als denjenigen, von welchem als unmittelbaren (physischen) Urheber die von ihnen beschlossene Tat vollbracht werden sollte, war – die positive Einwilligung aller als erwiesen angenommen – ihr Wille durch gemeinsame Verabredung vereinigt. Es können daher bloß die allgemeinen Grundsätze über unmittelbare und mittelbare Urheber und Teilnehmer auf vorliegenden Fall zur Anwendung kommen, wo denn hinsichtlich eines jeden Angeschuldigten besonders zu untersuchen ist, wie ferne ihm die Tat in der einen oder anderen Eigenschaft zugerechnet werden müsse. [...]

Da der Tatbestand der Tötung überhaupt, hinsichtlich des wesentlichen Punktes, daß die dem alten Kleinschroth zugefügten Mißhandlungen wirkende Ursache seines Todes gewesen seien, rechtlich nicht erwiesen, sondern zweifelhaft geblieben war; so konnte gegen keine der angeschuldigten Personen auf die Todesstrafe erkannt werden.

Durch übereinstimmendes, mit allen Erfordernissen der Rechtsgültigkeit versehenes Geständnis der Angeschuldigten ist jedoch zu vollkommener rechtlichen Gewißheit gebracht, daß der Verstorbene durch Wagner in mörderischer Absicht Mißhandlungen erlitten hat, welche, wenn sie auch nicht den beabsichtigten Tod zur Folge gehabt hätten, ihn selbst und diejenigen, die in gleicher Absicht als intellektuelle Urheber seinen Willen zu solcher Tat bestimmt haben, des Versuchs schuldig machen würden. Der zum Mord gedungene Tagelöhner hat, abgesehen von dem Erfolge seines Unternehmens, die Haupthandlung selbst, aus welcher der gesetzwidrige Erfolg entstehen sollte, in einer fortgesetzten Reihe verschiedenartiger Mißhandlungen geendigt; er hat alles, was an ihm war, vollzogen, um den von ihm beabsichtigten Mord zu vollbringen; nichts fehlt als die juridische Gewißheit, daß der Erfolg seiner Absicht wirklich entsprochen habe. [...] Da bei Verbrechen, deren ordentliche Strafe der Tod ist, der nächste Versuch mit Kettenstrafe oder Zuchthaus auf unbestimmte Zeit bedroht wird: so konnte gegen diejenigen, welche bei diesem Verbrechen in Betracht kamen, nur auf eine dieser beiden Strafen und, da es hier teils einem Lohnmord, teils einem Gatten- und Vatermorde galt, nur auf die schwerste von beiden, auf die Kettenstrafe, erkannt werden. Da die Strafe der Gehilfen ersten oder zweiten Grades nach der den Urhebern zuzuerkennenden Strafe stufenweise zu bemessen ist, ergab sich hiernach ganz von selbst:

1. Johann Wagner und Konrad Kleinschroth zu Kettenstrafe (lebenswieriger, mit bürgerlichem Tod und vorhergehender öffentlicher Aufstellung verbundener, einsamer Gefangenschaft in schweren Ketten mit Kugel),
2. Friedrich Kleinschroth, als Gehilfe ersten Grades, zu fünfzehnjährigem Zuchthause,
3. die Mutter Anna Barbara Kleinschroth, als Gehilfin zweiten Grades, mit Rücksicht auf mehrere Milderungsgründe, zu achtjähriger Zuchthausstrafe, zu beurteilen sei.«

Die Nebenpersonen Margaretha und Kunigunda Kleinschroth wurden von der Anklage freigesprochen. Anna Wagner wurde als Gehilfin dritten Grades mit einjährigem Arbeitshaus bestraft.

»Als am 12. August 1822 dem Friedrich Kleinschroth sein Urteil verkündigt wurde, äußerte derselbe heftig bewegt: ›Ich kann mich bei dem Urteil, das mir vorgelesen worden ist, durchaus nicht beruhigen, sondern muß dagegen die Berufung an den höheren Richter ergreifen. Ich kann ein für allemal die mir zuerkannte Strafe nicht aushalten und ich will mir lieber gleich das Leben nehmen lassen, als auf 15 Jahre in das Zuchthaus zu gehen. Auch kann ich mich durchaus nicht überzeugen, daß ich wegen eines so schlechten Menschen, wie mein Vater gewesen ist, zu einer so harten Strafe verurteilt werden kann. So lange mein Vater gelebt hat, war schon immer mein Leben ein Zuchthausleben, und wenn ich jetzt noch 15 Jahre ins Zuchthaus gehen soll, so ist mir der Tod wünschenswerter.‹ Auch seine Mutter wendete sogleich die Berufung ein. Beide entsagten jedoch späterhin freiwillig dem ergriffenen Rechtsmittel und unterwarfen sich der ihnen zuerkannten Strafe. Friedrich äußerte hierbei: ›Was mich dazu bestimmt, die eingewendete Berufung nicht zu verfolgen, ist namentlich dies, daß ich dadurch aus dem peinigenden Zustande der Ungewißheit komme und doch Hoffnung habe, dereinst wieder aus meinem Straforte befreit zu werden, wenn ich durch mein Betragen daselbst werde gezeigt haben, daß ich nur ein verirrter und keineswegs ein verdorbener Mensch bin, mithin auf die königliche Gnade dereinst Anspruch machen darf.‹

Am 16. November, nachdem das Oberappellationsgericht das Erkenntnis erster Instanz, in Betreff des Johann Wagner und des Konrad Kleinschroth bestätigt hatte, wurde die ihnen zuerkannte Strafe vollzogen. Beide wurden auf öffentlichem Markt, mit einer Tafel auf der Brust, geschmiedet in die Ketten, in denen sie sterben sollten, von des Richters Knechten eine Stunde lang am Pranger ausgestellt und sodann zu einsamer Einsperrung in das Zuchthaus abgeführt. Während jener Aufstellung betrug sich Konrad, wie von ihm zu erwarten war, seiner Schuld sich bewußt, litt er ruhig und schweigend mit gesenktem Haupte seine Strafe. Wagner hingegen, seine Schande durch Frechheit überbietend, blickte kühn und trotzig unter die in zahlloser Menge versammelten Zuschauer und hob einmal, indem er sprechen zu wollen die Miene machte, seine Schandtafel vor der Brust in die Höhe, als wolle er ihrer spottend sie der Menge noch besser zeigen. Jener nahm mit dem Abscheu vor seiner Tat zugleich das allgemeine Mitleiden; dieser zugleich das Entsetzen vor seiner Verworfenheit, den Abscheu gegen seine Person, mit in den bürgerlichen Tod hinüber.«

Bis heute beeindrucken Tatgeschehen und Rechtsprechung. »Zu Lasttieren erniedrigt, vom Vater und Ehemann ausgebeutet, gequält und mißhandelt, sahen diese Menschen keine andere Möglichkeit, als die Vernichtung dessen, der sie zu vernichten drohte. Zweifach allein gelassen, von der herrschenden Ideologie, die sich auf patrimonale Gewaltherrschaft des Vaters als oberstem Staatsprinzip gründete und von dem käuflichen Richter zu ihren Ungunsten und gegen sie verwandte, entstand – fast mit der Zwangsläufigkeit einer antiken Tragödie – der Mord. Zögernd zunächst, von Herkommen und Aberglauben zurückgehalten, durch den ehemaligen Soldaten Wagner, dem Militär, Kriege und Hunger solche Hemmungen herausgeprügelt hatten, bestärkt, wurde die Tat geplant. Als kein anderer Ausweg mehr vorhanden schien, geschah ein Vater- und Gattenmord, der nach damaliger Strafauffassung keinerlei Strafmilderung zuließ.«

Via Mala ist ein Roman. Darin legt der Untersuchungsrichter schließlich seinem Vorgesetzten die Akten zur Unterschrift vor, der signiert blind und beendet damit die Ermittlung. Der Fall »den abwesenden Schwarzmüller betreffend« kommt endgültig zu den Akten, den Erniedrigten wird der Mord vergeben. »›Hast du es den andern schon gesagt?‹, fragte sie. ›Nein‹, sagte er, ›du sollst es ihnen morgen früh selbst mitteilen.‹ Er schwieg einen Augenblick, dann sagte er: ›Du weißt, warum ich es getan habe, Sivvy?‹ ›Warum?‹, murmelte sie. ›Nicht um ihretwillen, wenn ich mir das auch manchmal eingebildet habe. Nein, Sivvy, ich habe es um deinetwillen getan.‹« Der Richter ehelicht die Tochter und Schwester der Mörder (beinah) guten Gewissens. Recht gehandelt hat er weder offiziell noch im Privaten. Jetzt aber bringt den Hinterbliebenen die Mühle im tiefen Tal endlich nach harter Arbeit auch verdienten Lohn und lebenswertes Leben. Der Happy Enden kein Ende. Aber *Via Mala* ist ein Roman.

Arbeitsvertrag: der Fall Pöffel

Die außerordentliche Redaktionssitzung im »Neuen Wiener Journal« am Nachmittag des 12. März 1925 verlief äußerst stürmisch und turbulent. Bruno Wolf, Betriebsratsobmann und leitender Lokalredakteur des Blattes, hatte sie einberufen. Anlass war, wie schon des Öfteren, ein für den Journalismus und das Pressewesen der Zeit typisches Problem, die Verbindung, besser Trennung, von Geschäft und Nachricht, von bezahlten und daher tendenziösen Anzeigen und Artikeln zu objektiven, redaktionellen Meldungen.
Naturgemäß werden gute Anzeigenkunden und Finanziers generell nicht mit für sie negativen Meldungen gequält. Und dass Nachrichten und die Art, wie und ob sie gebracht werden, profitabel sein können, war auch damals schon keine neue Erkenntnis. In derartig wirtschaftlich labilen Zeiten aber musste das Problem besonders virulent werden, die Grenzen von professionell Erklärbarem zu kriminellem Verhalten, zu Betrug und Erpressung, fließend. Wie sehr sich mit gelenkten Nachrichten ganze Industrieimperien aufbauen ließen, zeigte das Beispiel des österreichisch-ungarischen Spekulanten Imre Békessy, dessen Machenschaften Karl Kraus zuerst bekämpft und dann zu Fall gebracht hatte.
Auch das »Neue Wiener Journal«, schon vor der Jahrhundertwende als »gehobene« Boulevardzeitung gegründet und durchaus erfolgreich, hatte diesbezüglich keinen guten Ruf. Die »Arbeiterzeitung« hatte sie mehrmals unwidersprochen der Korruption beschuldigt. Für Karl Kraus war der Herausgeber Jacob Lippowitz direkter Nachfolger Békessys, ein »Krämer, der glaubte, sich für sein Geld alles, auch jede Feder, kaufen zu können«. Kaum eine Nummer der »Fackel« ohne »Geschichten von Lippowitz«.
Daher musste die Zeitung, zumindest nach außen hin, alles tun, um die Glaubwürdigkeit ihrer Redaktion zu verteidigen, allen voran der Betriebsratsobmann Bruno Wolf, der bei jeder sich bietenden Gelegenheit vom notwendigen Ethos des Journalisten und von der moralischen Verantwortung der Presse und der Unvereinbarkeit von Kommerz und Nachricht sprach. Also musste er auch entschieden auftreten, als ein einschlägiger Fall in der eigenen Redaktion ruchbar wurde: Der erst seit einem Jahr im Dienst stehende Redakteur der

volkswirtschaftlichen Abteilung Oskar Pöffel hatte angeblich nicht nur Gefälligkeitsartikel für Inseratenkunden geschrieben und veröffentlicht, was nicht unüblich und nicht unmoralisch war, sondern darüber hinaus bei potenziellen Kunden direkt um Anzeigen geworben, mit dem Hinweis auf redaktionelle Ergänzungen im Text, oder unter Androhung unvorteilhafter Meldungen zu Inseraten genötigt. Dabei habe Pöffel aber durchaus auch für sich selbst und die eigene Tasche und nicht nur für die Kasse seiner Zeitung gearbeitet, sich, nach den Worten des Betriebsratsobmanns, bestechen lassen und, schlimmer noch, Kunden erpresst.

Überhaupt war ihm Pöffel suspekt, da dieser angeblich nicht wegen seiner journalistischen Fähigkeiten oder sachlichen Kompetenz zu seinem Posten gekommen war, den auch er, Wolf, selbst gerne gehabt hätte, sondern aufgrund einer Anweisung »höherer Stellen«, wohl eines Wirtschaftsunternehmens oder einer dem Blatt verbundenen Bank. Auch Pöffels sichtbare Erfolge waren verdächtig. Warum konnte er sich eines der damals noch seltenen Statussymbole, ein privates Automobil, leisten? Und die von vielen begehrte Sekretärin des Chefs hatte ihn auch nicht wegen seines schönen Äußeren schon nach wenigen Wochen geehelicht.

In der Sitzung verteidigte sich Pöffel vehement. Dass er auch, wenn gegeben, als Anzeigenkeiler unterwegs gewesen war, leugnete er nicht. Es gab ja nachprüfbare Abschlüsse. Eine Geldentnahme zu eigenem Bedarf stellte er energisch in Abrede, auch alle Unterstellungen wegen Bestechung oder Erpressung. Das Auto habe er billig gebraucht gekauft.

Der Streit zwischen den beiden Redakteuren schwelte schon lange. Seit dem Vortag aber glaubte Wolf, eine neue Trumpfkarte in der Hand zu haben. Seine Lokalredaktion hatte, zweifellos auf nicht legalem Weg, geheime Unterlagen zu einem sensationellen und äußerst pikanten Prozess aus den höchsten Kreisen der Stadt zugespielt bekommen. Der Polizeichef, mit Pöffel bekannt, verlangte die Rückgabe, da er wusste, wo nachzufragen war. Wolf wollte sich die Sensation nicht entgehen lassen, aber Pöffel brachte noch am selben Tag, pflichtschuldig, die Akte zurück. Hätte er das nicht getan, hätte die Polizei jederzeit die Rückgabe erzwingen können. Wie auch immer, Wolf war erzürnt und warf Pöffel alle bisher gesammelten Vorwürfe an den Kopf. Die Szene eskalierte, vor allem wegen des heftigen

Temperaments des Betriebsratsobmanns. Herausgeber Lippowitz versuchte zu kalmieren, musste aber schließlich dem Verlangen des Betriebsrates, den Wolf vorsorglich eingestimmt hatte, nachgeben, als dieser mit einem Streik der Belegschaft drohte. Er musste die unbedingte Entlassung des bisher so profitablen Pöffel aussprechen.
Der Herausgeber hatte sich dabei als nicht besonders mutig gezeigt. In dem mit Pöffel bei Arbeitsantritt geschlossenen Anstellungsvertrag war ausdrücklich die inkriminierte Doppeltätigkeit als Redakteur und Anzeigenkeiler vereinbart worden. Noch mit dem Zusatz, dass sie unbedingt, vor allem vor den Kollegen, geheim zu halten sei. Lippowitz hatte auch, was nachweisbar war, Pöffel immer wieder gedrängt, mögliche Kunden, die er in den Inseratenteilen anderer Zeitungen gesehen hatte, auch als Kunden zu gewinnen. Im Fall der gestohlenen Akte hätte er ihm ohnehin Recht geben müssen. Pöffel verließ die Sitzung, zwar entlassen, aber, wie Freunde bestätigten, keineswegs beunruhigt, sondern im Gegenteil, recht gelassen.
Solidarisch mit ihm kündigte auch seine Frau sofort. Warum er in dieser Situation seinen Kollegen nichts von dem Vertrag gesagt hatte, war nicht klar. Vertraute er Lippowitz? Später allerdings würde diese Unterlassung sich als fataler Fehler erweisen. Sorgen, da war Pöffel sich sicher, musste er sich in keinem Fall machen, obwohl er noch für zwei Kinder aus erster Ehe und für seine alte Mutter zu sorgen hatte. Bei seinen Verbindungen würde es nicht schwer sein, für sich und seine Frau einen neuen Posten, eine neue Arbeit zu finden. Vielleicht eine, bei der er seine literarischen Ambitionen nicht volkswirtschaftlichen Trivialitäten unterordnen werde müssen. Bald aber stellte sich heraus, dass die Arbeitssuche so einfach nicht sein würde. Der Markt für Journalisten und Literaten war in dem jetzt klein gewordenen Österreich mehr als eng. Auf ein Stellenangebot kamen, so die Angaben des Arbeitsamtes, mehr als dreihundert Stellungssuchende. Pöffel als überzeugter Antimarxist – wie sein ehemaliger Arbeitgeber – gehörte keiner der als links geltenden Standesorganisationen an, die ihn hätte unterstützen können. Seine alten Verbindungen, er war vor dem Kriegsdienst Pressesekretär des kaiserlichen Ministerpräsidenten gewesen, gab es nicht mehr oder waren wertlos geworden. Das »Neue Wiener Journal« weigerte sich außerdem, ihm die noch ausstehen-

den Gehälter und Provisionen zu zahlen, vor allem die Provisionen, da dies ja eine Anerkenntnis des geheimen Vertrages bedeutet hätte. Pöffel musste die nicht unbeträchtliche Summe von sechshunderttausend Kronen am Handelsgericht einklagen. Die Unterhaltszahlung für seine zwei schulpflichtigen Kinder und für seine alte Mutter zwangen ihn bald, nicht nur das Auto zu verkaufen, sondern auf die in der Inflation ohnehin rasch schwindenden Ersparnisse zurückzugreifen.

Womit Pöffel aber vor allem nicht gerechnet hatte, war die Rachsucht seines ehemaligen Kollegen, des Lokalredakteurs und Betriebsratsobmanns Bruno Wolf. Dessen Flüsterpropaganda bei Kollegen – »der Pöffel sei als verbrecherisches Subjekt entlassen worden« – war diesem bei der Arbeitssuche sicher nicht hilfreich. Dahingestellt bleiben muss allerdings, wieweit Wolf aus eigenem Antrieb oder vielleicht doch auf Anordnung seines Blattes gehandelt hat.

Am 31. Oktober 1925 wurde vor dem Straflandesgericht Wien gegen das »Neue Wiener Journal« wegen des Diebstahls der pikanten Akte verhandelt. Obwohl Pöffel damals die Redaktion vor größeren Schwierigkeiten bewahrt hatte, war nicht er, sondern Wolf als Zeuge geladen. Ohne direkte Veranlassung und sicher auch, um sich selbst zu schützen, nannte er Pöffel im Verhör einen »Erpresser und Revolverjournalisten, der seine Stellung bei der Zeitung zu verbrecherischen Zwecken missbraucht und deswegen auch zu Recht aus der Redaktion entfernt worden sei«. Diese Aussage erschien, wohl von Wolf selbst geschrieben und groß aufgemacht, am nächsten Tag im »Neuen Wiener Journal«. Die betreffenden Passagen waren zusätzlich durch Sperrdruck deutlich hervorgehoben. Andere Tagesblätter übernahmen die Meldung, unter anderen auch die viel gelesene »Kronen-Zeitung«. Der so etikettierte und öffentlich abgestempelte Pöffel musste damit selbstverständlich jeden Anspruch auf eine neue, adäquate Stellung aufgeben. Seine Kinder, als Verbrecherkinder insultiert, weigerten sich, weiter in die Schule zu gehen, um nicht mehr den oft tätlichen Beleidigungen ausgesetzt zu sein. Seine Frau verlor den Gelegenheitsjob, der die Familie bisher über Wasser gehalten hatte, seine Mutter erlitt einen Herzanfall. Nur das »Neue Wiener Journal« freute sich. In einem Brief wies es seinen Anwalt besonders auf die Aussage Wolfs hin: Das müsste sich doch vorteilhaft bei dem Prozess wegen der ausstehenden Gehaltszahlungen verwenden lassen.

Pöffels bürgerliche Existenz war vernichtet. Wie sehr, sollte in den nächsten Wochen offenkundig werden. Zwar klagte er sofort wegen Ehrenbeleidigung. Aber die erste Verhandlung am 3. Februar 1926 ging, wohl wegen der Vorpropaganda, für ihn unglücklich aus. Der Staatsanwalt verlangte eine Abtretung an das Strafgericht, um den Vorwurf der Erpressung verfolgen zu können. Zwar wurde das Verfahren schon nach kurzer Zeit, im Juni 1926, eingestellt, da Pöffel kein strafbares Verhalten nachgewiesen werden konnte, aber diese Rehabilitierung besserte die Situation nicht. Ihm stand, im Gegensatz zu seinen Kontrahenten, keine Zeitung zur Verfügung. Seine Rechtfertigung konnte er nicht öffentlich machen und das »Neue Wiener Journal« erwähnte sie, aus begreiflichen Gründen, nicht.
Bei dem Mangel an jeglichem Verdienst und dem Fehlen jeder sozialen Absicherung verelendete die Familie Pöffel rasend schnell. Da ihm das Geld für die Tramway fehlte (wie Freunde später aussagten), habe er sich buchstäblich die Sohlen abgelaufen, um Arbeit zu finden, jeglicher Art inzwischen. Die paar Schilling, die er sich durch anonyme Artikel für die Presseagentur Spiro, die Firma eines Schulfreundes, noch verdienen konnte, versiegten als Einnahme, als auch diesem vom »Neuen Wiener Journal« mit der Kündigung gedroht wurde. Pöffels Mitarbeit war bemerkt worden. Seine Frau musste in ihrer Verwandtschaft für den Unterhalt der Kinder um Geld betteln, aber die Beträge reichten nur kurze Zeit. Um Weihnachten 1927 wurde bei beiden im Spital Unterernährung und beginnende Tuberkulose diagnostiziert, Symptome einer typischen Mangelkrankheit. Pöffel hatte kein Geld für Medikamente und ausreichende Nahrungsmittel. Seine Mutter, die finanziell völlig von ihm abhängig war und die er – er war ein Einzelkind – sehr liebte, wurde delogiert, da sie die Miete nicht zahlen konnte, und in ein elendes Ersatzquartier umgesiedelt. Ihre Herzkrankheit verbesserte sich dadurch natürlich nicht. Völlig verzweifelt und ohne Aussicht auf Besserung in der Zukunft dachten Pöffel und seine Frau immer wieder an Selbstmord. Um wenig Geld erstand er zu diesem Zweck eine kleine Pistole, aber beide verschoben das Vorhaben. Auch von dem Prozess, der sich endlos hinzog, erwarteten sie sich mittlerweile nur Negatives – Wolf und das »Neue Wiener Journal« würden ihn sicher wieder zu entsprechender Propaganda nützen. Nach einer Reihe unbegründeter Vertagungen wurde die Verhandlung endgültig vom zuständigen Bezirksgericht für den

19. Juni 1928 festgesetzt, drei Jahre nach dem Artikel Wolfs. Da traf vier Tage zuvor Pöffel ein besonders harter Schicksalsschlag. Seine Mutter erlag einem zweiten Herzschlag. Der Hausarzt, Dr. Moritz Rosen, meinte, der Grund dafür sei aller Wahrscheinlichkeit nach die Aufregung gewesen. Und dass er noch selten einen Menschen unter ähnlich miserablen Bedingungen habe sterben gesehen. Natürlich fehlten Pöffel auch für ein anständiges Begräbnis die finanziellen Mittel.

Mit welcher Stimmung er in den Prozess ging, ist daher leicht vorstellbar, auch wenn seine Anwälte ihm durchaus Mut gemacht hatten. Vor allem aber fürchtete er, wie gesagt, die Meldungen im »Neuen Wiener Journal«, über deren Tendenz er sich – unabhängig vom Ausgang des Prozesses – im Klaren war.

Um zehn Uhr standen sich Kläger und Angeklagter im Verhandlungssaal drei im ersten Stock des Gerichtsgebäudes direkt gegenüber. Wie von den Anwälten versprochen, schien die Verhandlung für Pöffel gut zu laufen. Wolf musste zugeben, dass die wiederholten Verschiebungen der Verhandlung von ihm ausgegangen waren. Pöffels Anwalt verlangte daher, den Spieß umzudrehen und jetzt die Verhandlung wegen Verleumdung vom Bezirksgericht ins Strafgericht übertragen zu lassen. Dadurch aufs Äußerste erregt und wohl auch erschreckt, sprang Wolf auf: »Und trotzdem sind Sie nichts als ein Revolverjournalist, ein Lügner und Erpresser! Das werden auch die Zeugen alle bestätigen!«

Richter Wilflinger setzte zu einer Verwarnung an, als Pöffel, der bisher fast teilnahmslos der Verhandlung gefolgt war, in die rechte Rocktasche griff und mit dem kleinen Revolver auf den nur wenige Schritte vor ihm stehenden Gegner schoss. Von vier Schüssen tödlich getroffen sank Wolf zusammen, der fünfte ging durch die Aktentasche seines Anwalts Dr. Frischauer, erst beim sechsten gelang es Wolfs Frau, die in der ersten Reihe saß, dem Schützen so in den Arm zu fallen, dass der letzte Schuss in die Decke ging. Sie kniete neben ihrem Mann nieder und schrie: »Mein Mann, mein armer Mann!« Pöffel stand, bleich wie die Wand, mit dem noch rauchenden Revolver vor dem Richtertisch und murmelte tonlos: »Herr Richter, Herr Richter, meine Frau, meine Kinder!« Sein Anwalt, Dr. Strux, erlitt einen Nervenschock. Und nur durch die Geistesgegenwart eines Gerichtsdieners, der die zweite Saaltüre öffnete, konnte eine Panik unter den Zuschauern vermieden werden. Pöffels Attacke war so plötzlich und unvorhergesehen gekommen, dass sie nicht zu verhindern gewesen war. Die durch die Schüsse alarmierte Wache führte ihn ab. Der im Haus anwesende Gerichtsarzt kümmerte sich um Wolf, konnte aber nur mehr dessen Tod feststellen.

Am 16. Januar 1929 stand Pöffel wegen Mordes vor den Geschworenen. Der Staatsanwalt plädierte auf besondere Heimtücke, da seiner Meinung nach Pöffel die Tat von langer Hand geplant haben musste. Er hatte ja den Revolver bei sich. Verteidigt wurde der Angeklagte von dem bekannten Dr. Richard Pressburger und, nach dessen Erkrankung, von Dr. Hans Gürtler aus derselben Kanzlei. Fünf Tage waren für die Verhandlung vorgesehen. Die Verteidigung ließ dutzende von Zeugen aufmarschieren, die alle das vom Opfer verschuldete Elend und die ausweglose Misere Pöffels bezeugten, sodass der Vorsitzende einmal zu fragen gezwungen war, ob man es hier mit der Neuauflage des Beleidigungsprozesses zu tun habe. Aber die Taktik der Verteidigung ging auf. In der Nacht des 20. Januar benötigten die Geschworenen, »lauter einfache Leute aus dem Volk«, wie die Zeitungen schrieben, nur knapp eine Stunde, um zu einem einstimmigen, aber seltsamen Ergebnis zu kommen, das in der Folge vehemente Diskussionen über die Sinnhaftigkeit von Geschworenengerichten zur Folge hatte. Pöffel wurde des Mordes für schuldig befunden. Aber gleichzeitig wurde ihm völlige Sinnesverwirrung im Augenblick der Tat attestiert.

»Wissen Sie«, fragte der Vorsitzende, »dass Sie damit den Angeklagten freisprechen?«

»Jawohl«, antwortete der Sprecher der Geschworenen, »das wissen wir und wir sind uns der Folgen bewusst.«

Über die Motive Wolfs und die Gründe für seinen unerbittlichen Rachefeldzug, der letztlich auch für ihn ein tragisches Ende nahm, brachte der Prozess wenig Aufschlussreiches. Das Eintreten für die Moral und das Ethos der Presse und des Journalismus konnten allein dafür nicht verantwortlich sein. Das hätte mit der Entlassung Pöffels aus der Redaktion beendet sein müssen. Neid und Missgunst einem erfolgreichen Kollegen gegenüber? Möglich. Alle Zeugen bescheinigten Wolf journalistisches Talent und ein unbeugsames Rechtsgefühl, ein unbeirrbares Eintreten für einmal als richtig erkannte Fakten, dabei aber sei er egozentrisch, starrsinnig und unkollegial gewesen.

Wenn dem so war, warum hatte man ihn dann zum Betriebsrat gemacht? Auch seine Frau sprach keineswegs nur Gutes über ihren toten Mann. Sie kannte ihn seit Kindertagen und immer schon sei er »nervös und reizbar« gewesen, auch ihr gegenüber. Besonders gern habe er Menschen, die ihm sonst nahe standen, »gefrozzelt«, und was genau das bedeuten sollte, darüber wurde im Gerichtssaal lange diskutiert. Pöffel dürfte die Vernichtung seiner Existenz wohl kaum als »Frozzelei« begriffen haben.

Wolf war tot und konnte über sich selbst keine Auskunft mehr geben. Aus seinem Verhalten, aus seiner scheinbar unbegründeten Aggressivität, dürfte sich aber doch ein zentrales Motiv ablesen lassen. Wolf hatte Angst, konkret die Angst, den Arbeitsplatz zu verlieren. Was dies in Zeiten wie diesen bedeutete, wusste er, der, wie alle Zeugen sagten, Journalist mit Leib und Seele war, sicher nicht nur durch das Beispiel seines Kontrahenten. Und dazu war seine Angst keineswegs unbegründet, im Gegenteil. Was im Ehrenbeleidigungsprozess 1926 noch nicht zur Sprache gekommen war: Das »Neue Wiener Journal« hatte auch ihn längst auf die Kündigungsliste gesetzt. Moriz Dynes, Direktor und Personalchef der Zeitung, sagte aus, dass er schon seit Jahresbeginn 1926 Wolf wegen seines unkollegialen Verhaltens und seiner Widersetzlichkeit Vorgesetzten gegenüber zur Entlassung vorbereitet hatte und deswegen mehrmals bei der Geschäftsführung vorstellig geworden war. Notwendig war aber die Zustimmung des Einigungsamts, da Wolf Betriebsrat war. Aber hatte er als Betriebsratsobmann nicht die Pflicht, der Geschäftsführung gegenüber »lästig« zu sein?

Der Chefredakteur und Mitherausgeber Löwenstein musste auch zugeben, auf Wolf immer wieder Druck ausgeübt zu haben, da sein ideologischer Standpunkt nicht mehr mit der des Blattes übereinstimmte. Er war für das konservative, antimarxistische Blatt wohl zu »links«. Der Herausgeber und damit der eigentliche Verantwortliche Jacob Lippowitz entzog sich allerdings der Stellungnahme. Als Zeuge geladen, entschuldigte er sich beim Gericht brieflich mit unaufschiebbaren Verpflichtungen in Garmisch-Partenkirchen, dem damals fashionablen Wintersportort. Wieder eine »Geschichte vom Lippowitz« für Karl Kraus.

Ganz sicher hatte Hans Gürtler, Pöffels Verteidiger, Recht, wenn er in seinem Schlussplädoyer sowohl seinen Mandanten als auch dessen Opfer, Mörder wie Ermordeten, Pöffel wie Wolf als Opfer nannte, Opfer ihrer Zeit, die derartige Arbeitsverhältnisse zuließ.

Arbeitnehmer: der Fall Schuricht

Der Putz hat rosa Farbe, die Schrift über Fenstern und Tür ist golden. Auf einer Tafel kann der Gast die Mahlzeiten lesen. Vielleicht machen sie Appetit. Das Restaurant »Zum Hirsch« hat zentrale Lage am Markt zu Radeburg. Die Atmosphäre rustikal. Die Bedienung freundlich. Vor vier Jahrzehnten nannte der Volksmund die Einkehr »Hammerschänke«. Die Wirtin ward mit dem Werkzeug erschlagen. Der Wirt mit einem Riemen erdrosselt. Die Leichen fand man im hauseigenen Brunnen. Kopfüber waren sie hineingestopft. Entgegen sozialistischer Verschwiegenheit bei Gewaltdelikten meldete der VP-Funk schnell: »1000 MDN [Mark der Deutschen Notenbank] Belohnung – In der Nacht vom 2. zum 3. November 1964 wurde das Gastwirtsehepaar Thomschke in seinem Grundstück in Radeburg bei Dresden das Opfer eines Verbrechens. Zur schnellen Aufklärung der Straftat wendet sich das Untersuchungsorgan an die Bevölkerung und bittet um Mithilfe bei der Ergreifung des Täters. Es wird gebeten, alle Wahrnehmungen, die im Zusammenhang mit dem Verbrechen stehen können und die auf Wunsch vertraulich behandelt werden, an die Volkspolizeidienststelle Radeburg oder an jeder andere Volkspolizeidienststelle zu melden. Die Belohnung wird für Angaben, die zur Aufklärung des Verbrechens führen, ausgesetzt. Die Auszahlung erfolgt unter Ausschluß des Rechtsweges.« Der Doppelmord in der Kleinstadt war Thema nicht nur vor Ort. Über Aufklärung, Prozess und Urteil wurde en détail berichtet. Die Alten erinnern sich. Ansonsten sind die Spuren der Bluttat getilgt.

Radeburg liegt vor den Toren Dresdens. 1226 findet es erstmals Erwähnung. Im Mittelalter war die Bedeutung dieser Stadt größer als die Meißens oder Dresdens. Doch Politik und Geschichte ließen diesen Ort vergessen. Sehenswert sind heute Postmeilensäule, Schloss und Schmalspurbahn. Das Heinrich-Zille-Museum hat geöffnet, der Maler mit markantem Strich und urberliner Herz und Schnauze ward vor Ort geboren. Eine Straße ist nach ihm benannt. Touristen suchen hier Erholung. Die Teichlandschaft lässt wandern, angeln, schwimmen. Schlagzeilen macht Radeburg einmal im Jahr, dann ziehen die Narren durch die Stadt. Sonst wird kaum über diese Stadt berichtet. 1964/65 war dies anders.

»›Ich habe mit dem Mord nichts zu tun, und ich kann auch nicht sagen, wer der Täter ist‹; behauptete der eines doppelten Raubmordes angeklagte 24jährige Klaus Schuricht aus Radeburg. Er vertrat diese Meinung auch noch, als ihm das Bezirksgericht Dresden nach einem mehrtägigen, mit größter Gewissenhaftigkeit geführten Prozeß das letzte Wort gab. Offen und voller Reue stand dagegen die wegen Eigentumsdelikten angeklagte Ehefrau Ursel Schuricht zu ihren Taten. Hier fühlte jeder, sie will ein ehrlicher, sauberer Mensch werden. Sie gestand von sich aus Diebstähle ein, zu denen sie teilweise die mangelnde Sorge des Klaus Schuricht um seine vierköpfige Familie veranlaßte. Und sie war es auch, die den Untersuchungsorganen und dem Gericht in allen Einzelheiten den Ablauf der grausigen Tat schilderte, so wie sie ihr von ihrem Manne am Morgen nach der Mordnacht berichtet worden war.«

Donnerstag, 5. November 1964, morgens neun Uhr. Margarethe Tillmann schließt die Tür vom Hotel »Zum Hirsch«. Sie möchte säubern. Zwei Tage hatte das Lokal geschlossen. Ruhetage. Am Freitag soll im Saal zum Tanz aufgespielt werden. Jugend wird reichlich erscheinen, Uve Schickora hat sich angesagt, einer der prominenten Musiker der DDR. Magarethe Tillmann wird die Gaststätte und weitere Räumlichkeiten vorbereiten. Das ist ihr Job. Sie wundert sich nur, dass sie die Wirtsleute Paul und Elsa Thomschke noch nicht sah, sonst geben sie ihr stets noch Hinweise, wo besonders gründliche Reinigung Not tut. Das Haus bleibt merkwürdig still. Bereits am Dienstag hat Magarethe Tillmann Paketpost für die Thomschkes entgegengenommen. Es sieht den Eheleuten nicht ähnlich, wenn sie über Land fahren wollten, hatten sie ihr stets Bescheid gegeben.

Margarethe Tillmann geht durch den Gastraum und erschrickt. Vor der Theke schimmert Blut. Schleifspuren sieht sie. Ihr ist unheimlich. Sie sucht männlichen Beistand. Gemeinsam betreten sie wieder das Haus. Von Paul und Elsa Thomschke keine Spur, kein Lebenszeichen. Man macht dem Bürgermeister Meldung. Der verständigt die Polizei, »daß das Gaststättenehepaar, Paul Thomschke, geb. 14. 2. 1892, wohnhaft Radeburg, Großenhainer Str. 1, und Elsa Thomschke, geb. 12. 10. 1910, wohnhaft ebenda, in ihrem Wohngrundstück, der Gaststätte ›Zum Hirsch‹, Radeburg, Großenhainer Str. 1, nicht aufzufinden sind und dort im Grundstück größere Blutflecken vorhanden sind, so daß ein Verbrechen vermutet wird«.

Mit Handwerkern öffnet die Volkspolizei weitere Türen. Nach Suchen findet man die Tote im abgedeckten Brunnenloch unterhalb der Kellertreppe. »Elsa Thomschke wog 85 kg, ihre Brustbreite mit Armen war 55 cm, sie war breiter als die Luke, Brustumfang 136 cm. Mit ziemlicher Gewalt mußte die Leiche durch die Öffnung geschoben worden sein.« Die Spuren sind eindeutig: Mord. Paul Thomschke wird nicht gefunden. Ist er flüchtig? Ist diese Tat ein Beziehungsdrama? Die Polizei schreibt den Wirt zur Fahndung aus. Kurze Zeit später zieht sie diese Suchmeldung zurück. Der Tote lag im Brunnen, nicht zu sehen, unter Wasser. Mit ihm ein zerbrochener Hammer, ein Eimer, Lappen. Wer hatte Grund, die Thomschkes umzubringen? Sie waren eine Institution in Radeburg. »Zum Hirsch« war Treffpunkt, Kneipe und Vergnügen.

Paul Thomschke ist polizeibekannt. In Nachkriegsjahren war er im Visier der Ermittler. Schwarzhandel, Schmuggel, Schiebereien und Betrug wurden ihm vorgeworfen, selten bewiesen. Kontakte hat er in den Westen. In der ČSSR trifft er sich mit seinem republikflüchtigen Sohn. Mitglied einer Freimaurersekte soll er gewesen sein. »Mit Thomschke ist einer der größten Gauner gestorben. Die Bevölkerung heißt aber keinesfalls die Tat gut«, protokollieren die Ermittler. Das örtliche Kollektiv der VP verfasst die »Beurteilung des Gaststättenehepaares Thomschke«.

»Der obengenannte Thomschke hat noch zwei Brüder und eine Schwester, die noch am Leben sind. Sein Bruder in Oberlichtenau soll dort eine Mühle von Paul verwalten. Weiterhin ist er Besitzer der Mühle in Oberrödern/Kr. Großenhain, die in den letzten Jahren nicht mehr genutzt wurde. Die Mühle in Oberrödern wurde durch seinen Sohn geleitet und seit seiner Flucht nach Westdeutschland nicht wieder in Betrieb genommen. Obengenannter zog 1953 nach Radeburg und kaufte die Gaststätte ›Hotel Hirsch‹ in Radeburg. Mit dem Obengenannten kam seine jetzige Ehefrau Elsa mit nach Radeburg. Sie lebten bis 1963 in Lebensgemeinschaft miteinander. Im Jahre 1963 wurde der Obengenannte wegen Schlaganfall ins Krankenhaus Radeburg eingeliefert, und da sein Gesundheitszustand sehr schlecht stand, heiratete er im Krankenhaus Radeburg. Kurz nach seiner Verehelichung wurde im Krankenhaus das Testament festgelegt, wo seine Frau als Alleinerbin eingesetzt wurde. Mit dieser Entscheidung hatte er somit auch seinen Sohn in WD enterbt und

nicht berücksichtigt. Der Obengenannte hat seiner dritten Frau sein Vermögen überschrieben. Von der Bevölkerung wird dem Obengenannten nachgesagt, daß er seine zweite Ehefrau geheiratet hat, um sich in den Besitz der Mühle von Oberrödern zu bringen, und nach Überschreibung der Mühle auf seinen Namen sich von ihr wieder hat scheiden lassen. Er wird auch deshalb als kleiner Gauner bezeichnet, obwohl seine zweite Ehefrau auch nicht die Beste gewesen sein soll, aber in Paul ihren Meister gefunden hat. Obwohl er der Besitzer der Gaststätte ›Hotel Hirsch‹ war, hat die Ehefrau die Konzession gehabt.
Als Gaststättenehepaar waren sie den Gästen gegenüber immer freundlich und zuvorkommend. So kam er vielen Stammkunden entgegen und schrieb ihre Zeche auf, wenn sie nicht in der Lage waren, sofort zu zahlen. In seiner Gaststätte verkehrten viele Jugendliche im Alter von 16 bis 25 Jahren. Die Jugendlichen fühlten sich dort wie zu Hause und der Umgangston war gut, in dem sie von Paul und Else sprachen. Es handelte sich um eine Gaststätte, wo immer Krach vorhanden war, d. h. Musik und Gebrüll durcheinander. Das Gaststättenehepaar war nicht immer Herr der Lage, und die Gäste glaubten oft, machen zu können, was sie wollen. Demgegenüber konnte er sich nicht durchsetzen. Auch wegen Polizeistundenüberschreitung wurde er schon zur Rechenschaft gezogen. Auf seine Frau soll er auch eifersüchtig gewesen sein, wie dies im Volksmund gesagt wird.
Eine gute Beziehung hatte er zum ehemaligen Gaststättenleiter Schuricht. Dies kam darin zum Ausdruck, daß sich beide gegenseitig ausgeholfen haben, wenn bei irgendeinem die Getränke alle waren. Es wurden dann Fässer über die Straße gerollt.
Seine politische Einstellung zum Arbeiter-und-Bauern-Staat war nicht positiv. So wurde zum Beispiel bei Veranstaltungen mit politischem Charakter durch ihn wenig getan, um dies zur Zufriedenheit durchführen zu können. So mußten am Tage der Frau (Frauentag) dem DFD [Demokratischer Frauenbund Deutschlands], Ortsgruppe Radeburg, von der VP-Dienststelle Radeburg Kohlen geliehen werden, damit der Saal geheizt werden konnte. Thomschke lehnte damals ab zu heizen. Auch bei Veranstaltungen politischer Organisationen gab es immer Auseinandersetzungen, damit er den Saal zur Verfügung stellte. Im Gegenteil verhielt er sich bei Faschingsveranstaltungen. Auch kommt seine Einstellung darin zum Ausdruck,

daß er seine Wohnung in Oberrödern, sowie die Räumlichkeiten der Ehefrau blockiert hat, obwohl überall Wohnraummangel vorhanden ist.«

Paul Thomschke wusste gut, wie er im Staat auf seine Kosten kam. Er lebte neben dem sozialistischen System, bewahrte auch wirtschaftlich seine Selbstständigkeit. Genossen erschien er suspekt. Pauls Geschäfte liefen. Pauls Geschäfte waren immer gelaufen. »1892 wurde der Gastwirt in Oberlichtenau geboren. Er heiratete eine Müllers-Tochter, die dem Gatten ihre Mühle überschrieb. Paul Thomschke baute um, man mahlte nunmehr auch mit Strom. Restauriert präsentiert sich heute das ›Mühlenwerk Paul Thomschke‹ in Oberlichtenau. Drei Söhne wurden dem Ehepaar geboren. 1930 starb die Gattin. Thomschke heiratete 1933 eine Mühleneignerin aus Oberrödern, und erneut wurde Thomschke als Ehemann ins Grundbuch eingetragen. Die Mühle in Oberlichtenau hatte er an seinen Bruder verpachtet. Die zweite Ehe wurde nach sechs Jahren geschieden. Die Mühle blieb Besitz von Thomschke. Der Krieg nahm ihm zwei seiner Söhne. Nach dem Krieg wurde Thomschke Landwirt und kaufte in Großdittmannsdorf ein Gut. Als absehbar war, daß Landwirtschaft in Kollektiv und Gemeinschaft erfolgen sollte, später mußte, veräußerte Paul Thomschke seinen Besitz und erwarb in Radeburg das Hotel und Gasthaus ›Zum Hirsch‹. Die Wirtschaft ward schnell erstes Haus am Platze.«

Das Motiv der Bluttat liegt nah: Raub. Die Kasse und die Tassen mit dem Wechselgeld sind leer. Schmuck fehlt und Spirituosen und Tabakwaren. Sicherlich: Paul Thomschke hatte Neider. Er stellte seine gute finanzielle Lage nicht aus, aber man wusste darum. Als »überdurchschnittlich« wird sie eingeschätzt. Hotel und Restaurant machen Gewinn, knapp 20 000 MDN im vergangenen Jahr. Das Vermögen beläuft sich auf mehr als 120 000 Mark. Thomschke verlieh Geld. Auch im Haus waren Finanzen, neben Genussmitteln fehlen diese. Die Gäste erinnern sich, am Abend des 2. November hat Paul Thomschke das Wechselgeld für das Konzert am Freitag zurechtgelegt. »Dazu verwendet er immer einen alten Schrankschieber, in welchem mehrere Tassen stehen, und zählt in diese die Biermarken und das Hartgeld. Die Geldscheine zählt er in eine Zigarrenkiste, welche gleichfalls in dem Schieber vorhanden ist. Insgesamt würde er immer etwa 200 MDN Wechselgeld vorbereiten. Der Schieber mit

dem Wechselgeld wird dann vom Geschädigten immer in der kleinen Bar, welche gegenüber seiner Schlafstube liegt, verwahrt. Der Schlüssel für die Tür zur kleinen Bar wird gleichfalls immer in der Kasse in der Theke verwahrt«, sagt Margarethe Tillmann aus. Die Tassen sind leer. Fingerabdrücke werden an ihnen festgestellt. Stets dieselben. Stets an gleicher Stelle. Genau dort, wo man sie vom Bord nimmt und in einem Zug ausschüttet. Gehören sie einem der Gäste vom Montagabend? Die Polizei unterzieht Besucher und Stammgäste einer Prüfung.
Eine andere Spur ist der Hammer. Im Stiel gespalten, mit einer Prägung versehen. Die Ermittler suchen mit einem Plakat und Fragen.

Achtung!
Wer kann Angaben machen?
Bezugnehmend auf die Pressenotiz vom 7. 11. 1964 wendet sich die Volkspolizei an die Bevölkerung, durch weitere Hinweise zur schnelleren Aufklärung des Verbrechens an dem Ehepaar Thomschke in Radeburg beizutragen.
Besonders interessieren folgende Fragen:
- Wer kann Angaben über den abgebildeten Hammer machen?
- Wo fehlt ein solcher Hammer?
- Wer hat am 3. 11. 1964, nach 01.00 Uhr, bis 5. 11. 1964, 09.00 Uhr, Licht im Gasthof »Zum Hirsch«, Radeburg, gesehen und in welchen Räumen?
- Welche Personen befanden sich am 3. 11. 1964, zwischen 00.00 Uhr und 06.00 Uhr auf den Straßen von Radeburg, und wer kann Angaben über solche Personen machen?
- Wo wurden Personen mit blutigen Kleidungsstücken auf Straßen oder in Verkehrsmitteln gesehen?

Hinweise, die auf Wunsch vertraulich behandelt werden, nimmt die Volkspolizeidienststelle Radeburg, Heinrich-Zille-Straße 9, entgegen.

Bild des Hammers

Gewicht 500 Gramm, Länge des Stieles 26 cm, größte Breite des Stieles 3 cm, Stielende 10 cm gespalten, im Stiel befindet sich eine Einprägung von 5 mm^2. Das Metallstück ist 11,5 cm lang und größte

Breite 2,5 cm. Das Metallstück ist verrostet und der Stiel dunkel verschmutzt.

Die Ermittlungsarbeit kann schnell abgeschlossen werden. Der Leiter der Dresdner Morduntersuchungskommission erhält aus den Händen des Ministers die »Medaille für ausgezeichnete Leistungen«. Denn »meisterhaft versteht es Genosse Wolf mit seinem Kollektiv die zusammengetragenen Fakten miteinander abzustimmen und zu wissenschaftlich-exakten Ergebnissen zusammenzufügen. Das Beispiel des am Tatort gefundenen Hammers soll dies demonstrieren:

- Die Bevölkerung wird durch Plakate, auf denen der Hammer abgebildet ist, aufgerufen, Angaben über das Tatwerkzeug zu machen.
- Der Zeuge X. gibt einen Hinweis auf den späteren Beschuldigten Sch.
- Ein anderer Zeuge macht Angaben, daß der spätere Beschuldigte Sch. plötzlich mehr Geld ausgibt, als seine Einkünfte es erlauben.
- An Behältnissen am Tatort, worin sich Geld befunden hatte, werden Fingerabdrücke gesichert.
- Im Hausflur wird ein mit Blutwasser getretener Sohlenabdruck als Spur gesichert.
- Der Beschuldigte Sch. wird in einem am Tatort (Gaststätte) verkehrenden Kreis von 60 Personen mit erfaßt und überprüft.
- Von Sch. macht sich die Abnahme von Vergleichsabdrücken erforderlich.
- Die Fingerabdruckspuren von den Geldbehältnissen am Tatort werden als die vom Verdächtigten Sch. stammenden vom Daktyloskopen ermittelt.
- Eine Wohnungsdurchsuchung beim Verdächtigten erbringt verstecktes Geld, Spirituosen, Zigarren und andere Genußmittel, die vermutlich Eigentum der Opfer waren.
- Die Wohnungsdurchsuchung erbringt männliche Bekleidungsstücke, die ausgewaschen sind, aber trotzdem noch Spuren von Menschenblut aufweisen.
- Mit den bei Sch. gefundenen und sichergestellten Pantoletten wurde der am Tatort vorgefundene Blutwassersohlenausdruck verursacht.

So wurde systematisch ein Beweismittel nach dem anderen zusammengetragen und wissenschaftlich durch Expertisen belegt. Es kommt vorerst nicht darauf an, ob der Täter ein Geständnis ablegt. Zu gegebener Zeit muß auch der hartgesottenste Lügner unter der Wucht der Beweise zusammenbrechen und ein umfassendes Geständnis ablegen. [...] Die überzeugenden Erfolge des Hauptmanns Wolf und seines Kollektivs beruhen nicht nur in der sinnvollen Nutzung der Vorzüge unserer sozialistischen Gesellschaft bei der Verdrängung der Kriminalität und der Anwendung exakter wissenschaftlicher Mittel und Methoden der Kriminalistik. Er besitzt auch die moralischen Qualitäten eines sozialistischen Menschen. Dieser Kriminalist liebt seinen Beruf. Seine Berufsehre läßt keine Pfuscharbeit zu. Ständig bemüht er sich um das ›Q‹ in seiner Arbeit. Operative Dienstzeitregelung ist für ihn seit Jahren selbstverständlich. Ob Tag oder Nacht, immer stellt er seine persönlichen Bedürfnisse zurück. Dabei ist er kameradschaftlich und bescheiden. Durch sein persönliches Beispiel spornt er jeden einzelnen des ganzen Kollektivs zu höchsten Leistungen an.«

Der Mörder Klaus Schuricht ist das genaue Gegenteil eines sozialistischen Vorbilds und er wird, von offizieller Seite, noch verstärkt so dargestellt. Die Beurteilungen schildern ihn als einen arbeitsscheuen, unzuverlässigen Menschen. »Bisher führte er einen unmoralischen Lebenswandel, kümmerte sich wenig um seine Familie und verbrachte sehr viel Zeit in Gaststätten. Dort spielte er Skat, trank reichlich Alkohol und kam mitunter erst am nächsten Morgen nach Hause. Es kam auch vor, daß er früh betrunken zur Arbeit kam oder unter irgendeinem Vorwand der Arbeit fernblieb. Wiederholte Aussprachen durch Angehörige seiner bisherigen Arbeitsstellen führten bei dem Beschuldigten zu keiner Änderung seines bisherigen Lebenswandels. Der Beschuldigte hatte den größten Teil seines verdienten Geldes für sich selbst verbraucht. Die Notlage, in welcher sich die Familie befand, wurde durch den Beschuldigten selbst verschuldet.« Man weiß, Klaus Schuricht hat seine Frau geschlagen. Anderen hat er mit Totschlag gedroht. Die Kollegen distanzieren sich: »Mit tiefer Abscheu und mit großer Erregung haben wir, die Mitglieder der Brigade Schwenke, von der brutalen Tat Schurichts Kenntnis genommen. Klaus Schuricht, ehemaliges Mitglied unserer Brigade, war während seiner Tätigkeit in unserem staatlichen Forstwirtschaftsbetrieb als Arbeitsbummelant hinreichend bekannt. All unsere gutgemeinten

Ratschläge und Kritiken, in Einzelgesprächen und in Brigadeversammlungen zum Ausdruck gebracht, blieben trotz fortwährender Versprechungen seinerseits ohne Erfolg. Während die Bevölkerung der Deutschen Demokratischen Republik ihrer friedvollen Arbeit nachgeht und große Leistungen zum Wohle aller vollbringt, war es das Bestreben von Schuricht, viel Geld zu erwerben, ohne die nötige Arbeit zu leisten. Wie wir heute feststellen müssen, schreckte er in diesem Bestreben sogar vor einem Mord nicht zurück, was seinen verwerflichen Charakter am deutlichsten zum Ausdruck bringt. Wir können deshalb nur noch in tiefer Verachtung von ihm reden. Durch diese Tat hat Schuricht das Ansehen unserer Brigade, unseres staatlichen Forstwirtschaftsbetriebes sowie unserer gesamten Republik tief geschädigt. Wir ersuchen deshalb das Gericht, im Falle Schuricht die höchstmögliche Strafe auszusprechen.« Auch andere fordern strengste Strafe. Das Gericht erhält Briefe des Volkszorns. »Da ich die in Radeburg ermordete Frau Thomschke sehr gut kannte u. uns eine Freundschaft verband – ich habe knapp zwei Jahre mit ihr zusammengearbeitet u. in dieser Zeit sie als sehr gutmütige, überaus fleißige anständige Frau kennengelernt. – Unfaßbar und unglaublich für mich, ihr so unverdient grausames Ende. – Der Zweck meines Schreibens an das Bezirksgericht ist, daß ich das Hohe Gericht bitte, daß der Mörder Kl. Schuricht, welcher die höchste Strafe, welche das Gerichtsurteil vergeben kann, erhält, niemals unter einem gegebenen Amnestieerlaß begnadigt werden darf. – Selbst nicht nach Jahrzehnten, durch eventuell gute Führung. – Schuricht auf freiem Fuß würde bedeuten einen Angriff auf Leben und Gesundheit unserer Bürger, deren Schutz im Interesse der Gesetzlichkeit liegt. – Ihrem Urteil, welches die Antwort der Rechtsorgane für das skrupellose Verbrechen in Radeburg ist, bitte ich dieses Schreiben mit beizuheften. Mit sozialistischem Gruß Irmgard Braun.«
Der Tatverdächtige Klaus Schuricht wurde am 2. Juli 1941 in Folbern, einem Dorf in der Nähe Großenhains, geboren. Die Eltern sind Eigner einer Bäckerei mit angeschlossenem Ausschank, geraten jedoch 1950 unter Spionageverdacht und werden verhaftet. Die Erziehungsberechtigten des Jungen wechseln. Klaus Schuricht beginnt eine landwirtschaftliche Ausbildung und arbeitet mit auf dem Gehöft seines Bruders. Er wird Tiefbauarbeiter, Bohrer im Stahlwerk, Heizungsmonteurhelfer. Beruflich Karriere möchte Klaus Schuricht

machen, die Restauration der Eltern übernehmen, und er weiß, dass gesellschaftliches Engagement dies fördert. Er heiratet Ursula 1960, dem Paar werden Kinder geboren. 1963 kann sich Klaus seinen Berufswunsch erfüllen, er arbeitet als Büfettier in den Radebeuler Gaststätten »Völkerfreundschaft« und »Weintraube«. Später überträgt man ihm die Leitung des Restaurants »Weißes Rössel« in Radeburg. Dem »Hirsch« der Thomschkes liegt es gegenüber. Die Schurichts ziehen in dieses Haus. Die beiden Geschäftsführer unterstützen einander bei Engpässen in der Versorgung. Auch privat gewährt Paul Thomschke dem jungen Wirt und seiner Familie Darlehen. »Höchstens 50 Mark habe ich genommen, und stets hat er es wieder erhalten.« Klaus Schuricht wirtschaftet das »Weiße Rössel« ins Minus. Knapp 4000 Mark sind Fehlbetrag.

Ein vorbestrafter Zechkumpan berichtet von Schurichts Ambitionen: »Er hat wegen laufender Differenzen diese Gaststätte aufgeben müssen. Während dieser Zeit hat er gut gelebt und sich viel gekauft. Ich habe durch verschiedene Unterhaltungen mit dem Küchenpersonal erfahren, daß er auch laufend mit der ganzen Familie in der Gaststätte gesessen und nicht bezahlt hat. Er hat die Gaststätte nicht gern aufgegeben. Ich weiß auch, daß er danach wieder gestrebt hat, eine Gaststätte zu übernehmen und unbedingt eine wieder übernehmen wollte. Nachdem das damals mit der Übernahme der Gaststätte seiner Eltern nicht geklappt hatte, hat er auch zu mir gesagt, daß ich schon sehen werde, wie er es macht. Er würde erst in die Partei und in die Kampfgruppe eintreten, und dann würde er schon eher etwas erreichen. Er war auch tatsächlich damals im ›Ausbau‹ in die Kampfgruppe und in die Partei eingetreten, und von dort aus hat er dann auch die erste HO-Gaststätte übernommen. Er hat mir gegenüber ganz offen zum Ausdruck gebracht, daß er nur in die Partei eintritt, damit er bei seinem Ziel, eine Gaststätte zu übernehmen, mehr Chancen hat. Wenn er nüchtern war, konnte man ganz gut mit ihm auskommen. Wenn er getrunken hatte, war es vorbei. Er hat Streit angefangen und sich gehen lassen, daß die Leute nur mit den Köpfen geschüttelt haben. Vor allem hat er auch getrunken wie ein Verrückter. Vor allem Schnaps hat er jede Menge getrunken. Er hat auch öfter einen für mich und andere ausgegeben, aber mehr, wenn wir in anderen Gaststätten waren. Nachdem er aus dem ›Rössel‹ raus war, hat er erst eine ganze Zeit nichts gemacht. Er wollte immer wieder

rein in die Gaststätte und hatte bis zuletzt Hoffnung. Da aber daraus nichts wurde, hat er bei den Forstbetrieben als Harzer angefangen.«
Der Lohn im Forst wird schwer verdient. Manche Gelegenheit bietet sich dem Klaus Schuricht, sich schnell und illegal ein besseres Auskommen zu sichern. Seine Frau tut bei Diebstählen mit, sie führt sie auch eigenständig aus.
Im Sommer 1964 erdrücken Schulden die Familie. Der Vater kündigt seine Lebensversicherung. Das Geld ist schnell ausgegeben. Die Raten für ein Motorrad sind fällig. Der Rat der Stadt fordert vom Vater die »Rückzahlung der verlagsweise gezahlten Fürsorgebeträge an die Familie, die Sie nur mit dem Hinweis erhalten haben, daß selbige rückzahlungspflichtig seien, da Sie persönlich ja voll arbeitsfähig waren. Da Sie nun schon längere Zeit wieder in Arbeit stehen und sich wirtschaftlich erholen konnten, bitten wir um Ihre Vorschläge.« Klaus Schuricht hat keine Vorschläge, er borgt. Paul Thomschke schießt ihm 2000 Mark vor, da er den Schuldner und dessen finanzielle Lage kennt, verpflichtet er ihn, im »Hirschen« auszuhelfen. Unentgeltlich. Thomschke wird die Arbeitsleistung mit dem Darlehen verrechnen. Fühlte Klaus Schuricht sich gedemütigt? Im Umgang war Paul Thomschke wenig fein, mancher empfand die Arbeit unter ihm erniedrigend. Thomschke war geizig, er war hart. Schuricht steht meist hinter der Bar im Konzertsaal, kellnert. Auch in der Freizeit ist er im »Hirsch« zu Gast. Er spielt. Er redet. Er trinkt. Am Montag, dem 2. November, weilte er auch bei den Thomschkes, sah, wie Paul die Wechselgelder in die Tassen zählte, sah dessen dicke Brieftasche, die ein roter Gummi hielt. Klaus Schuricht blieb nicht lang, gegen 23.15 Uhr verließ er das Lokal. Angeblich. Seiner Frau hatte er bereits die Anweisung gegeben, für ihn im gegenüberliegenden Haus die Türe des Nächtens wieder aufzuschließen. Sie tat's. Ursula Schuricht hörte zu, als ihr Mann nach vier Uhr nachts zurück in ihre Wohnung kam. Sie war es auch, die der Polizei berichtete. Ihr Mann leugnete. Er blieb bei seinem Leugnen. »Verstockt bis zuletzt« titelte eine Zeitung.
Auch hier folgen wir dem Protokoll wörtlich: Ihr Mann »habe sich nach Verlassen der Wohnung in die Gaststätte ›Zum Hirsch‹ begeben und in der Zeit zwischen 23.15 bis 23.30 Uhr verließ er die Gaststätte durch den hinteren Eingang Großenhainer Straße. Zu diesem Zeitpunkt sei die Tür noch nicht verschlossen gewesen. Nachdem er kurze Zeit vor dem hinteren Eingang gewartet hatte, betrat er durch

diesen erneut wieder das Grundstück und ging sofort in die erste Etage, wo er sich in einer Toilette versteckte. Zu einer späteren Zeit habe er gehört, wie der Paul hochgekommen ist und oben auf der Treppe nach seinem Nachthemd gerufen habe. Es sei dann auch jemand nach oben gekommen, um vermutlich das Nachthemd zu bringen. Nachdem Ruhe in der Gaststätte eingetreten war, habe der Beschuldigte die Toilette verlassen und sei nach unten gegangen. Zu diesem Zeitpunkt sei die Else aus der Küche herausgekommen, und er habe ihr mehrmals mit einem Hammer auf den Kopf geschlagen. Sie habe dabei Laute von sich gegeben und sei zu Boden gefallen. Weil sie weiter geschrieen hat, habe er auch in das Gesicht geschlagen und dabei sei der Hammer zerbrochen. Anschließend ist er in die erste Etage gegangen und begab sich zum Schlafzimmer von Thomschke. Die Schlafzimmertür stand einen Spalt offen. Im Schlafzimmer brannte Licht und der Thomschke lag im Bett. Er habe sich aufgerichtet und fragte, wo die Else sei. Daraufhin habe er zur Antwort gegeben, daß sie sich noch unten aufhält. Auf die Frage, ob noch weitere Personen unten sind, sagte er, daß die Margarethe und ihr Mann noch anwesend sind. Weiterhin fragte der Thomschke, was er überhaupt hier suchen würde. Daraufhin will mein Mann gesagt haben, daß er Bargeld braucht. Thomschke habe daraufhin erklärt, daß er kein Geld habe. Gleichzeitig langte er nach seiner Hose und versuchte, aus dem Bett zu steigen. In diesem Augenblick habe mein Mann mit der Hand auf Thomschke eingeschlagen und es kam zu einem Handgemenge. Dabei habe er festgestellt, daß der Thomschke noch, trotz seines Alters, über allerhand Kräfte verfügt, und er große Mühe hatte, diesen zu überwältigen. Während des Kampfes habe mein Mann nach einem Lederriemen gegriffen, welcher auf der Lehne eines Stuhles gelegen hat. Diesen Riemen hat er um den Hals des Thomschke gelegt und zugezogen. Danach schleppte er den Thomschke nach dem Keller. Weil diese Tür verschlossen war, hatte er erst den dazugehörigen Schlüssel geholt ... Anschließend warf er den Paul in einen Brunnen, welcher sich im Keller befindet. Auf die Frage der Ehefrau, was sich in dem Brunnen befindet, habe der Beschuldigte gesagt, daß Wasser darin ist. Anschließend ist er zum Hausflur gegangen und habe die Else gleichfalls in den Keller geschleppt und in den Brunnen geworfen. Danach habe er das Blut vom Hausflur aufgewischt und den Eimer mit dem zerbrochenen Hammer gleichfalls in den Brunnen

geworfen. Nachdem er den Brunnen wieder abgedeckt habe, ging er in die erste Etage und durchsuchte das Schlafzimmer der Wirtsleute und das Lager bzw. den Abstellraum. Er habe nicht gesagt, was er im einzelnen dort gefunden hat. Ferner hat er unten in der Gaststätte gesucht und auch hierzu nicht geäußert, was er dort gefunden hat. Nach dieser Schilderung fragte die Ehefrau den Beschuldigten, ob er auch alles reichlich überlegt habe, was er gemacht hat. Daraufhin habe er zu verstehen gegeben, daß er es nur aus Liebe zur Ehefrau getan hat und er auch seine Schulden begleichen wollte.«
Ursula Schuricht ist geständig, die Beweisaufnahme abgeschlossen. Anklage wird erhoben. Zur Last gelegt werden Klaus Schuricht:

1. am 3. November gegen 2.00 Uhr das Gaststättenehepaar Elsa und Paul Thomschke in Radeburg vorsätzlich getötet und beraubt zu haben,
2. in der Zeit von Mai bis Juni 1961 von seinem Bruder in Folbern einen Motor entwendet zu haben,
3. in der Zeit von 1960 bis 1961 während seiner Tätigkeit im VEB [Volkseigener Betrieb] Ausbau auf der Baustelle Flugplatz Großenhain drei Sack Zement gestohlen zu haben,
4. im November 1963 eine Unterschlagung begangen zu haben, indem er bei der Übergabe des Inventars sich rechtswidrig Gläser, Tischdecken und Handtücher zueignete,
5. seiner Ehefrau im Frühjahr bis Sommer 1964 bei einem Einsteigediebstahl im Keller der HOG [Handelsorganisation Gaststätten] »Rössel« in Radeburg Beihilfe bei einem Kartoffeldiebstahl geleistet zu haben,
6. Ende Juli, Anfang August 1964 gemeinsam mit seiner Ehefrau am Niederteich in Kleinnaundorf acht Enten gestohlen zu haben,
7. Ende September, Anfang Oktober 1964 von einem Feld in der Nähe von Ortrand ca. 1,5 Zentner Weißkraut gestohlen zu haben.
8. Ende September, Anfang Oktober 1964 bei seiner Rückkehr in die Wohnung mit seinem Haustürschlüssel versucht zu haben, die Kellertür der HOG »Rössel« in Radeburg zu öffnen,
9. am 25. Oktober 1964 im Forstbereich Kamenz aus einem Fass ca. 130 kg Harz gestohlen zu haben,
10. am 28. Oktober 1964 von einer Wiese in Bärwalde ein Schaf gestohlen zu haben,

11. Ende Oktober 1964 gemeinsam mit seiner Ehefrau im Forstrevier Ebersbach etwa 1 m^3 Holz entwendet zu haben.

»Vier Tage – vom 17. bis zum 20. Mai – währte die Beweisaufnahme im Prozeß gegen Klaus Schuricht vor dem Bezirksgericht in Dresden. [...] (es) bestätigte sich die Anklage. Schuricht leugnete, die Tat begangen zu haben. In diesem Zusammenhang muß erwähnt werden, daß durch Gutachten festgestellt wurde, daß Schuricht für die Begehung der Tat vollkommen zurechnungsfähig ist. In der Verhandlung benahm er sich völlig unbeeindruckt, ungerührt und unbeteiligt. Schuricht ist nicht in der Lage, Entlastungsmomente anzuführen. Die wenigen Einlassungen, die er macht, werden ihm insbesondere vom Vertreter der Staatsanwaltschaft des Bezirkes widerlegt. Während der Beweisaufnahme wurde ihm mehrmals die Unglaubhaftigkeit und Unwahrheit seiner Einlassungen nachgewiesen.

Der Saal des Bezirksgerichtes war an den vier Tagen der Beweisaufnahme bis auf den letzten Platz gefüllt. Weitere Bürger begehrten täglich vergeblich um Einlaß. Die Zuschauer bringen in den Verhandlungspausen ihre Empörung über das Verhalten des Angeklagten zum Ausdruck.« Der Staatsanwalt beantragt lebenslange Zuchthausstrafe und Verlust der bürgerlichen Ehrenrechte auf Lebenszeit. Schurichts letzte Worte vor dem Richter: »Ich habe mit dem Mord nichts zu tun, und ich kann auch nicht sagen, wer der Täter ist.«

»Der Senat hat auf Todesstrafe erkannt. Diese Abweichung vom gestellten Strafantrag wird wie folgt begründet. Der Angeklagte hat seit seinem 18. Lebensjahr ständig nach unredlichem Erwerb getrachtet, um ohne eigene Arbeit in den Genuß der Ergebnisse der Arbeit seiner Mitbürger zu gelangen. Er bummelte häufig die Arbeit, beging zahlreiche Diebstähle, nutzte rücksichtslos die eigene Ehefrau aus, indem er sie für sich arbeiten ließ und zum Diebstahl anhielt, kam seinen Unterhaltspflichten gegenüber der Familie nur äußerst ungenügend und mitunter überhaupt nicht nach und brachte dadurch seine Familie in eine wirtschaftliche Notlage. Das Geld, das er verdiente oder das er sich auf unehrliche Weise verschaffte, vertrank er zum größten Teil in Gaststätten. Jedem Versuch der positiven Einwirkung durch seine früheren Arbeitskollegen im VEB Ausbau und in der Staatlichen Forstverwaltung setzte er bewußt Widerstand entgegen, weil er gar nicht daran dachte, sein Verhalten und seine parasitären Gewohnheiten zu ändern. Der ganze Lebenslauf des Angeklagten beweist, daß es sich bei ihm um einen egoistisch und parasitär eingestellten Menschen handelt, der ohne Rücksicht auf die Interessen seiner Mitbürger und der eigenen Familie stets nur an sich dachte. Als er durch seine im höchsten Maße unmoralische und haltlose Lebensweise in finanzielle Schwierigkeiten geriet, entschloß er sich bedenkenlos zur Tat, die den Gegenstand des Strafverfahrens bildete. Von blinder Habgier besessen, trachtete er danach, seine wirtschaftliche Lage um den Preis seiner beiden Opfer zu verbessern.

Tötungsverbrechen gehören in unserer sozialistischen Gesellschaft zu den schwersten Verbrechen, weil sie zutiefst den humanistischen Anschauungen der sozialistischen Gesellschaft widersprechen. Aber der Angeklagte brachte ohne jede menschliche Regung rücksichtslos und brutal zwei Menschen um, mit denen er jahrelang bis zuletzt vertrauensvollen Umgang gepflegt hatte. Gewissenlos opferte er um seiner egoistischen Motive willen das Leben von zwei Menschen, die ihm nie etwas Böses zugefügt hatten. Er tötete Frau Thomschke auf besonders scheußliche Art und Weise und erklärte in der Hauptverhandlung, sie sei wie eine Mutter zu ihm gewesen. Kalt und ohne jede menschliche Regung warf er die beiden Leichen in den Brunnen. Kalt und berechnend traf er danach Maßnahmen, um der Entdeckung und Festnahme zu entgehen, indem er seine Frau beeinflußte. In der gleichen Richtung liegt sein gesamtes Verhalten während der Ermittlungsverfahren und der Gerichtsverhandlung. Kalt und gefühllos, ohne jede menschliche Regung ist er auch hier nur um sein eigenes ›Ich‹ besorgt gewesen. Auf Grund des beim Angeklagten vorhandenen und sein bisheriges Leben in den letzten Jahren bestimmenden triebhaften Egoismus' und seiner parasitären Einstellung sowie auf Grund der von großer Brutalität und äußerster Gefühlsroheit gekennzeichneten Tatausführung ist der Ausspruch der Todesstrafe erforderlich. Das verlangen der Schutz unserer Gesellschaft und die Aufrechterhaltung der Ordnung und Sicherheit. Diesem Strafausspruch steht auch nicht die Tatsache entgegen, daß der Angeklagte bisher kein Geständnis abgelegt hat. Die Gesamtheit der mittels Indizien in diesem Strafverfahren erbrachten Beweise vertritt den lückenlosen Nachweis, daß der Angeklagte schuldig im Sinne seiner Verurteilung ist. Für den Senat bestehen deshalb nicht die geringsten Zweifel an der Schuld des Angeklagten. Es würde nach Auffassung des Senats bei unseren Werktätigen mit vollem Recht auf Unverständnis stoßen,

wenn ein Mörder, obwohl seine Schuld lückenlos bewiesen ist, bei Vorliegen auch der sonstigen Voraussetzungen der höchsten Strafe nur deshalb entgehen sollte, weil er infolge ›guter Nerven‹ und Kälte des Gefühls kein Geständnis ablegt. Es könnte daraus der für die Verbechensbekämpfung auf diesem Gebiet nachteilige Schluß gezogen werden, daß es genüge, sich in einem ähnlichen Falle nach dem Beispiel des Angeklagten Klaus Schuricht zu richten, um die Anwendung der höchsten Strafe zu vermeiden. Der Angeklagte hat sich mit dem von ihm begangenen Doppelmord außerhalb der sozialistischen Gesellschaft gestellt und deshalb das Recht verwirkt, in ihr zu leben.«
Das Todesurteil wird vollstreckt. Die Hinrichtung ist eine der letzten in der DDR. Um Aufnahme in die UNO zu erhalten, bemühte sich die DDR um Wahrung der Menschenrechte und verbot die Todesstrafe – zumindest bei Zivilprozessen. Die Militärgerichtsbarkeit verurteilte auch weiterhin zum Tod. 1981 wurde in Leipzig das letzte Todesurteil vollstreckt. Zeugen glaubten, Klaus Schuricht im Zuchthaus Brandenburg begegnet zu sein. Ein Gerücht ließ ihn 1988 sterben. Die Akte belegt die Hinrichtung zumindest indirekt. Die haftentlassene und mittlerweile geschiedene Ursula Schuricht benötigt für den Antrag auf staatliche Fürsorge den Beweis des Todes ihres Mannes. Der Staatsanwalt hinterlegt die Aktennotiz: »Eine Sterbeurkunde zu dieser Strafsache habe ich dem Rat des Kreises Großenhain ausschließlich zu behördlichem Gebrauch übersandt.«

Karriere: der Fall Hofrichter

Am frühen Nachmittag des 17. November 1909 hatte Offiziersdiener Anton Tomola für seinen Herrn, den Hauptmann Richard Mader, nur schnell ein bescheidenes Abendessen eingekauft. Um 5 Kreuzer dürre Wurst und um 10 Kreuzer Quargeln. Zurück im Haus in der Hainburger Straße im dritten Wiener Gemeindebezirk glaubte er im Stiegenhaus zuerst undeutliche leise Hilferufe und dann Stöhnen und schweres Atmen zu hören. Die Stimme seines Herren? So schnell er konnte, lief er die Treppen in den dritten Stock zu der kleinen, privaten Wohnung des Offiziers hinauf. Hinter der nur angelehnten Wohnungstür lag Mader im Vorzimmer, schmerzverkrümmt, die Hände vor der Brust verkrampft, röchelnd und ohne Bewusstsein. Tomola hob ihn mit Mühe auf den Diwan im Wohnzimmer und holte Hilfe. Zu spät, denn der Rettungsarzt konnte nur mehr den Tod feststellen. Da keine äußeren Verletzungen sichtbar waren, schrieb er als vorläufige Todesursache »Gehirnschlag« auf den Totenschein. Klarheit würde ohnehin die bei plötzlichen, ungeklärten Todesfällen vorgeschriebene sanitätsbehördliche Autopsie bringen. Außerdem musste das Militär verständigt werden – Mader hatte im Kriegsministerium gearbeitet und könnte Geheimnisträger sein. Sofort erschien eine Kommission unter dem Kommando eines Obersten Kutschera, die aber nichts militärisch Belangvolles fand; auch nichts, was den plötzlichen Tod erklären konnte. Tomola sagte, der Hauptmann sei, als er ihn verlassen hatte, ruhig an seinem Schreibtisch gesessen und habe geschrieben. Der angefangene, aber nicht vollendete Brief an seine Geliebte, eine Varietétänzerin auf Engagement in Frankfurt am Main, lag noch auf dem Tisch. Auch sonst sei ihm nichts aufgefallen, keine Verstimmung oder Depression. Dafür hätte es auch keinen Grund gegeben, im Gegenteil. Richard Mader war erst am 1. November zum Hauptmann im Generalstab befördert worden, eine Beförderung, um die ihn viele seinesgleichen heftig beneiden würden.

Im Generalstab, das bedeutete nicht irgendeine militärische Funktionsbezeichnung. Hatte schon das einfache Militär in der Gesellschaft der k. u. k. Monarchie sozialen Sonderstatus weit über der gewöhnlichen Masse der Zivilisten, so standen die Mitglieder des Generalstabs noch eine große Stufe höher, wie Götter unter Halbgöttern. Nur

ihnen stand der Weg zu höheren Stellungen offen, ihnen anzugehören musste daher dringlichstes Ziel aller auch nur halbwegs ehrgeizigen Offiziere sein. Allerdings war der Weg dahin hart und von Zufällen abhängig. Nach einer selektiven Aufnahmeprüfung bedeuteten die vier Jahre Kriegsschule härtestes Studium und völligen Verzicht auf jede Art von Privatleben. Die Abschlussprüfung reihte dann die Absolventen in Rangklassen, von eins abwärts, und nur die besten hatten Aussicht auf die Beförderung. Protektion und Herkunft spielten dabei eine nicht immer berechenbare Rolle. Für alle nicht Berufenen waren die langen Jahre, Mühe und Arbeit vergebens. Sie mussten, gedemütigt und beschämt, als einfache Offiziere wieder zur Truppe zurück. Die Beförderungslisten erschienen in der Regel Ende Oktober, und wer darauf nicht verzeichnet war, hatte eigentlich keine Chance mehr. Besonders bitter für diejenigen, die in der Reihung unmittelbar hinter den Begünstigten lagen. Für sie gab es noch eine winzige Möglichkeit im Frühjahr, aber nur dann, wenn einer der Vorgänger ausfiel, durch Austritt, Krankheit oder Tod.
Hauptmann Mader hatte es im ersten Anlauf geschafft, war als einer von dreißig der insgesamt einhundertzehn Absolventen des Kriegsschuljahrgangs 1905 befördert und dem Kriegsministerium zugeteilt worden. Ihm musste die Zukunft im hellsten Licht erscheinen, den Marschallstab hatte er sicher im Tornister. Auch von einer körperlichen Krankheit, die den plötzlichen Tod erklärt hätte, wusste sein Diener nichts. Ihm war nur seltsam vorgekommen, dass er schon so früh am Nachmittag losgeschickt worden war, das Abendessen zu besorgen. Wollte sein Herr später noch allein sein oder hatte er Besonderes vor?
Neben dem angefangenen Brief auf dem Schreibtisch lag eine Pille, eine Oblatenkapsel, mit grauem Pulver gefüllt, so wie damals Apotheker ihre selbst gefertigten Präparate verpackten. Die Schachtel dazu lag im Abfalleimer in der Küche. Beide Objekte wurden von der Kommission vorläufig sichergestellt. Um was für ein Medikament es sich dabei gehandelt hatte, klärte erst die Durchsuchung von Maders Schreibtisch im Ministerium. Die Verpackung und den Beipackzettel, ein hektographiertes Blatt, hatte Mader an seinem Arbeitsplatz zurückgelassen. »Discret« stand darauf als Überschrift, als Absender war ein gewisser Charles Francis, als Adresse ein Postfach in Wien VI/4 angegeben. »Euer Hochwohlgeboren«, hieß es zuerst und dann:

Die vorzeitige Abnahme der Manneskraft sei eine Krankheit des neuen Jahrhunderts. Jetzt aber habe eine Vereinigung »erster ärztlicher Kapazitäten« endlich ein Mittel gefunden, das, ohne der Gesundheit zu schaden, die männliche Potenz bedeutend erhöhen würde. Herr Francis erlaubte sich, davon unverlangt und gratis eine Probe vorzulegen, der Erfolg würde seine beste Reklame sein. Es folgte die Gebrauchsanweisung: »Schachtel vorsichtig öffnen, Papier abreißen, Pillen, ohne die Oblaten zu beschädigen, entnehmen, beide circa 1/2 Stunde vor ... [das »wovor« war verschämt und zeittypisch ausgelassen] rasch nacheinander mit kaltem Wasser schlucken. Wirkung verblüffend!« Da nur mehr eine Pille am Schreibtisch gelegen hatte, musste Mader die andere eingenommen haben. War sie die Todesursache? Kutschera ließ sie sofort untersuchen. Das Ergebnis war eindeutig: Die Potenzpille des Herrn Francis hatte Zyankali enthalten, in absolut tödlicher Dosis. Kutschera ließ auch die bereits begonnene sanitätsbehördliche Autopsie stoppen und ordnete eine kriminalpolizeiliche Obduktion an, mit dem befürchteten Resultat: Todesursache Vergiftung durch Zyankali. Der junge Offizier war einem heimtückischen, hinterlistigen und auf eine geheime Schwäche des jungen Mannes zielenden Mordanschlag zum Opfer gefallen.
Oberst Kutschera verständigte die Kriminalpolizei, das Sicherheitsbüro, dessen Leiter Hofrat Stuckart sich persönlich des Falles annahm. Die Geschichte würde brisant werden, die Presse konnte sich die Mischung aus Militär, Mord und Erotik auf keinen Fall entgehen lassen. Andererseits verlangten der Kaiser und der Kronprinz, jeder für sich, jeden Tag von der Militärbehörde über den Fortgang der Untersuchungen informiert zu werden.
Die erste Nachfrage beim angegebenen Postamt in Wien VI, Millergasse, in der Nähe des Westbahnhofs führte, wie zu erwarten, zu keinem neuen Ergebnis. Kein Charles Francis, kein Postfach. Was konnte das Motiv für diesen so raffiniert in Szene gesetzten Mordanschlag sein? Warum hatte Mader die Pille genommen? Nur in Gedanken an seine ferne Geliebte, oder erwartete er Damenbesuch, für den er besonders leistungsfähig sein wollte? Hatte ein eifersüchtiger Ehemann das Treffen vorhergesehen und sich so rächen wollen?
Die Antworten auf Nachfragen bei Maders Kameraden führten dann aber in eine völlig andere Richtung. Einige von ihnen hatten ebenfalls die Unverlangtsendung des Herrn Francis erhalten, zum Glück

aber hatte noch keiner der Versuchung nachgegeben, damit seiner Manneskraft aufzuhelfen. Die Militärbehörde erließ sofort einen Reservatbefehl, der vor den Pillen warnte und die Empfänger verpflichtete, sich zu melden. Insgesamt waren es neun Offiziere: fünf in Wien, zwei in Böhmen und je einer in Galizien und in der Bukowina. Sie hatten eines gemeinsam: Sie alle waren Absolventen desselben Kriegsschuljahrgangs wie Mader und waren alle gerade erst in den Generalstab berufen worden, als Letzte ihrer Rangklasse.
Also doch ein militärisches Motiv, wie Oberst Kutschera vermutete? Der hinterlistige Versuch, mit heimtückischen Mitteln die junge Elite der k. u. k. Armee aus dem Weg zu räumen? Wenig wahrscheinlich – denn warum waren nur neun von dreißig neu ernannten Generalstabsmitgliedern angeschrieben worden? Hofrat Stuckart dachte weiter, beruflicher Ehrgeiz war ihm nicht fremd.
Die sichergestellten Briefe ergaben, laut Poststempel, nicht nur das bereits bekannte Aufgabe-Postamt, sondern auch ein gemeinsames Aufgabedatum: 14. November 1909, um sechs Uhr morgens. Stuckart ließ, mit Einverständnis der Militärbehörde, die Alibis aller achtzig Kriegsschulabsolventen, die nicht befördert worden waren, überprüfen. Mit Erfolg, denn schon am 27. November vormittags, nicht ganz zehn Tage nach dem qualvollen Tod Hauptmann Maders, gaben Stuckart und Kutschera eine Pressemitteilung aus. Wie sie eingangs gleich ankündigten, war der Fall geklärt, der Täter überführt.
Auf die Anfrage nach dem Alibi hatte sich der Kommandant des Infanterieregiments Nr. 4 in Linz gemeldet. Der einzige in Frage kommende Offizier seiner Truppe war seit dem 9. November auf eigenen Wunsch beurlaubt worden und am 14. November nachts nach Wien gefahren. Ein Schriftvergleich der Kriegsschularbeiten dieses Oberleutnants mit dem Begleitbrief hatte durchaus übereinstimmende Merkmale ergeben. Ein weiterer konkreter Hinweis kam durch die Verpackung der Giftpillen. Ein Offizier desselben Regiments hatte, aufmerksam gemacht durch die Zeitungsberichte, der Behörde ein Schächtelchen übergeben, in dem er das Geschenk eines Kameraden erhalten hatte. Es war ident mit den in den Giftsendungen verwendeten. Nur war dort, sicher absichtlich, der Herstellungshinweis entfernt, in der des Offiziers aber nicht. Die Firma Richter & Rudolf in Wien bestätigte die Provenienz. Zwar waren die Schachteln nicht mehr im Programm, aber den Restposten hatte man nach Linz, an

die Papierhandlung Ploj und Müller, verkauft. Kutschera und Stuckart fuhren, begleitet von Hauptmannauditor Kunz und drei Kriminalbeamten, dem Kommissar Dr. Weinberger und den Inspektoren Tschaikovski und Tschibi, in die oberösterreichische Landeshauptstadt. Die Papierhandlung bestätigte den Verkauf von fünfzehn der bewussten Schachteln am 12. November an eine Militärperson. Ebenso stammten die Kuverts der Sendung mit charakteristischem Futter exklusiv aus einem Linzer Geschäft. Und schließlich fand sich auch die Apotheke, aus der die verwendeten Oblatenkapseln stammten. In der Kronenapotheke hatte ebenfalls am 12. November ein Offizier 31 dieser Kapseln erstanden und sich den Gebrauch erklären lassen. Der Apotheker kannte den Kunden persönlich. Es war der vom Regimentskommando gemeldete Oberleutnant.
Die Kommission bat ihn zu einer vorerst noch inoffiziellen Unterredung. Sein Büro im Kommandogebäude und seine Wohnung in der Römerstraße 77 wurden in seinem Beisein durchsucht. Im Büro fanden sich noch drei Schachteln der Firma Richter & Rudolf, ident mit denen der Sendung. Wie war er, wenn er der Briefschreiber war, an die Adressen seiner glücklicheren Kollegen gekommen? Der positive Nachweis musste ein wichtiges, belastendes Indiz liefern, und er gelang den Kriminalisten. Der Verdächtige hatte tatsächlich die nur im Korpskommando aufliegende und als »nur für den Dienstgebrauch, geheim« etikettierte Liste eingesehen. Eine Adresse darauf war falsch, Bilek in Mähren statt Arad in Ungarn, und tatsächlich war einer der Giftbriefe an die falsche Adresse geschickt und nachgesandt worden. Auch hatte er dieselbe Vervielfältigungsmaschine und dieselbe Hektographiertinte verwendet, wie sie für die Charles-Francis-Briefe benutzt worden waren. Sein Dienstmädchen sagte dazu noch aus, er hätte sich beides am Abend des 13. November nach Hause kommen lassen und sich damit eingeschlossen. Zum Briefschreiben? In der Wohnung lagen im Badezimmer fünf der in der Kronenapotheke gekauften Oblatenkapseln, allerdings nicht mit grauem, sondern mit rotem Pulver gefüllt. Der Offizier bestätigte auch, seit 9. November beurlaubt gewesen zu sein. Am 12. November hatte er seine hochschwangere Frau zu ihren Eltern nach Wien geschickt, war also am 13. allein und unbeobachtet zu Hause gewesen. Am 14. nachts war er nach Wien gefahren und dort um halb sechs Uhr früh am Westbahnhof angekommen.

Im folgenden, jetzt offiziellen Verhör wirkte der Beschuldigte nicht aufgeregt, ganz im Gegenteil, und hatte auch für jede Vorhaltung eine Erklärung: Die Schachteln habe er für seine Frau, für ihr Nähkästchen, gekauft, aber nur drei davon aufgehoben, den Rest, da unbrauchbar, weggeworfen. Die Kuverts besitze er schon lange und die Oblatenkapseln habe er gekauft, um darin ein Anti-Wurmmittel für seinen Hund Troll zu verpacken. Der fräße sie nur so. Am 14. nachts sei er nach Wien gefahren, seine Frau vormittags abzuholen, um untertags mit ihr wieder zurückfahren zu können.

Der Kommission aber erschienen die Indizien so schwer wiegend, die Verantwortung so unglaubwürdig, dass der Oberleutnant in Präventivhaft genommen wurde. Den Namen nannten die beiden Beamten nicht, sondern überließen die Recherche den Journalisten, die damit wenig Mühe hatten. Schon die Abendblätter desselben Tages meldeten: Der des Giftmordes an Hauptmann Mader und des versuchten Giftmordes in neun Fällen auf besonders raffinierte Weise Überführte hieß Adolf Hofrichter, geboren am 30. Januar 1880 in Reichenau in Böhmen, Sohn eines Glaswarenhändlers, Oberleutnant beim 4. Infanterieregiment in Linz und nicht beförderter Absolvent des Kriegsschuljahrgangs 1905. Bei seinen Kameraden galt er als intelligent, aber auch als besonders ehrgeizig. »Ein Mensch, der sich sagt, auch über Leichen führt mein Weg.«

Die Presse, die sich, wie Stuckart richtig vorausgesehen hatte, besonders vehement des Falles angenommen und mangels gesicherter Informationen abenteuerliche Spekulationen veröffentlicht hatte, von finsteren Geheimdienstmachenschaften und eifersüchtigen Ehemännern samt Frauen, die sich bei dem überforderten Hauptmann die Klinke in die Hand gaben, war jetzt in zwei Lager gespalten. Die regierungstreuen Blätter akzeptierten »vollinhaltlich« die Ergebnisse der Kriminalpolizei. Für sie war die Täterschaft Hofrichters eindeutig bewiesen und sie förderten in der Folge immer neue Details über dessen krankhaften Ehrgeiz und auch sonst dubiosen Charakter zu Tage. Die Zeitungen der Opposition, allen voran die »Arbeiterzeitung«, verhielten sich hingegen skeptisch. Grund dafür war vor allem, dass Hofrichter wie alle Militärs der Militärgerichtsbarkeit unterstand. Sein Prozess würde nach einem Verfahren geführt werden, das noch aus Kaiserin Maria Theresias Zeiten stammte und das die Linke vehement bekämpfte. Einmal verhaftet und in das Garnisonsgefängnis eingeliefert, gab es für den Beschuldigten keine Verbindung zur Außenwelt mehr, auch nicht zu seinen Angehörigen, keinen Verteidiger oder die Möglichkeit, noch entlastende Indizien vorzubringen. Alleiniger Gesprächspartner war ein Militärjurist, im konkreten Fall der schon erwähnte Hauptmannauditor Jaroslaw Kunz, der in einer Person Untersuchungsrichter, Ankläger und Verteidiger zu sein hatte. Das Urteil fällte aufgrund seiner Vorarbeiten ein Richterkollegium, das ausschließlich aus Militärpersonen zusammengesetzt war, in geheimer Verhandlung, ohne Verteidiger und ohne Berufungsmöglichkeit. Ein bedenkliches Verfahren, besonders natürlich bei Indizienprozessen, mit dem einzigen Vorteil, dass ohne ein Geständnis die Todesstrafe nicht ausgesprochen wurde.

Immerhin konnte sich Hofrichter auf die Unterstützung durch seine Angehörigen verlassen, wenn dies auch sein Schwager, ebenfalls Offizier, mit dem Leben bezahlen musste. Als Folge der Aufregungen erlag er einem Schlaganfall. Dr. Richard Pressburger, einer der erfahrensten Strafverteidiger Wiens, hatte sich bereit erklärt, die Verteidigung, so weit wie möglich, zu übernehmen. Als Erstes richtete er ein Gesuch an den Kaiser, unter diesen besonderen Umständen die veraltete und ungeeignete Prozessvorschrift außer Kraft zu setzen, erhielt aber einen negativen Bescheid, der Beispielhaftigkeit wegen. Immerhin erreichte er die Zusage des Auditors zu gegenseitiger Information. Kunz konnte Hofrichter eine gute Nachricht übermitteln: Seine Frau hatte wenige Tage nach der Verhaftung einem gesunden Knaben das Leben geschenkt. Er hatte sich auch dazu bereit erklärt, die von Dr. Pressburger zusammengestellte Liste mit entlastenden Hinweisen zu prüfen.

Tatsächlich war die Indizienkette nicht so lückenlos, wie Stuckart angegeben hatte. Die in der Kronenapotheke gekauften und im Badezimmer des Beschuldigten vorgefundenen Oblatenkapseln enthielten tatsächlich ein Anti-Wurmmittel, und der arme, inzwischen berühmt gewordene Hund Troll hatte Würmer, wie eine eigene Untersuchung in der tierärztlichen Hochschule ergab. Der Kauf und Besitz so alltäglicher und trivialer Dinge wie Schachteln und Kuverts konnte allein keine so entscheidenden Hinweise liefern, und niemand hatte gesehen, wie Hofrichter die Giftsendungen zur Erhöhung der Manneskraft gebastelt, nach Wien gebracht und dort am Postamt VI/4 aufgegeben hatte. Im Gegenteil, es gab unzählige Hinweise auf Of-

fiziere, die nach Gift gefragt, Oblaten gekauft und Sendungen auf Postämtern aufgegeben hatten, die aber alle nicht der Beschreibung Hofrichters entsprachen. Außerdem waren unter den achtzig nicht beförderten Kameraden sicher noch mehrere besonders ehrgeizige mit demselben, möglichen Motiv. Die Hauptfrage, wie Hofrichter zu dem ja nicht so einfach zu beschaffenden Gift gekommen war, war nicht gelöst.
Wieweit Pressburger selbst mit seiner großen Erfahrung an die Schuld oder Unschuld seines Mandanten geglaubt hat, geht auch aus seinen Memoiren nicht hervor. Auf jeden Fall aber traf ihn das Geständnis Hofrichters in der Untersuchungshaft am 29. April 1910, ebenso wie Presse und Öffentlichkeit, überraschend und unvorbereitet. Schon ein paar Tage vorher soll der angeklagte Oberleutnant, wie die »Kronenzeitung« wusste, besonders nervös und aufgeregt gewesen sein und in der Früh des 29. April nach Auditor Kunz gerufen haben. Vor ihm legte er dann ein wenig detailliertes, aber eindeutiges Geständnis ab. Ja, er sei Charles Francis, er habe die Giftbriefe hergestellt und verschickt. Sein Motiv sei Ehrgeiz gewesen, er habe gehofft, auf diese Weise doch noch in den Generalstab befördert zu werden. Allerdings, schwächte er ab, nicht nur zur Befriedigung seiner persönlichen Passion, sondern auch für seine Frau, der er als Generalstäbler eine sichere Existenz hätte bieten können. Allein über die Herkunft des Giftes schwieg er. Wahrscheinlich deckte er einen nahen Verwandten, einen Cousin, der Drogist war und ihm Zyankali verschaffen hätte können.
Das Militärgericht unter Vorsitz des Korpskommandanten von Wien trat von 21. bis 25. Mai 1910 zusammen. Aufgrund des Geständnisses, das der Angeklagte in der Folge freilich zu widerrufen versucht hatte, und der Indizien musste es auf Todesstrafe erkennen. Ein Gnadengesuch Pressburgers direkt an den Kaiser hatte Erfolg, das Urteil wurde auf zwanzig Jahre Kerker reduziert und so am 10. Juni verkündet.
Für Ehrgeiz beim Militär hatte man bei Hof Verständnis. In der Militärstrafanstalt Wöllersdorf bei Wiener Neustadt quälte Hofrichter die Behörden mit immer wieder eingegebenen Gesuchen um eine Wiederaufnahme seines Verfahrens, fand aber kein Gehör. Auch nach 1919 bei der Republik nicht. 1927 entlassen, wurde ihm die Änderung des Familiennamens in Richter erlaubt. Er arbeitete als Ver-

treter, soll sich aber im zivilen Leben nicht mehr zurechtgefunden haben. Zwar gab es immer noch »Anhänger«, die an seine Unschuld glaubten, aber zu der erstrebten Neuaufnahme des Prozesses kam es nicht. Auch nicht, als sein Anwalt Dr. Joseph Flandarak die Unschuld seines Klienten mittels eines Theaterstücks von der Bühne herab nachweisen wollte. Eine Aufführung 1935 im Wiener Volkstheater wurde von den Behörden des Ständestaates verboten, sie musste in Pressburg stattfinden und hatte keinen Erfolg. Hofrichter alias Richter soll dann einer der ersten Anhänger seines Vornamenkollegen Hitler in Österreich gewesen sein und starb, knapp nach dem Ende von dessen Drittem Reich 1945 in Wien.

Wie Karl Kraus schrieb, hatte er aber gerade das getan, wovon sonst alle Österreicher sich nur zu träumen getrauten.

Arbeitsklima: der Fall N. N.

Die Tragödie, die drei Menschenleben kosten sollte, war plötzlich und unvorhergesehen gekommen, in schrecklichem Kontrast zu ihrem Schauplatz, dem Büro eines renommierten bekannten Schweizer Bankinstituts.

Am Montag, dem 5. Juli 2004, trafen sich um 7.50 Uhr morgens die leitenden Herren aus der Abteilung für Finanzberatung und Finanzplanung der Züricher Kantonalbank, Filiale Tessinerplatz, zu ihrer täglichen Routinesitzung. Die Abteilung war eines der zentralen Unternehmensfelder des Instituts. Der frühe Beginn war keineswegs ungewöhnlich, sondern durch die Art ihrer Arbeit gegeben. Etwa zehn Minuten nach Beginn der Besprechung sahen Kollegen, die ebenfalls schon so früh an ihrem Arbeitsplatz waren, wie ein weiterer Mitarbeiter der Abteilung das Haus betrat und zum Sitzungszimmer im dritten Stock hinaufging. Er war auf Urlaub gewesen, »ferienabwesend«, wie später der Polizeibericht schrieb, und trug seltsamerweise immer noch, ganz gegen die Gebräuche der Bank, die von allen ihren Mitarbeitern seriöse Kleidung verlangte, Freizeitbekleidung. Vor dem Sitzungszimmer zögerte er kurz und trat dann, um acht Uhr, ein, zog eine Faustfeuerwaffe und schoss, ohne ein Wort zu sagen, auf den die Sitzung leitenden Chef der Abteilung, der, in den Kopf getroffen, über dem Tisch zusammenbrach. Dann zielte er auf den rechts sitzenden stellvertretenden Abteilungsleiter, doch die Waffe versagte. Diesen Umstand benützten jener und der zweite noch im Sitzungszimmer verbliebene Herr zur Flucht. Die Pistole funktionierte wieder, aber der nächste Schuss ging, ohne jemanden zu verletzen, in die Decke. Einer der stellvertretenden Abteilungsleiter, auf den der Täter zuvor gezielt hatte, brachte sich in einem Nebenraum in Sicherheit, der andere floh auf den Gang, der Schütze hinter ihm her. Im Laufen gab er zwei Schüsse ab, die sein Opfer von hinten in den Kopf trafen. Dann versagte die Waffe wieder und der Täter verzichtete, offenbar deswegen, auf die Verfolgung des dritten Sitzungsteilnehmers. Ohne sich um den Getroffenen zu kümmern, ging er, immer noch die Waffe in der Hand, in sein Arbeitszimmer im nächsthöheren Stock.

Einem Kollegen, der schon im Büro anwesend war und arbeitete, sagte er ruhig und ohne jede Emotion, er habe gerade zwei Chefs erschossen. Dessen Versuch, ihm die Waffe zu entreißen, misslang, im Gegenteil. Unter vorgehaltener Pistole wurde er gezwungen, den Raum zu verlassen. Hinter ihm sperrte der Täter die Türe mit einem Schlüssel von innen ab.

Inzwischen hatten Mitarbeiter, die natürlich die Schießerei gehört hatten, über den Notruf die Polizei alarmiert. Um sechs Minuten nach acht Uhr wurde der erste Anruf registriert. Genaue Angaben oder Einzelheiten konnten die hörbar erschreckten und aufgeregten Anrufer nicht geben. Die Polizei konnte sich daher kein klares Bild von den Vorgängen machen. Sie vermutete entweder einen Banküberfall oder einen Amokläufer und entschloss sich sicherheitshalber zu einer größeren Aktion. Die Kantonspolizei rief die Interventionsabteilung der Stadtpolizei »Skorpion« zu Hilfe. Aus dem Gebäude mussten zuerst die Verletzten geborgen und die etwa achtzig Mitarbeiter evakuiert werden. Dabei war vorsichtig vorzugehen, da niemand wusste, wo sich der oder die Schützen aufhielten.

Entsprechend mit Schutzschildern, Helmen und kugelsicheren Westen ausgerüstete Sicherheitskräfte begannen mit der Durchsuchung des Bürohauses vom Erdgeschoß aus. Die Umgebung des Gebäudes wurde weiträumig abgesperrt, der gegenüberliegende Bahnhof Enge geschlossen. Die um diese Zeit besonders zahlreichen Pendler durften das Gebäude nicht verlassen, eingehende Züge wurden umgeleitet. Eine Baustelle und das Café am Bahnhofsplatz wurden evakuiert.

Kurz nachdem das Parterre der Bank durchsucht worden war, hörten die Sicherheitsbeamten einen Schuss im vierten Stock. Sie brachen die Tür zum Eckbüro auf, aus dem der Schuss gekommen sein musste, und fanden einen Mann in Freizeitbekleidung, offenbar den Täter, zusammengesunken über seinem Schreibtisch, die Pistole noch in der Hand. Er hatte sich durch einen Schuss in den Kopf selbst getötet. Seine zwei Opfer waren, knapp nach Einlieferung ins Krankenhaus, ihren schweren Verletzungen erlegen. Der Chef der Abteilung, 43 Jahre alt, und sein um weniges älterer Stellvertreter, beide Familienväter mit zwei Kindern.

Der Vorfall hatte naturgemäß großes Aufsehen erregt, und die Polizei entschloss sich sofort, eine Medienkonferenz zu geben. Der Täter, sagte Polizeisprecher Marco Cottesi, sei ein Mitarbeiter der Bank aus derselben Abteilung wie seine Opfer, 56 Jahre alt, verheiratet und ebenso Vater zweier Kinder. Das Motiv für die Bluttat wäre ein Arbeitskonflikt gewesen, der sich in den vergangenen Wochen entsprechend zugespitzt hätte.

Der Vertreter der Bank konnte – besser wohl wollte – zunächst zu dem Motiv keine näheren Angaben machen. Der Täter, seit März 2001 in der Abteilung, sei laut Personalabteilung bisher völlig unauffällig und auf seinem Gebiet erfolgreich gewesen. Er stand in ungekündigtem Arbeitsverhältnis und von einem Konflikt sei nichts bekannt geworden. Erst vor kurzem habe eine Mitarbeiterbefragung hohe Zufriedenheit der Angestellten und ein ausgezeichnetes Betriebsklima gerade in der betroffenen Abteilung ergeben. Auf insistierende Fragen der Journalisten musste er aber einräumen, es habe doch, möglicherweise, eine »kriselnde Arbeitssituation« gegeben, die »eskaliert« sei.

In Zusammenarbeit mit dem psychologischen Dienst der Polizei stellte die Bank ihre eigene Notfallsabteilung Carita zur Verfügung, um den Familien der Opfer und der des Täters sowie den erschreckten Mitarbeitern zu helfen.

Nach Auswertung der Befunde der Spurensicherung und der Zeugenaussagen war der Tatablauf weitgehend geklärt. Die Tatwaffe war noch in der Hand des Täters sichergestellt worden: eine Armeepistole SIG P 210. Er war ihr rechtmäßiger Besitzer gewesen. Als ehemaliger Sanitätssoldat hatte er die Waffe nach Beendigung seiner Militärdienstzeit behalten dürfen. Ungewöhnlich hingegen war die von ihm verwendete Munition: Teilmantelgeschosse des Kalibers neun Millimeter, die nicht zur Waffe passten und daher für die vielen Fehlfunktionen verantwortlich waren. Die Patronen waren für die Waffe zu kurz, die Hülsen wurden nach dem Schuss nicht automatisch ausgeworfen. Im Gebäude waren fünf Hülsen gefunden worden, was auch nach den Zeugenaussagen der Zahl der tatsächlich abgegebenen Schüsse entsprach. Alle drei Toten, Opfer wie Täter, hatten Schädelsteckschüsse erlitten, mit »schwersten Verletzungsmustern im Gehirn«, so der Gerichtsmediziner Bruno Volanthen – nicht ident mit dem später zitierten Politiker –, die »unüberlebbar« waren. Die an sich unpassende Munition hatte allerdings einen weit höheren Zerstörungsgrad als die Normalmunition. Also hatte der Täter mit Vorbedacht gehandelt.

Im Haus des Täters stellte die Kriminalpolizei einen Abschiedsbrief sicher, der kurz und sehr persönlich und an seine Familie gerichtet

war. Er bedauerte darin, was passiert war und »dass es so weit hatte kommen müssen«, nannte aber, zumindest laut Polizei, die aus persönlichen Gründen den Brief nicht öffentlich zugänglich machte, keinen konkreten Grund.
Der zuständige Staatsanwalt Thomas Moder bestätigte zwar, dass es am Arbeitsplatz »Spannungen gegeben habe« und dass der Täter dort »nicht zufrieden gewesen« sei. Es habe sich aber um einen Konflikt gehandelt, wie er »x-mal im Arbeitsleben« vorkomme und von außen als »harmlos« beurteilt würde. Wahrscheinlich, schwächte der Staatsanwalt ab, seien private Probleme dazugekommen.
Die ersten Zeitungsberichte über den Fall sprachen eindeutig von einem Tatmotiv, das im Arbeitsbereich, in einem Arbeitskonflikt mit den Chefs zu suchen sei. »Blutige Abrechnung am Arbeitsplatz« meldete die »Neue Zürcher Zeitung«, und auch international hatte die Bluttat Aufsehen erregt. »Drei Tote in Züricher Bank, offenbar wegen eines Konflikts am Arbeitsplatz«, schrieb die »Süddeutsche Zeitung«. Die Bank musste daher alles unternehmen, um ihren Ruf zu wahren. Ein Arbeitskonflikt mit so mörderischen Folgen gerade in der sensibelsten Abteilung, der Anlageberatung, durfte und konnte nicht sein. Es ging auch nicht nur um das konkrete Institut, es ging um das Bankwesen des ganzen Landes und daher konnte sich auch die Bank in ihrer Argumentation der Unterstützung höchster Stellen sicher sein. Nach der Pressekonferenz des ersten Tages war von einem Arbeitskonflikt als auslösendem Motiv nicht mehr die Rede. Private Probleme des Täters während seines Urlaubs wurden zum auslösenden Faktor erhoben; ganz im Sinn des Instituts und der Bankenwelt.
In einem zusammenfassenden Bericht in der »Weltwoche« griff Peter Holnstein, den Fall abschließend, unter dem vorausdeutenden Titel »Aus Mangel an Beweisen« die »Medienleute«, die von einem Arbeitsplatzkonflikt geschrieben hatten, frontal an, mit ungewöhnlich heftiger Wortwahl. Der Polizeisprecher, der in der ersten Pressekonferenz das Motiv genannt hatte, habe dafür keinerlei Beweise gehabt. »Liegen über die Ursachen eines unfassbaren Verbrechens keine gesicherten Informationen vor«, so schrieb Holnstein weiter, »grassieren Spekulationen und Geschwätz, und ihre Träger sind vor allem die so genannten Experten, Psychologen und andere Kommentatoren.« Peter Volanthen, ein linker Politiker zum Beispiel, habe in einem Interview mit der »Solothurner Zeitung« seinen »linken Zei-

gefinger flugs in Richtung Profitmaximierer« gerichtet und grundlos behauptet, es wundere ihn nicht, dass Derartiges nicht schon früher passiert sei, bei den »absehbaren Folgen der gesteigerten Belastung der Arbeitnehmer«. Ähnlich »läppisch« klassifizierte Herr Holnstein die Thesen des Psychologen und Dozenten am Zentrum für Unternehmensführung in Thalwil, Georg Penninger, der von der oft vernachlässigten sozialen Kompetenz auf Führungsebene im »Tagesanzeiger« gesprochen hatte, oder die Kommentare des Chefarztes der Psychiatrischen Klinik Königsfelden, Mario Etzensberger, der in der Boulevardzeitung »Blick« Vorgesetzten generell mangelnde Bereitschaft zur Konfliktlösung am Arbeitsplatz vorgeworfen hatte.
Am heftigsten ging Holnstein mit dem Polizeipsychologen Wolfgang Moos ins Gericht. Er doziere »ins Nichts hinein«, wenn er von »primären und sekundären Opfern« spreche, und wenn er meine, dass eine »Verkettung beruflicher und privater Probleme«, wie im konkreten Fall wahrscheinlich, dazu führen könne, »eigene Schutzmechanismen außer Funktion« zu setzen, so »plappere er mit wichtigem Gesicht Banalitäten«.
Der für eine Schweizer Qualitätszeitung ungewöhnlich scharfe Angriff war wohl als Verteidigung einer im Lebensnerv getroffenen Institution zu sehen. Die offizielle Lesart war damit geklärt: Dass das, was nicht sein darf, auch nicht sein kann.
Schwierigkeiten am Arbeitsplatz, wenn es sie überhaupt gibt, sind kein Mordmotiv, nicht in der Schweiz und schon gar nicht in einer Schweizer Bank. Daher wurde auch nichts Näheres mehr über die eigentliche Art des Arbeitskonflikts, der ja immerhin Grund für einen Dreifachmord gewesen war, publik. Obwohl der Staatsanwalt, allerdings nur in seiner allerersten Stellungnahme, angekündigt hatte, den Fall restlos und vollständig aufklären zu wollen.

Arbeit und Lebenssinn: der Fall Nelböck

Montag, 22. Juni 1936. Ein strahlend schöner Frühsommertag. Es würde sehr warm werden, Mittagstemperaturen für Wien zwischen 25 und 28 Grad versprach die Zentralanstalt für Meteorologie. An der Universität ging das Sommersemester zu Ende, die letzten Vorlesungen, die ersten Prüfungen wurden abgehalten. Viel Betrieb war zu erwarten. Marie Finder, im Reinigungsdienst beschäftigt, hatte deshalb besonders früh mit ihrer Arbeit begonnen. Um halb zehn war sie bereits im Parterre des rechten Flügels im Hauptgebäude angelangt und freute sich auf das Dienstende, als sie plötzlich über sich, auf der großen Freitreppe, die zum Dekanat und zu den Hörsälen der philosophischen Fakultät führte und daher Philosophenstiege genannt wurde, Laute und Geräusche hörte, die gar nicht in diese Umgebung passten. Vier knallende Revolverschüsse, knapp hintereinander, und dazu eine laute, erregte Männerstimme, die rief: »Da hast du es, Hund, verfluchter!«

Erschrocken ließ Marie Finder Eimer und Besen stehen und lief zum Treppenaufgang. Ein Mann lag, nach hinten zurückgefallen, seltsam verrenkt auf den Stufen. Ein Mädchen beugte sich über ihn. Studenten kamen aus den Hörsälen und gemeinsam mit Wachebeamten der Universität gelang es ihnen, den leblosen Körper, aus dessen Anzug Blut tropfte, den Halbstock höher ins Zimmer des Dekans zu tragen. Vorbei an einem jüngeren Mann mit Brille, der wie versteinert, noch den Revolver in der Hand, am Rand der Stiege stand.

Wenige Minuten später war auch die Rettung gekommen, aber der Arzt konnte nur mehr den Tod des Opfers feststellen. Zwei Schüsse in die Brust hatten das Herz getroffen und waren unmittelbar und sofort tödlich gewesen. Von den Studenten hatte Marie Finder auch seinen Namen erfahren: Moritz Schlick, Professor am philosophischen Institut und einer der auch international angesehensten Lehrer der Fakultät.

Die natürlich ebenfalls alarmierte Polizei kam, wohl des Schauplatzes wegen, in großer und prominenter Besetzung: Vizepräsident, Stadthauptmann und Oberkommissar. Der immer noch am Schauplatz stehende, inzwischen aber von zwei Wachmännern gehaltene Schütze ließ sich widerstandslos festnehmen und wurde in das Zimmer des Pedells geführt. Hofrat Höger begann das erste Verhör mit der Frage nach Namen und Daten. Der Verhaftete, der keineswegs erregt, sondern eher erleichtert oder befreit wirkte, hieß Hans Nelböck, war Doktor der Philosophie, am 11. Mai 1903 geboren, in Wien im siebten Bezirk, Westbahnstraße 35 in Untermiete wohnhaft und arbeitslos.

Auch über sein Motiv zu der Bluttat gab er emotionslos Auskunft. Schon seit Jahren habe Professor Schlick ihm jede Möglichkeit, eine Anstellung zu finden, verhindert, er allein habe sein Leben und seine Zukunft zerstört und deshalb habe er ihn töten müssen.

Für die Kriminalpolizei mit Präsident und Hauptmann an der Spitze war in diesem Fall nicht viel zu tun. Die Tat war vor Zeugen geschehen, der Täter geständig. Die Leiche des Opfers wurde in die Gerichtsmedizin überführt. Die Obduktion bestätigte die erste Diagnose des Rettungsarztes. Die zwei Schüsse ins Herz waren die Ursache für einen sofortigen Tod, die zwei weiteren Schüsse hatten den Oberschenkel und die rechte Hüfte getroffen. Der Täter wurde in Untersuchungshaft in das Polizeigefängnis überstellt, der Fall der Staatsanwaltschaft zur Anklageerhebung übergeben. Sie entschied sofort, dass die Verhandlung nicht vor dem Standgericht, seit dem Bürgerkrieg 1934 für politische Blutverbrechen eingeführt, sondern vor einem ordentlichen Geschworenengericht geführt werden müsse.

Die Tat erregte großes Aufsehen, vor allem natürlich wegen der Persönlichkeit des Opfers, auch in der internationalen Presse. Moritz Schlick war weit über die Universität Wien hinaus, an der er seit 1922 lehrte und Mitglied des philosophischen Instituts und des Professorenkollegiums war, bekannt. 1882 in Berlin geboren, hatte er bei Max Planck Experimentalphysik studiert und war an der Universität Rostock mit Albert Einstein bekannt geworden, dessen Relativitätstheorie er als Erster philosophisch deutete und den er beim Violinspiel am Klavier begleitete. Seine Philosophie war positivistisch und rein rational bestimmt. Sein System nannte er »logischen Empirismus«, Erkenntnis sei nur aufgrund rationaler Strukturen und deren Zusammenhänge möglich. In dem von ihm gegründeten »Wiener Kreis« diskutierten Naturwissenschaftler, Philosophen und Ökonomen nicht nur über Logik, sondern auch über Ethik und Ästhetik. Bis 1934 hatte er direkte Verbindungen zur Sozialdemokratie; zum

klerikalen Ständestaat, zum Austrofaschismus allerdings stand er in zwangsläufigem Gegensatz.
Zu den Berichten über den Mord brachten die Zeitungen des nächsten Tages ausführliche Nachrufe auf den Ermordeten – im »Neuen Wiener Journal« zum Beispiel schrieb sein Kollege Werner Kraft – und druckten internationale Beileidsschreiben ab. Die Persönlichkeit des Toten bestimmte von allem Anfang an die Tendenz und die Erörterung der Motive. Auskünfte stammten ausschließlich von Freunden, Schülern und Familienmitgliedern des Opfers, die selbstverständlich in seinem Sinn aussagten. Die Verantwortung des Täters blieb in der Öffentlichkeit bis heute hingegen weitestgehend ungehört und unberücksichtigt.
In den Verhören in der Untersuchungshaft und dann in der Verhandlung vor dem Geschworenengericht versuchte der Angeklagte, seine Tat zu erklären, aber auch er näherte sich im Lauf der Zeit, ob aus Eigenem oder auf Anraten der Verteidigung, immer mehr dem Standpunkt seiner Gegner.
Hans Nelböck stammte aus sehr einfachen, bescheidenen Verhältnissen. Sein Vater betrieb in Lichtenegg bei Wels in Oberösterreich eine kleine Landwirtschaft, die der Tradition folgend der ältere Sohn, Hans Nelböcks Bruder, übernehmen würde. Auch Hans Nelböck arbeitete zunächst in der Landwirtschaft und entschloss sich erst mit 14 Jahren, eine höhere Schule zu besuchen. Am Gymnasium Wels war er daher altersmäßig ein Außenseiter, absolvierte aber die acht Klassen mit Vorzug und maturierte mit Auszeichnung. Wie die Schule musste er sich auch das Universitätsstudium in Wien mit Nachhilfeunterricht verdienen. Von zu Hause konnte er kaum finanzielle Unterstützung erwarten. Er hatte am philosophischen Institut inskribiert, bei den Professoren Reininger und Schlick, bei dem er auch im März 1931 mit einer Dissertation über Logik, einen der zentralen Begriffe des Wiener Kreises, dissertierte. Zum Zerwürfnis mit seinem Doktorvater muss es knapp nach Abschluss des Studiums gekommen sein, warum, wurde nie ganz geklärt. Nelböck behauptete vor Gericht, ganz im Sinn seiner Ankläger, die materialistische Weltanschauung Schlicks habe ihm sein bisher sicheres, religiöses Weltbild zerstört und deshalb habe er ihn »bald zu hassen gelernt«. Was nicht sehr wahrscheinlich ist und eher wie ein nachträglicher Idealisierungsversuch des eigenen Motivs aussieht. Warum hatte er dann eine ganz

im Sinn seines Lehrers gehaltene Dissertation verfasst, noch dazu zu einem zentralen Thema dieser Lehre? Sicher ist, dass Nelböck nach der Promotion nicht, wie ursprünglich geplant, zur Prüfung für das Lehramt an Mittelschulen antrat oder antreten konnte. Schlick saß in der Prüfungskommission. Die Möglichkeit, sich den Lebensunterhalt durch Arbeit im eigenen Fachgebiet zu verdienen, war ihm damit genommen.

Nelböck musste sich weiter mühsam durch Stundengeben und Vorbereitungskurse über Wasser halten. Dabei dürfte er im Frühjahr 1931 Beziehungen zu einer Studentin namens Sylvia Borowicka aufgenommen haben – ihr Name wurde im Prozess aus persönlicher Rücksichtnahme nicht mehr genannt –, die einerseits, so behauptete sie zumindest, von Professor Schlick an ihrem Studium gehindert, andererseits mit amourösen Wünschen bedrängt wurde. Sie wünschte Rache, und Nelböck, ganz Ritter ohne Furcht und Tadel, erklärte sich dazu bereit – was Schlick hinterbracht wurde. Der fühlte sich bedroht und erstattete Anzeige bei der Polizei. Die ging der Sache nach und ließ am 27. Juni 1931 Nelböck zur Psychiatrierung in die Heilanstalt am Steinhof einweisen. Wieweit zu Recht oder nur dem bedrängten Professor zuliebe, war mangels Unterlagen schon im Prozess nicht mehr klarzustellen. Nach dreimonatiger Untersuchung wurde Nelböck als gesund entlassen. Aber derart als Geisteskranker abgestempelt, waren seine Chancen, einen auskömmlichen Beruf in Forschung oder Lehre zu finden, auf ein Minimum gesunken. Klar war für ihn, dass wieder Schlick dahinterstecken musste. Vor Gericht zitierte der Verteidiger ausführlich die Depressionen, an denen sein Klient in der Folge zu leiden hatte, die bis zum Suizidversuch führten. Ein Jahr verging, ehe Nelböck sich ein Herz fassen konnte, Schlick direkt zur Rede zu stellen. Dieser aber fühlte sich wieder bedroht, ging wieder zur Polizei und Nelböck kam wieder in die Psychiatrie, diesmal allerdings nur für drei Tage.

Wieder überfielen ihn Depressionen. Seine Zimmerwirtin sagte aus, er habe sich tagelang im Zimmer eingeschlossen, sei nur zu den wenigen Nachhilfestunden, die er noch hatte, außer Haus gegangen, habe nur in seinem mit Büchern vollgestopften Zimmer gelesen und geschrieben. Im Herbst 1935 aber schien Nelböcks Schicksal mit einem Mal eine positive Wendung zu erfahren.

Ein Kommilitone aus der Studentenzeit an der philosophischen Fa-

kultät, Leo Gabriel, nach dem Zweiten Weltkrieg Ordinarius für Philosophie an der Universität Wien, im Gegensatz zu Schlick aber eher einer Philosophie auf christlicher Grundlage zugetan, verschaffte ihm die Möglichkeit, seine Vorträge an der Wiener Volkshochschule zu supplieren und stellte ihm für das Sommersemester 1936 eine fixe Anstellung in Aussicht. Endlich die Möglichkeit, sich nicht nur durch Arbeit im eigenen Fach seinen Lebensunterhalt zu verdienen, sondern darüber hinaus auch das inzwischen entwickelte eigene System der Öffentlichkeit präsentieren zu können. Aber wieder kam, nach längerem Hinhalten, im Januar 1936 ein ablehnender Bescheid. Unterzeichnet hatte ihn Viktor Matejka, als Mitglied der sozialistischen Gewerkschaften Beauftragter für Volksbildung, nach dem Weltkrieg als Mitglied der Kommunistischen Partei erster Wiener Stadtrat für Kultur. Ganz sicher, wusste Nelböck, steckte wieder Schlick dahinter, der ja gute Beziehungen zur Sozialdemokratie unterhielt. Was Kollege Gabriel bekräftigt haben soll. Die Leitung der Volkshochschule aber bestritt. Es sei allein Nelböcks Aufenthalt in der Psychiatrie gewesen, sagte Matejka als Zeuge. Für Nelböck egal, denn in jedem Fall war sein Feind der Betreiber. Für ihn schien damit jede Möglichkeit auf Arbeit zunichte gemacht. Er sah für sich keine Zukunft mehr. Zumindest nicht, solange dieser Professor Schlick am Leben war.
Über den unmittelbaren Anlass zur Tat können nur Vermutungen angestellt werden. Der Staatsanwalt sah Vorsätzlichkeit und heimtückische Planung. Im August 1935 hatte Nelböck eine kleine Pistole erworben, während seiner Depressionen, sagte er. Um Schlick zu töten, sagte der Staatsanwalt. Der Täter selbst konnte auf die Fragen des Gerichts keine sinnvolle Antwort geben, verneinte auch, dass ein Wiedersehen mit Fräulein Sylvia Borowicka damit in Zusammenhang stand. Sicher ist, dass Nelböck zu Semesterende keine Stunden oder Kurse mehr bekam und deshalb das Drückende und Aussichtslose seiner Lage besonders nachdrücklich spüren musste.
Am Tag der Tat, am Montagmorgen, war Nelböck früh aus dem Haus gegangen – er müsse auf der Universität einiges erledigen. An seinem Benehmen sei ihr nichts aufgefallen, sagte Frau Köves, seine Zimmerwirtin. Nur, dass er kurze Zeit später wieder zurückgekommen und nach ein paar Minuten wieder weggegangen sei, wie wenn er etwas vergessen gehabt hätte. Die Pistole? Auch ein Bekannter, der Musikwissenschaftler Dr. Otto Rückemann, hatte an Nelböck nichts

Ungewöhnliches bemerkt. Beide hatten sich über philosophische Themen unterhalten. Nelböck aber war nach etwa einer Viertelstunde plötzlich aufgesprungen – er habe noch zu tun. Wahrscheinlich hatte er gesehen, wie Professor Schlick die Universität betrat, denn kurz darauf fielen die Schüsse.

Im Prozess am 24. Mai 1937 vor dem Wiener Schwurgericht erklärte sich Nelböck zwar für schuldig, hatte aber den Schwerpunkt seines Motivs geändert. Nicht mehr seine zukunftslose, von Schlick verursachte Notlage. Wahrscheinlich hatte auch der Verteidiger dazu geraten, denn es war klar, dass alle Zeugen, alles Freunde, Schüler oder Verwandte des Opfers, in dessen Sinn positiv aussagen würden. Professor Schlick sei als besonders hilfsbereit bekannt, hätte sich zwar von Nelböck verfolgt gefühlt, aber trotzdem nie Hass gegen ihn gehabt, im Gegenteil ihm zu helfen versucht und ihm sogar Stunden verschafft. Hauptreferent dafür war der Sohn Schlicks, im Prozess auch als Privatbeteiligter vertreten. Die Schüler schickten Briefe zum Lob ihres Lehrers, die vor Gericht auf Antrag der Staatsanwaltschaft vorgelesen wurden. Nelböck erweiterte deshalb seine Verantwortung. Schlick habe nicht nur seine materielle Existenz zerstört, sondern viel mehr noch, seine psychische. Infolge Schlicks materialistischer und amoralischer Philosophie sei ihm sein Glaube, seine Religiosität vernichtet worden. Um der möglichen Todesstrafe zu entgehen, betonte die Verteidigung dazu noch Nelböcks psychische Probleme, die von der nicht mehr genannten Studentin verursacht wurden. Offenbar sollte auf Geistesverwirrung am Tag der Tat und Affekt plädiert werden. Er habe daher auch nicht, wie Marie Finder gehört hatte, »du Hund« gerufen und geschossen, sondern nur »du Lüstling« gesagt. Die psychiatrischen Gutachter allerdings erkannten auf volle Zurechnungsfähigkeit. Dr. Stelzer sprach von einem Bündel an Motiven. Existenzangst und Eifersucht vor allem wären die Ursache der Tat gewesen. Hochgradige Erregung und Affekt könnten durchaus auch nach jahrelangem Verdrängen plötzlich zum Ausbruch kommen.

Der Staatsanwalt hielt an seiner Version vom geplanten, heimtückischen Mord fest. Nelböck hatte sich ja eine Waffe besorgt und auf der Universität Schlick aufgelauert, als dieser zu seiner Vorlesung ging. Auf die Frage, warum er dafür aber gerade eine Zeit mit vielen Zeugen und viel Betrieb und nicht eine einsame Straße in der Nacht ausgesucht hatte, gab er keine Antwort.

Die Geschworenen folgten der Version des Staatsanwaltes nicht, sondern berücksichtigten eher die ausweglose Situation des Angeklagten, sei es beruflich, ideologisch oder erotisch, und verurteilten Hans Nelböck wegen Totschlags im Affekt zu zehn Jahren schweren Kerkers.

Waren schon die zeitgenössischen Nachrichten über Tat und Urteil ein Musterbeispiel für die Tatsache, dass bei Taten gegen bekannte oder berühmte Personen ausschließlich die Version des Opfers Berücksichtigung findet, so gilt das in noch größerem Maß für alle späteren Berichte.

Die Philosophie Schlicks und des Wiener Kreises wird immer noch, bis heute, beachtet und diskutiert. Die Nachschlagewerke melden unisono, der Philosoph sei der Tat eines Irrsinnigen zum Opfer gefallen. Dabei war Nelböcks Zurechnungsfähigkeit gerichtlich bestätigt worden. Nelböck habe aus Eifersucht gegen den als Frauenfreund bekannten Professor gehandelt. Das erotische Motiv gefiel naturgemäß der Boulevardpresse am besten, auch wenn es nach dem Zeugnis der Gerichtspsychiater nur ein kleiner Teil des Motivbündels zur Tat gewesen war. Bis heute aber wird vor allem der ideologische Aspekt betont. Nelböck sei nichts anderes als ein Werkzeug der seit 1934 in Österreich herrschenden austrofaschistischen Ideologie gewesen und habe so einen »Erzfeind«, einen kritischen, aufklärerischen Denker mit großer Wirkung mundtot gemacht. Antisemitische Töne der Presse verstärkten diese Behauptung: Nicht nur Schlicks Lehre sei urban, zersetzend, religionsfeindlich und damit typisch jüdisch, sondern auch ihr Urheber gehöre dem Judentum an. Was nicht stimmte, denn zu den Vorfahren der Familie, die sich immer ausdrücklich als »arisch« darstellte, gehörte auch der Dichter Ernst Moritz Arndt, eine der Ikonen der deutschnationalen Bewegung. Schlick hatte von ihm den für Antisemiten jüdisch klingenden Vornamen übernommen. Sicher hatte der Austrofaschismus versucht, die Tat Nelböcks in seinem Sinn zu begründen:

Der arme, aufrechte, gläubige Bauernbub sei in der großen Stadt in die Fänge der amoralischen, zynischen Materialisten geraten und von ihnen vernichtet worden. Nelböck selbst tat in der Rechtfertigung vor Gericht das Seine dazu, um seinen Kopf zu retten. 1941 suchte er, inzwischen aus der Haft entlassen, um Tilgung der Rechtsfolgen und um Wiedererlangung des akademischen Grades an, indem er seine Tat als dem Nationalsozialismus vorausdienend darzustellen versuchte. Darauf gingen nicht einmal die Nazi-Gerichte ein und entschieden, freilich wegen möglicher Beispielwirkung, abschlägig. Ab 1943 bis zu seinem Tod 1954 arbeitete Nelböck in der Mineralölverwaltung, die ab 1945 von der sowjetischen Besatzungsmacht betrieben wurde. Einmal holte ihn seine Tat noch ein. Viktor Matejka, der wie erwähnt sein Anstellungsgesuch an der Volkshochschule abgelehnt hatte, war kommunistischer Stadtrat für Kultur in der Gemeinde Wien geworden. Als er Nelböcks Namen auf einer Liste fand, auf der die Stadtkommandantur besonders erfolgreiche Teilnehmer eines von ihr veranstalteten Russisch-Kurses verzeichnet und zur Ehrung durch den Bürgermeister vorgeschlagen hatte, strich er den ihm bekannten Namen. Noch in seiner 1984 erschienenen Autobiographie rühmt sich der Herr Stadtrat dieser nachtragend mutigen Aktion.

Ob es tatsächlich der berühmte Philosoph war, der Kraft seiner Stellung das Leben und die Zukunft seines Schülers systematisch zu vernichten suchte, oder ob, was wohl der Wirklichkeit mehr entspricht, diese Idee aus einem kleinen Anlass nur im Kopf des Unterlegenen zur Gewissheit wurde, durch weitere Vorfälle vermeintlich bestätigt, wird sich nie mehr restlos klären lassen. Die Stimme des unberühmten Täters kam und kommt gegen die des berühmten Opfers nicht an.

Professor Schlick war übrigens nicht das einzige berufsbedingte Opfer an der Universität Wien. Vier Jahre zuvor war der Professor der Medizin, Dr. Gustav Alexander, Spezialist für Hals-, Nasen- und Ohrenerkrankungen, einem Revolverattentat zum Opfer gefallen. Ein Patient hatte sich für eine seiner Meinung nach verpfuschte Nasenkorrektur gerächt.

Arbeiterbewegung: der Fall Kunschak

Nicht nur ausbeuterische, Blut saugende Chefs wurden (und werden) Opfer ihrer vorher gequälten, unterdrückten Untergebenen. Auch Vertretern der eigenen Klasse – Funktionären der Arbeiterbewegung – konnte, seltener natürlich, aber doch, ein ähnliches Schicksal aus ähnlichen Motiven drohen.

Am 11. Februar 1913 hatte Franz Schuhmeier, Abgeordneter zum österreichischen Reichstag der sozialistischen Partei, an einer Wahlversammlung in Stockerau, einer Kleinstadt nordwestlich von Wien, teilgenommen und fuhr mit dem Spätzug wieder in die Hauptstadt zurück. Schuhmeier war einer der führenden, sicher aber einer der bekanntesten Funktionäre der Partei. Vor allem als Redner ein Naturtalent, konnte er es als Einziger mit dem ebenso begabten Vertreter der ideologischen Gegenseite, dem populären Wiener Bürgermeister Karl Lueger, dem »schönen Karl«, aufnehmen.

Schuhmeiers Lebenslauf war beispielhaft für einen Vertreter der Arbeiterbewegung. 1864 in Ottakring, damals noch einem Vorort von Wien, geboren, stammte er aus äußerst einfachen Verhältnissen. Sein Vater war Bandmachergehilfe, seine Mutter Heimarbeiterin. Mangels Unterstützung war ihm der Besuch einer höheren Schule verwehrt. Als Hilfsarbeiter in einer Papierfabrik bildete er sich autodidaktisch, in Bildungsvereinen und so genannten Raucherklubs, Vorformen der sozialistischen Parteiorganisation in der Verbotszeit. Als diese 1900 zum ersten Mal zu den Wahlen zugelassen wurde, siegte er überzeugend gegen den christlichsozialen Gegenkandidaten und zog für seinen Bezirk, zusammen mit dem Kollegen Reumann aus Favoriten, als erster sozialistischer Abgeordneter in den Wiener Gemeinderat.

Der Zug aus Stockerau war um 22.37 Uhr pünktlich am Wiener Nordwestbahnhof. Als Schuhmeier vom Perron in die Ankunftshalle ging, trat plötzlich ein jüngerer, unauffällig gekleideter Mann auf ihn zu, zog ohne Vorwarnung eine Pistole aus der Jackentasche, schrie: »Das ist meine Rache«, und schoss sofort. Schuhmeier brach, tödlich in den Kopf getroffen, zusammen. Reisende und Passanten stürzten erschreckt zu den Ausgängen, aber zwei mutige Eisenbahnbeamte

hielten den Attentäter fest. »Auslassen, ich mache nichts mehr, ich habe meine Tat vollbracht«, soll er, völlig ruhig, gesagt haben.
Die Kriminalpolizei führte noch im Bahnhofsgebäude das erste Verhör durch. Der Schütze hieß Paul Kunschak, ein in der Arbeiterbewegung, allerdings der ideologischen Gegenseite, nicht unbekannter Name. Sein Bruder Leopold war Funktionär der christlichsozialen Partei – nach dem Ersten Weltkrieg wurde er zu einem ihrer führenden Funktionäre, nach 1945 erster Nationalratspräsident und Mitbegründer der ÖVP.
Das Attentat habe er verübt, da Schuhmeier ihm zuerst seine Arbeit, dann überhaupt jede Möglichkeit, Arbeit zu finden, genommen und somit sein Leben zerstört habe. Er sähe für sich keine Zukunft mehr. Außerdem habe Schuhmeier durch seine mitreißenden, populistischen Reden bei ihm – wie bei vielen seinesgleichen – viel zu hohe Erwartungen geweckt, hinsichtlich Beruf, Einkommen, dem Leben überhaupt und dem Sieg der Arbeiterbewegung, und sei somit schuld an ihrer aller miserablen Lage.
Der Täter stammte, ebenso wie sein Opfer, aus einfachen, proletarischen Verhältnissen, aus demselben Vorort. Schuhmeier war sogar kurze Zeit sein Lehrer an einer Fortbildungsschule gewesen. Zuerst dem Sozialismus zugetan, trat Kunschak aber nach der Lehrzeit, wohl infolge des Einflusses seines Bruders und, wie er sagte, seines Lehrherrn, in Salzburg zu den Christlichsozialen über. Nach Auslandsaufenthalten, unter anderem in Argentinien und Südafrika, fand er im Januar 1905 eine Stelle als Dreher bei Siemens und Schuckert in Wien. Er weigerte sich aber dort, der Gewerkschaft beizutreten. Gewerkschaften, sagte er, seien ohnehin nur Humbug und überhaupt für die Katz. Deswegen betrieben sozialistische Vertrauensmänner angeblich seine Kündigung. Und tatsächlich wurde Kunschak mit Ende des Jahres entlassen.
Er ging, unterstützt von seinen Parteikollegen, deshalb mit einer Klage vor Gericht. Er sei von den Gewerkschaften erpresst worden. Er gewann den Prozess, den ersten dieser Art in Österreich. Zwei Vertrauensmänner wurden zu je vierzehn Tagen Arrest verurteilt. Der Erfolg hatte für Kunschak jedoch ausschließlich negative Folgen. Seine Bewerbungen wurden überhaupt nicht mehr berücksichtigt. Als er 1910 bei der Fahrzeugfabrik Gräf und Stift doch wieder eine Stelle gefunden hatte, weigerten sich seine Arbeitskollegen, mit ihm

zusammenzuarbeiten. Die Betriebsleitung gab den Streikdrohungen nach und sprach wieder die Kündigung aus. Seit dem Januar 1911 war Kunschak arbeitslos und musste von den Ersparnissen, die er im Ausland gemacht hatte, leben. Als diese nach einem Jahr auszugehen drohten, beschloss er, Rache zu nehmen und ein Aufsehen erregendes Zeichen zu setzen. Gegen die Partei und deren bekanntesten Vertreter, die, wie er meinte, an seinem – und vieler anderer – Elend schuld waren.

Aus den Tageszeitungen hatte er von der Wahlversammlung in Stockerau erfahren und ursprünglich geplant, Schuhmeier schon im Zug auf der Fahrt dorthin zu töten. Unterwegs aber änderte er sein Vorhaben. Er stieg in Korneuburg aus, aß zu Abend und beschloss, sein Opfer am Bahnhof in Wien zu stellen. Das Aufsehen dort würde zweifellos größer sein. Zufällig aber nahm er denselben Zug und stand plötzlich in der Ankunftshalle Schuhmeier gegenüber. Ohne lang zu zögern zog er seine Waffe.

Schuhmeiers Begräbnis am 16. Februar wurde zu einer machtvollen Demonstration der Sozialdemokratie, misstrauisch beobachtet von den Christlichsozialen, der noch führenden politischen Kraft der Stadt, und von der Polizei der Monarchie. Über eine Viertelmillion Menschen wohnten dem Trauerkondukt bei.

Der Prozess gegen Paul Kunschak begann am 13. Mai 1913 vor dem Geschworenengericht in Wien. Die Kommentare der christlichsozialen Presse betonten vor allem Kunschaks aussichtslose Lage als Motiv – eigentlicher Schuldiger sei die sozialistische Partei und ihre Ideologie des Klassenkampfs. Ein armer, schuldloser Mensch sei in die Räder dieser aggressiven Vernichtungsmaschine geraten und hätte aus ohnmächtiger Wut und Enttäuschung sich so aus einer ausweglosen Lage zu befreien versucht: Die »Reichspost« schrieb: »Nur wer die Erbitterung kennt, mit welcher der gewerkschaftliche Kampf geführt wird, nur wer Einblick hat in die Erbarmungslosigkeit, mit welcher hier die sozialistische Organisation den Klassenkampf gegen jene Klassengenossen führt, die sich der sozialistischen Organisation nicht freiwillig unterwerfen, kann eine Erklärung für die Tragödie am Nordwestbahnhof finden!«

Das »Deutsche Volksblatt« sekundierte mit antisemitischen Tönen, die freilich auch Schuhmeier nicht vermieden hatte, wenn er populistisch gegen das Großkapital zu Felde zog. »Was muss der Mann

gelitten haben, der die Waffe gegen Schuhmeier richtete, als den Repräsentanten jener Partei, die, blind einem jüdischen Parteidogma gehorchend, mit wirtschaftlicher Vernichtung gegen ihn vorging, ihm das Recht auf Arbeit, die Freiheit des Erwerbs raubte, nur weil er seine politische Überzeugung nicht ändern wollte.«
Der Staatsanwalt und der Vorsitzende, Dr. von Heidt, widersprachen der Notsituation. Der Angeklagte wurde für zurechnungsfähig erklärt, er habe nicht in berechtigtem Affekt gehandelt. Die Geschworenen unter dem Vorsitz eines Barons Korb von Weidenheim, unter denen sich kein Vertreter der Arbeiterschaft befand, sprachen Kunschak des heimtückischen, geplanten Mordes schuldig. Er wurde zum Tod durch den Strang verurteilt. Ein klarer Fall von Klassenjustiz, was aber weder die sozialdemokratische noch die christlichsoziale Presse zu schreiben wagten. Dem Gnadengesuch an den Kaiser schloss sich sogar die Witwe des Opfers, Cäcilie Schuhmeier, an und ihm wurde stattgegeben. Die Strafe verminderte sich auf 20 Jahre schweren Kerkers, von denen Kunschak aber nur fünf Jahre verbüßen musste. Mit dem Ende der Monarchie wurde er am 20. November 1918 amnestiert und aus der Haft in die Freiheit entlassen.

Arbeitsplatz und Ausbildung

Minderlohn: der Fall Werner und Grosse

»Dank den Frommen im Lande ruht sonntags der Verkehr; die Geschäfte sind geschlossen; [...] denn Gottesfurcht und fromme Sitte sollen keine leeren Begriffe sein; die Sonntagsheiligung gilt als probates Mittel gegen den Umsturz. Handel, Geschäft und Gewerbe ruht; eins ruht aber auch am Sonntag nicht, das ist das Verbrechen; es ruht um so weniger, je förderlicher ihm eine erzwungene und übertriebene Sonntagsruhe ist, die manche gewohnte und natürliche Lebensthätigkeit unterbricht. Was hat der Verbrecher mehr zu fürchten als die allgegenwärtige Presse, die Macht der Öffentlichkeit und die zum Schutz für Leben und Vermögen berufene Polizei? Aber es ist Sonntag und da ist der Arm der Presse gelähmt. Eine grauenvolle That ist vollbracht, mitten in dem beliebtesten Theil der Reichshauptstadt im Herzen Berlins; sie ist verübt an einem der bedeutendsten und angesehendsten Anwälte unter Umständen, die allgemeines Entsetzen erregen. Aber es ist Sonntag ... «

Unrecht hat die »Vossische Zeitung« nicht mit diesem Kommentar auf Seite eins. Möglicherweise wären die Täter eher gefasst worden. Möglicherweise. Denn in der Frühe des Sonntags, des 18. Oktober 1896, ist »eine Blutthat verübt worden, deren Opfer ein in weiten Kreisen bekannter, hochgeachteter und angesehener Mann wurde. Justizrath Meyer Levy ist in seinem Schlafzimmer ermordet worden. Die beiden Thäter sind entflohen und konnten bis heute Mittag noch nicht ermittelt werden. Nach der Auffassung der Polizei handelt es sich nicht um einen Racheakt, wie vielfach geglaubt wurde, sondern um die That von Dieben, die es auf die Beraubung des Justizraths abgesehen hatten und zum Mord schritten, weil sie in der Person des Mannes ein Hinderniß für ihre Absicht erkannten, das sie aus dem

Wege zu räumen suchten. Man vermuthet, daß die Einbrecher durch eine Zeitungsmeldung, wonach dem Justizrath Levy eine Million Mark aus dem Meyerschen Nachlaß zur Vertheilung an die Erben zugegangen sei, auf die Vermuthung gekommen wären, bedeutende Beträge in der Wohnung vorzufinden. Weiter glaubt die Kriminalpolizei, daß es nicht gewohnheitsmäßige Verbrecher waren, sondern Leute, die sich für diesen besonderen Fall verbunden hatten. Man schließt dies aus der großen Ungeschicklichkeit, die bei der Ausübung des Verbrechens zu Tage trat. Die Verbrecher sind, nachdem die Hausthür morgens von einem Bäckerjungen, der die Frühstücksware abtrug und sich im Besitz des Hausschlüssels befand, geöffnet worden war, gegen sechs Uhr von der Straße hereingekommen und sind eine gewundene Treppe im Vorderhause bis zum Absatze in der halben Höhe des zweiten Sockels hinaufgestiegen. Die zwei Thäter stiegen nun vom Treppenabsatz aus durch ein großes Flurfenster auf die Seitengalerie hinaus, gingen durch die Glasthür, die nicht verschlossen war, in das Eßzimmer hinein und sahen von hier aus durch die offene Thür Levy und Frau im Bette liegen. Die beiden Verbrecher gingen um das Bett der Frau Levy herum gleich an das des Justizrathes heran, und einer von ihnen stieß mit einem Messer sofort auf diesen los und verwundete ihn durch Stiche im Genick, am Kopfe und an der Brust, ohne ihn gleich anfangs tödlich zu treffen. Der alte Herr fuhr in die Höhe und das Geräusch, das dabei entstand, weckte auch seine Frau. Diese sprang, während fast zu gleicher Zeit auch der Mann aus seinem Bette halb herausfiel und halb herausstieg, auf und eilte um Hilfe schreiend an dem Bette des Mannes vorbei nach dem Zimmer zu, in dem das Dienstmädchen schlief. Dabei erhielt sie von dem einen Mordgesellen zwei Messerstiche in Schulter und Hand, die glücklicher Weise nicht bedeutend sind. Justizrath Levy schleppte sich seiner Frau nach zu dem Schlafzimmer des Dienstmädchens und brach hier zusammen. Das Mädchen, das unterdessen wach geworden war und sich halb angekleidet hatte, brachte den alten Herrn in das Schlafzimmer zurück und legte ihn in das Bett seiner Frau, weil sein eigenes mit Blut über und über besudelt war. Dann eilte es auf die Straße den Mördern nach, die das Weite gesucht hatten. [...]
Mit welcher Frechheit die Mörder vorgegangen sind, geht daraus hervor, daß sie, während die Überfallenen laut um Hilfe schrien, in einem dritten Zimmer noch alles durchsuchten. Eine Frau, die im

dritten Stock des Hauses wohnt und von den Hilferufen erschreckt hinauseilte, sah einen der Verbecher auf der Galerie stehen. Sie rief ihn an: ›Herrjeh, was ist denn bloß los, brennt's denn?‹, worauf dieser ganz harmlos antwortete: ›Na gewiß ist was los!‹ Hierauf nahm er seinen Überzieher, der über der Galerie hing, und entfernte sich ohne große Eile. Auffallend erscheint es, daß eine Menge von Personen die Thäter am hellen Tage flüchtend gesehen haben wollen und daß diese dennoch bis jetzt noch nicht gefaßt worden sind.
In einer polizeilichen Bekanntmachung, die erst heute früh an den Säulen erschienen ist, werden die Verbrecher wie folgt geschildert: 1) untersetzt, 1,65 Ztm., ca. 25 Jahre, Anflug von Schnurrbart; schwarzen steifen Hut; 2) etwa 20 Jahre, weicher schwarzer Hut, Anflug von Schnurrbart. Die Kleidung des einen muß mit Blut besudelt sein. Von der Familie sind 500 Mk. für die Ergreifung der Mörder ausgesetzt worden. Im Laufe des gestrigen Tages und in der verflossenen Nacht sind viele Sistierungen vorgenommen worden, indeß befanden sich die Verbrecher nicht unter den vorgeführten Personen. Zunächst wird von der Kriminalpolizei auf einen ehemaligen Büreaugehilfen des Justizraths Levy gefahndet, der um letzte Weihnachten herum wegen Diebstahls entlassen wurde. Die Entlassung ist damals durch den Büreauvorsteher Levys erfolgt. Besonders gravierend für den Gesuchten ist es, daß dieser angeblich einmal dabei ertappt worden ist, wie er auf demselben Wege, den jetzt die Verbrecher genommen haben, vom Flurfenster aus über die Galerie in die Levysche Wohnung eingedrungen ist. Der Bursche ist in seiner Wohnung nicht angetroffen worden; es hat sich herausgestellt, daß er sich bereits seit vier Tagen dort nicht gezeigt hat.«
Das Mordopfer war in der Reichshauptstadt kein Unbekannter. »Justizrath Meyer Levy hatte im Berliner Anwaltsstande eine führende Stellung. Er wirkte seit dem Jahre 1872 in Berlin als Rechtsanwalt und Notar und war erst an den Gerichten der unteren Instanzen, später bis zu seinem Lebensende beim Kammergericht thätig. Bevor er nach Berlin übersiedelte, war er Rechtsanwalt in Fraustadt, Provinz Posen, seiner Heimathsprovinz, wo er am 17. Januar 1833 zu Wollstein geboren war. Im Jahre 1853 trat er als Auskultator in den Justizdienst. Mit seiner Gattin, geborene Hirschberg, lebte er in der glücklichsten Ehe, der sechs Kinder entsproßten, drei Söhne und drei Töchter. Von den Söhnen ist der älteste Assessor, der zweite Refe-

rendar und der dritte Student der Medizin, während die Töchter an Rechtsanwälte vermählt sind. [...] Seine Amtsgenossen wählten den durch außerordentliches Wissen ausgezeichneten Mann in den Vorstand der Anwaltskammer und als Vorsitzender des Anwaltvereins begrüßte Justizrath Levy noch vor wenigen Wochen den deutschen Anwaltstag in Berlin. Auch als juristischer Schriftsteller war Justizrath Levy hochgeschätzt. Sein Kommentar zur Zivilprozeßordnung gehört zum Handwerkszeug jedes Juristen. In der letzten Zeit beabsichtigte er auch einen Kommentar zum bürgerlichen Gesetzbuch zu schreiben, an dessen Entstehen er den lebhaftigsten Antheil genommen hatte.«

Am Dienstag glaubt sich die Kriminalpolizei »auf der richtigen Spur. Es handelt sich dabei um die Person des schon erwähnten jugendlichen Schreibers, der vor einiger Zeit aus dem Levyschen Büreau entlassen wurde und seit einigen Tagen sich aus der Wohnung seiner Mutter entfernt hat. Der Verdacht, bei der Ermordung des Justizraths Levy betheiligt zu sein, lenkt sich auf den früheren Schreiber Bruno Werner, am 16. Februar 1880 in Berlin geboren. [...] Werner war zwei Jahre lang im Büreau des Ermordeten beschäftigt und wurde nach Weihnachten 1895 wegen kleinerer Veruntreuungen entlassen; ihm waren die Wohnungsverhältnisse sowie die Gewohnheiten des Levyschen Ehepaares genau bekannt; er war auch vetraut mit dem nicht ungefährlichen Wege, den die Mörder am 18. d. M. morgens genommen haben. Denn es ist festgestellt, daß er wiederholt vom Flurfenster aus in die Levysche Wohnung über die am Speisezimmer und den hinteren Wohnungsräumen vorbeiführende Hofgalerie geklettert ist. Nach der Art und Weise, wie die That ausgeführt wurde, muß angenommen werden, daß es die Thäter auf die Geldschrankschlüssel abgesehen hatten. Werner wußte genau, daß diese der Ermordete stets bei sich führte und sie nachts entweder in der Beinkleidtasche oder im Nachttischchen verwahrte. Werner war von Januar bis Mai d. J. Schreiber beim Rechtsanwalt Golde und ist wegen dort verübter Veruntreuungen entlassen worden. In der Nacht vom 9. zum 10. d. M. ist in der Wohnung des Golde ein Einbruch ausgeführt, wobei der Thäter ebenso wie bei Levy über die am Seitenflügel entlang führende Galerie in die Wohnung gedrungen ist. Werner war dann in den Nagloschen Werken und in einem Drogengeschäfte beschäftigt. Diese Stellung hat er plötzlich aufgegeben unter der Vorgabe, Stellung

bei den Elektrizitätswerken gefunden zu haben. Seit dem 16. d. M. ist er in die Wohnung seiner Mutter nicht gekommen.« In einer Photographie des Werner glaubt ein Zeuge einen der flüchtenden Burschen wiederzuerkennen.
Mittwoch: »Die Kriminalpolizei hat einen der Mörder des Justizraths Levy ergriffen. Es ist der 17jährige Schlosserlehrling Wilhelm Grosse. Er ist geständig und bezeichnet als Anstifter und Mitthäter den gestern abend noch nicht ergriffenen früheren Schreiber Levys Bruno Werner. [...] Grosse trägt die linke Hand, die er sich bei der Mordthat verletzt hat, in einem Verbande. Auf Grosse wurde der Verdacht durch den Arzt, bei dem er sich am Sonntag früh hatte verbinden lassen, gelenkt. Die Kriminalkommissare Braun und Klatt begaben sich Montag nachmittag nach dem Hause Georgenkirchstraße 53, wo Grosse bei seiner Mutter, der Witwe E. Grosse, wohnt. Eben dort wohnt der der Anstiftung und Mitthäterschaft bezichtete frühere Schreiber des Justizraths Levy Bruno Werner. Wilhelm Grosse hat zugestanden, der Frau Levy zwei Messerstiche beigebracht zu haben; er hat sich dabei selbst an der Hand verletzt. Der Arzt einer Sanitätswache, wo er sich später die Hand verbinden ließ, machte von dem, was er gesehen hatte, dem Bruder des Grosse brieflich Mittheilung. In der nun als richtig erwiesenen Vermuthung, daß der Verletzte bei der Ermordung des Justizrathes Levy betheiligt sein könnte, ging der ältere Grosse gestern Nachmittag um ein Uhr mit dem Briefe des Arztes zum Polizeipräsidium am Alexanderplatz. Auf Grund des Briefes machten sich Beamte auf die Suche, bis es ihnen gelang, den Verfolgten im Grunewald zu fassen. Der Festgenommene hatte seit mehreren Tagen nichts genossen, da er ganz mittellos war; er sieht daher sehr elend aus. Die Verhaftung des Werner glaubt man nun ebenfalls bald bewirken zu können.«
»Die Angaben, die der festgenommene Buchdruckerlehrling Willy Grosse über den Hergang bei der Ermordung des Justizraths Levy gemacht hat, scheinen durchweg auf Wahrheit zu beruhen und bestätigen bis aufs einzelne die Kombinationen der Kriminalpolizei. Die That sollte schon am Morgen des 17. Oktober ausgeführt werden und zwar in der Art, daß Werner und Grosse an der Vorderthür klingeln, das öffnende Dienstmädchen mit dem Dolchmesser niederstoßen, dann die Levyschen Eheleute ermorden und den Geldschrank, dessen Schlüssel zu finden sich Werner anheischig gemacht hatte, aus-

rauben wollten. Dieser Plan mißlang, weil das Dienstmädchen die Vorderthür nicht öffnete und den Burschen zurief, sie möchten die Kiste Papier, die sie angeblich an den Justizrath abliefern wollten, zu einer geeigneten Tageszeit bringen. Werner machte nun den Vorschlag, den Plan am folgenden Morgen, dem Sonntag, auszuführen und in die Levysche Wohnung auf dem ihm bekannten Wege durch das Flurfenster und die Hofgalerie einzudringen. Bis zur Öffnung der Hausthür durch den Bäckerjungen haben sich Werner und Grosse nach Angabe des Grosse auf der Straße umhergetrieben. [...] Nachdem Werner und Grosse aus dem Speisezimmer durch die offenstehende Thür in das Schlafzimmer eingedrungen waren, haben sie sich mit erhobenen Dolchmessern auf das Ehepaar gestürzt und zwar Werner auf den Justizrath und Grosse auf die Justizräthin. Da diese sich etwas aufgerichtet hatte, suchte Grosse sie mit der linken Hand niederzudrücken, während er mit der rechten Hand auf sie losstach. Dabei hat er sich die linke Hand durchstochen. Hierdurch erklären sich die starken Blutspuren und Blutspritzer, die auf der Galerie, am Flurfenster und im Treppenflur bemerkt worden sind. Nachdem die Hilferufe der Frau die Mörder zur Flucht bestimmt hatten, ist der eine in der Richtung nach dem Gendarmenmarkt, der andere nach dem Wilhelmsplatz zu gelaufen. Dann haben sie sich beide an einem verabredeten Punkte im Thiergarten getroffen und sind nach dem Grunewald gegangen, wo sie auch zwei Nächte zugebracht haben. Sie hatten noch einige Pfennige bei sich und haben sich dafür Nahrung in Spandau gekauft. Am Mittag des 20. Oktober hat sich Grosse von seinem Mitschuldigen getrennt und ist nach der Wohnung seiner Mutter zurückgekehrt. Zwar erzählte er, daß er sich seine Hand an einer Glasscheibe verletzt habe, dies wurde ihm indeß von seinen Angehörigen nicht geglaubt. Bei der Kriminalpolizei war inzwischen ein Schreiben des Arztes, der den Grosse auf der Sanitätswache verbunden hatte, eingegangen. Der Arzt hatte in den Zeitungen gelesen, daß einer der Mörder stark mit Blut besudelt sein müsse, und hatte deshalb geglaubt, den Grosse mit dem Morde in Verbindung bringen zu können. Da Grosse in demselben Hause wie der von der Polizei schon am 18. Oktober verdächtigte und gesuchte Werner wohnt, so lag es nah, in ihm einen Genossen der That zu suchen und zu finden. Werner treibt sich anscheinend noch im Grunewald umher und wird eifrig nach ihm gesucht.«

Die Fahndung läuft. Bruno Werners Steckbrief hängt an Litfaßsäulen, ist in den Zeitungen gedruckt. »Beschreibung: Alter: 16 Jahre, Statur: schlank, Größe: 1,60 Mtr., Haare: blond, kurzgeschoren, Stirn: frei, Augenbrauen: blond, Augen: blau, Nase: gewöhnlich, Mund: gewöhnlich, Zähne: vollständig, Kinn: rund, Gesicht: oval, Gesichtsfarbe: gesund, Sprache: deutsch, Kleidung: dunkles Jackett mit Klappkragen, eine Reihe Knöpfe und in der Taille durch eine im Innern angebrachte Schnur zusammengehalten, graue Hose, schwarzer Hut. Besondere Kennzeichen: er hat auf dem Kopfe in der Nähe des Scheitels einen helleren Haarbüschel.« Die Stadt nimmt Anteil, sucht den Mörder. »Im Laufe des gestrigen Tages sind wieder allerlei Gerüchte aufgetaucht, die von einer Festnahme Werners wissen wollten. Er war aber bis gestern abend noch nicht ergriffen. Seine Mutter hat jetzt der Polizei erklärt, daß Bruno am Sonntag sofort nach der That nach Hause geeilt sei und dort mit seiner Mutter gesprochen habe. Seitdem will Frau Werner von dem Verbleib ihres Sohnes keine Kenntniß haben. Grosse hat, während er im Polizeipräsidium in Haft war, seinen Lebenslauf verfaßt. Der Stil seiner Ausarbeitung ist ungelenk, und auch mit der Rechtschreibung befindet sich der Verfasser auf Kriegsfuß, degegen überraschte seine Handschrift, die sich recht hübsch und flott ausnimmt. Die Aufregung über den Levyschen Mord hat weite Kreise erfaßt. Wo irgendjemand verhaftet wird, der eine entfernte Aehnlichkeit mit den Thätern zu haben scheint, verbreitet sich mit Blitzesschnelle das Gerücht ›der Mörder Werner ist gefaßt‹ und gleich sind Hunderte von Menschen zur Stelle. Gestern abend transportirte die Polizei durch die Königstraße einen jungen Menschen, und sofort waren alle Passanten angesichts der großen Menschenmenge ohne weiteres des Glaubens: Das ist der Mörder. Ein jeder wollte den Mörder sehen und folgte bis zum Polizeipräsidium, so daß die Polizei genöthigt war, die Menschenmenge zu zerstreuen. [...] Die Mutter des Werner hat sich in ihr unglückseliges Geschick ergeben. Sie hat zu einem Berichterstatter geäußert: ›Greifen Sie ihn, greifen Sie ihn doch nur, mehr will ich ja nicht! Alle Welt soll der Polizei suchen helfen! Ich habe ihn zu nichts Schlechtem erzogen, sondern nur zum Guten. Die Vormünde sollten sich mehr um ihre Mündel bekümmern.‹« Letztlich werden über 40 junge Männer verhaftet. Mancher wird als Täter anderer Delikte überführt. Doch Bruno Werner bleibt verschwunden. Am 29. Oktober endlich die Eilmeldung: »Bei verschiedenen eingegangenen Nachrichten soll der Mörder des Justizrathes Levy, Bruno Werner, in Zellerfeld a. Herz verhaftet worden sein!«

»Werner war am Spätnachmittage des Mittwochs in Gesellschaft von drei Handwerksburschen auf der Osteroder Chaussee nach Klausthal gekommen. Auf der Osteroder Straße hat die Gesellschaft sich nach der Verpflegungsstation des Ortes erkundigt und ist nach Zellerfeld, das mit Klausthal dicht zusammenliegt, gewiesen worden. Am Donnerstag vormittag hat der Mörder in Gemeinschaft mit anderen Pfleglingen und Kämmereiarbeitern auf den Straßen Zellerfelds, um seine Kost zu verdienen, Laub zusammengeharkt und ist aus der Goslarschen Straße den Anwohnern und Passanten durch sein knabenhaftes Aussehen aufgefallen; doch hat niemand den Mörder in ihm vermuthet. Dem Gendarmen Wickert fiel er zunächst durch seine ängstliche Zurückhaltung auf, dann wurde er an dem hellen Fleck erkannt, den Werner im Kopfhaar hat. Als er von Wickert herausgerufen und befragt wurde, erklärte er sofort: ›Ja, ich bin's, Werner.‹ Der Verhaftete weint fortwährend. Die Vernehmung durch den Amtsrichter ist noch im Gange. Wie nachts ausgegebene Extrablätter wissen wollen, hat Werner dem Gendarmen gegenüber angegeben, daß nicht er, sondern Grosse den Justizrath ermordet hat; er habe die Frau Levy gestochen. [...] Nach seiner Verhaftung erzählte Werner selber, auf der Reise habe er ›gar keine Scherereien‹ gehabt, überall sei er von Verpflegungsstationen aufgenommen worden. In Wernigerode habe er sich sogar bei der Polizei als obdachlos gemeldet und habe von ihr Nachtquartier angewiesen erhalten. Auffällig bleibt bei der Frechheit des jungen Burschen, sich auf den Verpflegungsstationen und sogar bei der Polizei als obdachlos vorzustellen, daß der Mörder seine Reise so weit hat ausdehnen können. So schlau wie der Zellerfelder Gendarm hätten am Ende noch andere Polizisten sein können, um so mehr, als die gesamte Polizeimacht durch den Steckbrief mobil gemacht war.«

Einen Tag später wird Bruno Werner überstellt. »Von der Kriminalpolizei war, um große Menschenansammlungen zu vermeiden, die Ankunftszeit des Mörders geheim gehalten worden. So kam es, daß auf dem Bahnhofe sich nur wenige Besucher eingefunden hatten. Pünktlich um 9 Uhr 23 Minuten fuhr der Schnellzug ein; in der Mitte des Zuges befand sich ein Waggon dritter Klasse, dessen

Nichtraucherabtheil zur Beförderung des jugendlichen Verbrechers gedient hatte. Sobald der Zug stand, beugte sich der Kriminalwachtmeister aus dem Abtheil und hinter der Gestalt des Beamten wurde der Mörder sichtbar. Im Nu hatte sich ein Menschenknäuel um das Kupee gedrängt. Der Kriminalwachtmeister entstieg dem Wagen und nun erblickte das Publikum den Verbrecher, der, als er die Menge gewahrte, zurückprallte und den Wagen gar nicht verlassen wollte. Werner war ungefesselt. Das Gesicht des jugendlichen Mörders war todtenblaß, er trug den chokoladenfarbenen Ueberzieher und den schwarzen Filzhut. Im Publikum wurden entrüstete Rufe beim Anblick des Mörders laut: ›Mörder‹, ›Schuft‹, ›schlagt den Hund todt‹. Die Kriminalbeamten bildeten eine Kette, und scheuen, gesenkten Blickes schritt Werner geleitet von einem Kriminalkommissar und einem Polizeiwachtmeister durch eine Seitenthür des Bahnsteiges, die zu dem Droschkenplatz führt. In einer Droschke wurde Werner sodann nach dem Polizeipräsidium gebracht, wo er übernachten sollte, nachdem er ein kurzes Verhör zu bestehen hatte. Werner blieb bei seinen Aussagen, daß nicht er, sondern Grosse die tödtlichen Stiche dem Justizrath Levy beigebracht habe. [...] Der Polizei erscheinen die Angaben des Werner, die in ihren Einzelheiten sehr genau sein sollen, glaubwürdiger als die des Grosse, der sich auf vieles nicht mehr will besinnen können.«

Kaum einen Monat später: der Prozess. Zwei Nachbarsjungen, 16, werden angeklagt. »Die beiden Mörder des Justizraths Levy, der am 16. Februar 1880 geborene Arbeitsbursche Bruno Werner und der am 6. Juli 1880 geborene Laufbursche Willy Max Grosse, standen heute vor der neunten Strafkammer des hiesigen Landgerichts I. Ihr jugendliches Alter macht es unmöglich, daß sie die ganze Schwere des Gesetzes trifft, und ist die Ursache, daß die Verhandlung nicht vor dem Schwurgericht, sondern vor der Strafkammer stattfindet. Die Anklage umfaßt nicht weniger als sieben Punkte, denn den jungen Verbechern fallen außer dem Kapitalverbrechen noch mehrere Diebstähle zur Last.

Präs.: Haben Sie die Schule alle Klassen hindurch besucht?

Werner: Ich kam bis zur ersten Klasse.

Präs.: Was wurde aus Ihnen nach Ihrer Einsegnung?

Werner: Ich kam als Schreiberlehrling zum Justizrath Levy.

Präs.: Wie lange blieben Sie dort?

Werner: Bis Anfang 1896.
Präs.: Warum kamen Sie dort fort?
Werner: Weil ich Gummischuhe gestohlen hatte.
Präs.: Wo fanden Sie dann Stellung?
Werner: Beim Rechtsanwalt Golde.
Präs.: Wie lange blieben Sie dort?
Werner: Bis Mai dieses Jahres.
Präs.: Wurden Sie dann entlassen?
Werner: Nein, ich ging.
Präs.: Warum?
Werner: Ich verdiente nur 30 Mk. monatlich.
Präs.: Mußten Sie das Geld Ihrer Mutter abgeben?
Werner: Jawohl, alles, ich behielt gar nichts für mich.
Präs.: Sie wurden nun Laufbursche in verschiedenen Geschäften, bis Sie anfangs September außer Stellung kamen?
Werner: Ja.
Präs.: Angeklagter Grosse, Sie sind der Sohn eines Postschaffners?
Grosse: Ja.
Präs.: Wann starb Ihr Vater?
Grosse: Als ich 10 Jahre alt war.
Präs.: Haben Sie einen schlechten Gang?
Grosse: Ja, ich hatte als Kind die englische Krankheit.
Präs.: Sie kamen ebenso wie Werner nach Ihrer Einsegnung zu einem Rechtsanwalt?
Grosse: Ja.
Präs.: Sie nahmen gleich ihm dann Stellung als Laufbursche?
Grosse: Jawohl.

Als Bruno Werner bei den Gebr. Naglo in der Anstellung beschäftigt war, führte er in Gemeinschaft mit Grosse am 9. August einen Diebstahl in folgender Weise aus: Die automatischen Kassetten der elektrischen Rundbahn wurden abends nach dem Betrieb von dazu angestellten Knaben nach einer Zentralstelle und von dort nach der Fabrik gebracht. Dem Werner, der sich zum Mittransport erboten hatte, gelang es, eine der Kassetten verschwinden zu lassen und dem Grosse zuzustecken, der sich mit ihr entfernte. Der Inhalt im Betrage von etwa 100 Mk. wurde nach Gewicht getheilt. Hierauf faßte Werner den Plan, den Rechtsanwalt Golde, bei dem er früher beschäftigt war, zu bestehlen. Er wußte, daß dort die Haus- und Wohnungsschlüssel

auf dem Telephonkasten zu liegen pflegten und der Büreauvorsteher die Einnahmen nur einmal wöchentlich, und zwar des Sonnabends, an die Frau Rechtsanwalt Golde, abzuliefern pflegte. Darauf baute er seinen Plan. Grosse sollte die Schlüssel stehlen und Werner wollte dann mit deren Hilfe sich der Kasse bemächtigen. Am 1. Oktober klingelte Grosse an der Wohnung des Rechtsanwaltes Golde und bat das ihm öffnende Dienstmädchen um die Erlaubniß, das Telephon benutzen zu dürfen. Dies wurde gestattet, Grosse simulirte ein telephonisches Gespräch und entwendete dabei die Schlüssel. Als die Frau Golde hinzukam, entfernte er sich schnell und übergab die Schlüssel dem wartenden Werner. Der Schlüsseldiebstahl war aber bemerkt worden, und die Frau Rechtsanwalt ließ noch an demselben Tage die sämmtlichen Schlösser ändern. Beide Angeklagten begaben sich in der Zeit vom 1. bis 9. Oktober zweimal zu der Goldeschen Wohnung; das erste Mal mußten sie unverrichteter Sache abziehen, weil die Wohnung bis spät erleuchtet war, das zweite Mal brach bei den Versuchen, die Hausthür zu öffnen, der Bart des gestohlenen Schlüssels ab. Am Sonnabend, 10. Oktober, schlich sich Werner in aller Frühe allein auf den Hof des Goldeschen Hauses, um allein den Diebstahl auszuführen. Unter dem Vorgeben, er sei Glaser und solle die Fenster der Goldeschen Wohnung verkitten, bat er einen Stallmann um eine Leiter. Er erhielt diese auch und gelangte so auf die an der Wohnung entlang führende Galerie und von dort in das Büreau. Hier erbrach er den Tischkasten des Büreauvorstehers, es fielen ihm jedoch nur 2,60 Mark baares Geld und für 1 Mk. Packetfahrtmarken zur Beute.
Nach diesem Mißerfolge reifte in den beiden Burschen der entsetzliche Plan, einen Diebstahl bei dem Justizrathe Levy, Mohrenstraße 53, auszuführen und die Levyschen Eheleute zu tödten. Werner wußte, daß der Justizrath sein Geld in einem eisernen Geldschranke verwahrte und die Schlüssel dazu bei Tage bei sich trug und nachts in nächster Nähe seines Lagers aufbewahrte. Die Schlüssel waren also nur zu erlangen, wenn dem Justizrathe Gewalt angethan wurde. Am 14. Oktober legten beide Angeklagten ihre Arbeit nieder. Werner erhielt 6 Mk. Lohn und besaß außerdem noch 1,50 Mk. Von diesem Gelde kauften sie für 5 Mk. zwei gleiche schwedische Dolchmesser. Am Abend des 15. Oktober wurde schon die Oertlichkeit ausgekundschaftet, die Ausführung der That wurde aber vereitelt, ebenso am 17.

Oktober. Als sie an diesem Tage an der Levyschen Wohnung klingelten, hörten sie das Geräusch von zuklappenden Thüren, sie verloren deshalb den Muth und gingen hinab, um von der Hintertreppe einzudringen. Beim Passiren des Hofes bemerkten sie auf der Galerie, die an der Levyschen Wohnung entlang führt, drei Personen. Sie gaben deshalb den Plan für diesen Tag auf und antworteten auf die an sie gerichtete Frage nach ihrem Begehr: sie brächten Papier, wollten aber des Trinkgelds wegen wiederkommen, wenn der Justizrath da wäre. Am 18. Oktober sind sie dann in aller Frühe durch das Flurfenster über die Galerie in das Schlafzimmer des Levyschen Ehepaares eingedrungen und haben kalten Blutes die furchtbare That begangen, deren Opfer der Justizrath wurde. [...]
Präs.: Wir kommen nun zu dem Hauptpunkt der Anklage, der Ermordung des Justizraths Levy. Wie sind Sie zu diesem furchtbaren Plan gekommen?
Werner: Weil wir doch bei Golde nicht recht etwas gefunden hatten, wollten wir bei dem Justizrath Levy einen Diebstahl ausführen.
Präs.: Wer ist zuerst auf den Gedanken gekommen? Doch wohl Sie, Werner, denn Sie wußten mit den Verhältnissen Bescheid.
Werner: Ich habe bloß mal leichthin davon gesprochen, durch vieles Hin- und Herreden ist es dann wirklich dahin gekommen.
Präs.: Grosse, Sie waren damit einverstanden?
Grosse: Jawohl, ich habe mich dazu bereit erklärt.
Präs.: Angekl. Werner, Sie haben früher einmal gesagt, daß Grosse Geld unterschlagen habe und dieses ersetzen mußte. Haben Sie daraus den verbrecherischen Plan gefaßt?
Werner: Das hat den Plan beschleunigt.
Präs.: Sie haben früher behauptet, daß, als Sie einmal zusammen die Mohrenstraße entlanggingen, der Plan, bei dem Justizrath Levy zu stehlen, in Ihnen gereift ist.
Werner: Das ist richtig.
Präs.: Wie wollten Sie denn den Diebstahl ausführen?
Werner: So wie er ausgeführt ist, durch Klettern auf die Galerie.
Präs.: Sie haben früher einmal angegeben, daß der Plan zunächst dahin gegangen sei, an der Wohnung des Justizrathes Levy zu klingeln, das Mädchen niederzustechen und den Diebstahl auszuführen. Sie wußten, wo der Justizrath sein Geld bewahrte?
Werner: Ich vermuthete es wenigstens.

Präs.: Sie behaupten, daß Sie zunächst nicht die Absicht hatten, zu morden, sondern Ihr Plan ging ursprünglich dahin, die Frau Justizräthin zu knebeln, Sie haben sich sogar für 5 Pf. Bindfaden dazu gekauft.
Werner: Ja.
Präs.: Sie vermutheten, daß im Bette rechts der Justizrath Levy und im Bette links die Frau Justizräthin schliefe.
Werner: Ja.
Präs.: Tatsächlich aber war es umgekehrt. Sie Werner sollten als der Schwächere sich auf den schwächlichen Mann, Sie Grosse, als der Stärkere, sich auf die kräftigere Frau werfen.
Werner: Ja.
Präs.: Ursprünglich war die That auf den 16. Oktober geplant. Sie hatten sich Dolche gekauft, und Sie, Werner, hatten das letzte Geld, was Sie besaßen, dazu verwendet?
Werner: Ja ...
Präs.: Nun, Werner, erzählen Sie, was Sie thaten, als Sie die Thür geöffnet hatten?
Werner: Eine Stimme fragte: ›Wer ist da?‹
Präs.: War es die Stimme des Justizrathes oder seiner Frau?
Werner: Es war die Stimme der Frau.
Präs.: Lag sie in dem Bette rechts oder links?
Werner: Ich hatte geglaubt, daß der Herr Justizrath im Bette rechts lag, aber ich sah, daß wir uns geirrt hatten, im Bette rechts lag die Frau Justizräthin. Ich stürzte sofort mit erhobenem Messer auf sie los und stieß gegen sie. Wohin ich traf, weiß ich nicht. Sie sank ins Bett zurück, ich stieß noch mehrere Male nach ihr, dann ergriff ich die Flucht, weil sie um Hilfe rief.
Präs.: Was machte nun Grosse in dieser Zeit?
Werner: Das habe ich nicht gesehen.
Präs.: Dem Richter in Zellerfeld gegenüber haben Sie sich aber viel bestimmter ausgedrückt. Sie haben damals gesagt, daß Sie gesehen hätten, wie Grosse auf den Justizrath eingestochen habe.
Werner: Nein, so bestimmt habe ich mich nicht ausgedrückt, ich habe nur gesagt, daß ich annehmen müsse, Grosse habe auf den Justizrath eingestochen, während ich mit der Frau zu thun hatte.
Präs.: Haben Sie den Herrn Justizrat denn nicht auch gestochen?
Werner: Nein, vorsätzlich nicht.

Präs.: Ja, was soll das heißen?
Werner: Als ich den ersten Stich gegen die Frau Justizrath geführt hatte, rief sie nun Hilfe, worauf der Justizrath von seinem Bette sich nach dem Bette seiner Frau hinüberbeugte, um ihr zu Hilfe zu kommen. Es kann sein, daß er dabei in die Nähe ihres Kopfes oder ihres Oberkörpers gekommen ist, und dabei ist es denn auch möglich, daß einige Stiche, die ich gegen die Frau richtete, den Mann trafen.
Präs.: Nun kommen wir zu Ihrer Thätigkeit, Angeklagter Grosse. Was thaten Sie, als die Frage ›Wer ist da?‹ aus dem Schlafzimmer ertönte?
Grosse: Wie verabredet war, sollte ich in das linke Bett stechen, in dem wir die Frau Justizräthin vermuteten. Ich stürzte in der Dunkelheit darauf zu, ich weiß aber nicht, ob ich den Herrn Justizrath gestochen habe, ich bin der Meinung, daß ich auf die Frau Justizräthin einstach. In der Aufregung mag es geschehen sein, aber ich weiß es nicht.
Präs.: Sie sind augenscheinlich bestrebt, die tödtlichen Stiche, die dem Justizrath zugefügt worden sind, einer dem anderen in die Schuhe zu schieben, aber ich kann Ihnen sagen, daß es für die Strafabmessung ganz gleichgültig ist. Sie haben beide gemeinschaftlich gehandelt, Sie mußten und wollten geplanter Weise das Ehepaar ermorden, um in den Besitz der Schlüssel zu gelangen um dann den Diebstahl ausführen zu können. Werner, sehen Sie dies ein?
Werner: Ja.
Präs.: Und Sie, Grosse, wollen Sie nicht lieber einräumen, daß Sie bewußter Weise die Stiche gegen den Herrn Justizrath führten?
Grosse: Ich muß dabei bleiben, daß ich glaubte, die Frau Justizrath vor mir zu haben, ich meine, nur auf die Frau Justizrath eingestochen zu haben.
Präs.: Hatten Sie nicht früher den Plan, sich bei der That mit Schußwaffen zu versehen?
Werner: Ja, aber wir wollten sie nur zu unsrer Vertheidigung benutzen. Erst wollten wir das Dienstmädchen, das uns öffnen sollte, niederstoßen, aber dann kamen wir zu der Ansicht, daß wir uns den Mord des Dienstmädchens ›sparen‹ konnten. Wir nahmen dann den Weg durch das Fenster und über die Galerie und flohen auf demselben Wege.
Rechtsanwalt Hofstädt: Bezüglich der Vorgänge nach der That möchte ich gern wissen, ob es richtig ist, daß Werner die Frechheit gehabt

hat, vor seiner ersten Flucht noch einmal zurückzukehren und das vor der Thür des Hauses Mohrenstraße 53 stehende, Hilfe schreiende Dienstmädchen zu fragen, was denn eigentlich los sei.
Dies wird durch Befragen des Werner bestätigt.
Rechtsanwalt Hofstädt: Schließlich möchte ich noch fragen, ob es richtig ist, daß er durch seine Thätigkeit bei Rechtsanwälten ganz genau darüber unterrichtet war, daß beide Angeklagte in Folge ihrer Jugend nicht zum Tode verurteilt werden können. Er soll erst nach der That den Grosse in dieser Beziehung unterrichtet haben.
Präs.: Werner, Sie haben doch ganz genau gewußt, daß Sie bei der Verübung eines Mordes nicht vor die Geschworenen gestellt und nicht zum Tode verurtheilt werden können.
Werner: Das war mir bekannt, aber Grosse wußte es auch ganz genau.
Grosse: Das ist nicht wahr.
Werner: Gewiß. Grosse sagte mir: Geköpft werden wir nicht. Wir sind in jugendlichem Alter, und da wird es heißen, es giebt mildernde Umstände und höchstens fünfzehn Jahre Gefängniß.
Grosse: Das ist nicht wahr.
Präs.: Werner, Sie haben einmal in der Voruntersuchung ausgesagt, daß Sie den Mord nicht ausgeführt haben würden, wenn für Sie Todesstrafe darauf stand.
Werner: Das lasse ich dahingestellt ...
Präs.: Hören Sie, Werner, Sie waren doch nicht in Noth, Sie verdienten Ihr Brod, was können Sie zu Ihrer Entschuldigung angeben?
Werner: Grosse war immer in Geldverlegenheit. Er brauchte immer Geld und ich mußte es anschaffen. Dadurch bin ich zu der That gekommen.
Grosse: Ich habe niemals Werner gedrängt, mir Geld anzuschaffen, wenigstens nicht so, daß er zu dieser That hätte bestimmt werden können. [...]
Die Beweisaufnahme ist beendet und der Staatsanwalt nimmt das Wort zu folgenden Ausführungen: ›Es ist eine ganz außerordentliche That, die heute dem Urtheile des Gerichtshofes unterbreitet worden ist. So kurz die Verhandlung gewesen ist, so hat sie doch ein Bild außerordentlicher sittlicher Verkommenheit zweier kaum dem Knabenalter entwachsenen Burschen entrollt. Es ist ein trostloses Bild, zu sehen, wie zwei Leute in diesem jugendlichen Alter im Strudel

der Großstadt von Fehl zu Fehl getrieben werden, lediglich aus Geldsucht, lediglich in dem Hange, auf jeden Fall sich Geld zu verschaffen. Die beiden Angeklagten sind Menschen, die nirgends bei ehrlicher und ruhiger Arbeit ausharrten, sondern immer die Erwägung mit sich herumschleppten, wo und wie sie wohl mehr verdienen könnten. Neben diesem Bild der Verwahrlosung ist es auch traurig zu sehen, wie diese halbwüchsigen Burschen kalt und gefühllos in ein glückliches Familienleben eingriffen. Die Angeklagten haben wie die Bestien gehandelt. Sie haben einer Frau ihr ganzes Glück geraubt und einen Mann hingeschlachtet, der eine Zierde seines Standes war. Die That, um die es sich heute handelt, hat in allen Kreisen die ungeheuerste Aufregung verursacht, die noch bedeutend wachsen mußte, als man sah, daß solch jugendliche Leute fähig waren, eine solche entsetzliche That kalten Blutes zu begehen. In der Oeffentlichkeit ist im Anschluß hieran die Frage erörtert worden, ob denn nun die gesetzliche Sühne der Schwere der That entspricht. Wenn man hört, daß diese jungen Burschen sich ganz klar darüber waren und diese Klarheit schon beim Ausbrüten des Planes in die Waagschale werfen, nämlich, daß ihnen höchstens 15 Jahre Gefängniß in Aussicht standen, so kann man sich in der That fragen, ob die Sühne genügt und ob solche Burschen nicht eine Strafe verdienen, die täglich und stündlich ihnen fühlbar zum Bewußtsein bringt, was es heißt, einen Menschen zu tödten. [...] Es ist schließlich ganz gleichgültig, wer nun gerade den tödtlichen Stich gegen den Justizrath geführt hat, es ist ganz gleichgültig, daß nun keiner der Thäter sein will. Mit vollständig klarer Überlegung aller Konsequenzen haben sie den Plan ausgeführt und mit einer Zähigkeit verfolgt, die erstaunlich ist. Mit welcher Frivolität sie gehandelt, ergiebt sich daraus, daß, als sie den ersten Plan des Diebstahls aufgegeben und den zweiten gefaßt hatten, Werner mit unglaublichem Zynismus sagte: ›Wir können uns nun das Dienstmädchen sparen!‹ Das ist empörend und furchtbar! Mit Rücksicht hierauf giebt es nur eine Strafe: die höchste, die das Gesetz zur Verfügung hat: Fünfzehn Jahre Gefängniß.‹ [...]

Der Vertheidiger sucht sodann auszuführen, daß die Angeklagten keine Berufsverbrecher seien, denn solche würden sich nicht so dumm und thöricht benommen haben, wie die Angeklagten es gethan. Mit für fünf Pfennige Bindfaden zwei erwachsene Menschen knebeln zu wollen, welche Einfalt und Dummheit! Das Verbrechen könne allerdings als ein, allerdings von den furchtbarsten Folgen begleiteter, ›dummer Jungenstreich‹ bezeichnet werden. Der Vertheidiger meint, daß Grosse wohl derjenige gewesen sei, der unter dem Einflusse des viel gewitzteren Werner gestanden habe. Das einzige, was man vielleicht für eine Milderung für Werner anführen könne, sei, daß er gern Indianergeschichten gelesen habe. Ueber das Strafmaß wolle er nicht sprechen, er wisse, daß er zu Richtern rede, die nicht abweichen würden von dem Grundsatz: ›Fiat justitia!‹

Das Wort wird dann dem Angeklagten Werner zu seiner Selbstvertheidigung ertheilt: Mit fester Stimme erklärt er, daß es nicht richtig sei, daß er den Grosse verführt habe. Umgekehrt sei es wahr. Grosse habe noch verschiedene Diebstähle und Schlechtigkeiten begangen. Schon in der Schule habe er Bücher gestohlen und sie verkauft. Er habe ihn auch zu überreden versucht, mit einer größeren Summe durchzubrennen, sobald ihm eine solche mal anvertraut werde. Der Angeklagte Grosse bezeichnete dies als Unwahrheiten. Seine Mutter habe ihn stets vor Werner gewarnt und gesagt, er solle nicht mit ihm umgehen, denn der habe nichts Gutes im Kopfe ...

Nach kurzer Berathung verkündet der Vorsitzende das Urtheil des Gerichtshofes. Um wenigstens die Sühne zu erreichen, die nach dem bestehenden Gesetz möglich ist, mußte auf die zulässige Höchststrafe erkannt werden. Auf die Frage des Präsidenten, ob sie sich bei dem Urtheil beruhigen wollen, erklärt Werner mit lauter fester Stimme ›Jawohl‹. Grosse, der während der Ausführungen des Staatsanwalts wiederholt geweint hat, erklärt sich gleichfalls zum Antritt der Strafe bereit.«

»Der Mordprozeß gegen Werner und Grosse hat gestern, wie zu erwarten war, mit der Verurtheilung der beiden Angeklagten zu der höchsten zulässigen Strafe, 15 Jahren Gefängniß, geendet. Es hat dabei auf Seiten der Staatsanwaltschaft nicht an von der gutgesinnten Presse her bekannten Andeutungen gefehlt, daß eine täglich und stündlich fühlbare Sühne für die beiden Verüber der abscheulichen That am Platze wäre. Wohl aber verdient die Art der Vertheidigung, die den beiden Angeklagten gewährt wurde, einige Beleuchtung. Das war ein seltsames Auftreten. Einer der Vertheidiger bezeichnete es als ein ›Unglück‹, als Rechtsbeistand für die beiden jugendlichen Mörder dienen zu müssen, beneidet den Staatsanwalt, weil dieser sich aussprechen könne, wie ihm ums Herz sei, und schreitet dann zu einer Vertheidigung nicht des Angeklagten, sondern des gemordeten Justizraths, der den in seinem Büreau ausgebeuteten Knaben immerhin genügend entlohnt habe, weil ihm außer dem Hungerlohn von 25 M. auch noch ein Mittagessen gereicht worden sei! So furchtbar die Tragödie war, die gestern ihren äußerlichen Abschluß gefunden hat; hier fing ein Stich ins Gräßlich-Komische an. Nach solcher Art der Vertheidigung kann es nicht überraschen, daß beide Rechtsanwälte sich beeilten, gleich dem Staatsanwalt, die höchste Strafe zu beantragen, die überhaupt in diesem Falle zulässig ist. Da nimmt es auch nicht weiter wunder, daß keiner der beiden Advokaten auf das für die Vertheidigung so dankenswerthe Gebiet der sittlichen Gefahren einging, denen die beiden jungen Menschen im Betriebe eines Rechtsanwalts ausgesetzt waren. Wurde solches etwa aus corps d'esprit, aus Pietät gegen den Ermordeten verschwiegen? Solche Rücksichten waren doch am allerwenigsten am Platze, wo es sich um einen Krebsschaden schlimmster Art handelt, wo es nöthig gewesen wäre, die Wirkungen eines Giftes zu zeigen, das viel schlimmer war als alle Indianerbücher zusammen genommen.

Vor kurzem war die unglückliche Mutter des Werner bei uns. Sie erzählte, wie ihr vierzehnjähriger Sohn sie in seiner Herzenseinfalt nach der Bedeutung gewisser in der Oeffentlichkeit kaum anzudeutender Worte und Ausdrücke gefragt habe, die er aus den Akten von Ehescheidungs- und ähnlichen Prozessen habe abschreiben müssen. Als er die Verlegenheit der Mutter gemerkt habe, sei er roth, feuerroth im Gesicht geworden. Später habe er nicht mehr gefragt. Der Junge mag anderweitig belehrt worden sein.

Wir wollen auf den einzelnen keinen Stein werfen, aber in der ganzen Art, wie noch im Knabenalter stehende junge Menschen von Rechtsanwälten ausgenutzt werden, liegt eine sittliche Gefahr, wie sie schlimmer kaum gedacht werden kann. Pflicht des Vertheidigers wäre es gewesen, rücksichtslos und sachgemäß alle Ursachen anzuführen, aus denen heraus ein sechzehnjähriger Knabe zum skrupellosen Verbrecher furchtbarster Art werden konnte. Ob andere Leute außer uns das vom Vertheidiger Versäumte nachholen werden und ob etwas geschieht, um die sittlichen Gefahren, denen junge Menschen bei denkbar niedrigster Entlohnung in Advokatenschreibstuben ausgesetzt sind, zu beseitigen?«

Kollegen: der Fall Henjes

Name:	Henjes
Vorname:	Berno
Geboren:	27. 2. 1933
Geburtsort:	Gelsenkirchen
Größe:	161 cm
Beruf:	ohne erl. Beruf
Gestalt:	schlank
Haar:	dunkelblond
Bart:	ohne
Schulterneigung:	waagerecht
Gesicht:	oval
Stirn:	hoch, senkr.
Augen:	dunkelbraun
Augenbrauen:	dicht
Nase:	mittel
Ohren:	mittel abstehend
Mund:	voll
Kinn:	rund
Haltung:	gerade
Sprache/Mundart:	hochdeutsch
Merkmale:	rechts an der Stirn eine Narbe

Urteilsbegründung vom 12. Oktober 1950: »Nach dem Gutachten des Psychiaters handelt es sich bei [dem siebzehnjährigen] Henjes um einen Jugendlichen, dessen Gefühle sich an der Oberfläche befinden und nicht in die Tiefe gehen. Er sei kokett wie ein Mädchen und achte sehr auf sein Äußeres. Dieser Eindruck wurde auch durch sein Verhalten vor Gericht weitgehend bestätigt, wenn auch die Tat und die Gerichtsverhandlung ihn beeindruckten. Eine Geistesstörung oder eine Geistesschwäche konnte der sachverständige Psychiater nicht feststellen, bejahte jedoch trotz genügender Intelligenz seine Unreife. Auch sei er oberflächlich, spielerisch, egozentrisch und leichtsinnig. Das fand das Gericht im Auftreten ohne Engagement und dem nachfolgenden »dezenten Einsammeln« bestätigt. Der vom Psychiater behaupteten Gefühlskälte widerspricht der rege Briefwechsel zwischen ihm und seinen Angehörigen. Er scheint sich gern als Beschützer zu fühlen. Wahrscheinlich hat es in den vergangenen Jahren an einem festen Halt und einer sachgemäßen Erziehung gefehlt. Henjes ist moralisch nicht verloren. Er wird, unterstützt von geeigneten Erziehungsmaßnahmen, sich in ein geordnetes Leben zurückfinden, zumal mit zunehmenden Alter eine gewisse sittliche Reife zu erwarten ist. [...] Die Tat ist vorsätzlich geschehen. Er ist jedoch kein Mörder, da er weder aus Mordlust noch aus Befriedigung des Geschlechtstriebs, aus Habgier oder sonst aus niedrigen Beweggründen tötete, vielmehr wußte er sich in seiner jugendlichen Unreife keine andere Möglichkeit als diese Tat. Trotzdem wurde auch der mildere Fall verneint, da Henjes nicht ohne eigene Schuld gehandelt hatte und er weder durch eine Mißhandlung oder schwere Beleidigung auf der Stelle zur Tat hingerissen wurde.«

Zwei Wochen vor Weihnachten, Dezember 1949: Vielleicht saß Berno Henjes in einem Café. Vielleicht las er Zeitung bei Muttern daheim. Vielleicht lag die »Berliner Palette« in der Kantine des Meininger Theaters. Berno ist im Hause Eleve beim Ballett. Auch in anderen Stücken hat er bereits dort auf der Bühne gestanden. Im letzten Schuljahr war jemand in seine Klasse gekommen und hatte die Kinder vom Theater begeistert. Berno ist stimmbegabt und hat sich für die Aufführung des »Wildschütz« gemeldet. »In der Folgezeit habe ich dann weiter als Tanzeleve im Meininger Landestheater mitgespielt. Später wurde dann in Meiningen eine Ballettschule gegründet, und nur Schüler dieser Schule wurden für die Aufführungen im Theater herangezogen. Für diese Schule mußte ich ein monatliches Schulgeld von DM 20,– aufbringen. Ich habe für andere Leute Holz gehackt, Wege besorgt usw., nur um mir dieses Schulgeld zu erarbeiten. Ich wollte Schauspieler werden. Ich habe nie einen Tag Berufsschule besucht, man hat mich auch nie dazu angehalten. Ich weiß nicht, wieso ich darum gekommen bin.« Am Theater fühlt sich der Junge aufgehoben, akzeptiert. Auch fühlt er sich erwachsen, eine ältere Balletteuse zeigte dem Eleven Liebe. Die Mutter kann ihren »Großen« finanziell nicht unterstützen. Vier Kinder hat sie zu ernähren. Seit zehn Jahren lebt sie in Meiningen. Seit zehn Jahren ist Bernos Vater vermisst. Auch ihr zweiter Ehemann blieb im Krieg. Die Familie lebt von der Wohlfahrt. Mit Stricken verdient die Mutter ein wenig hinzu. Berno

hat fünf Jahre die Schule besucht, für seine Familie ist er jederzeit da. Er liebt die Mutter, die Geschwister. Aber eines war Berno gewiss: Nirgendwo anders als auf einer Bühne möchte er arbeiten. Für diesen Traum tut er alles.
Die »Berliner Palette« war 1949 eines der wenigen Kulturblätter Deutschlands. Redaktionssitz: Ostberlin, Unter den Linden 54. Die Illustrierte berichtete nicht nur über Kunst in Berlin. Die »Palette« schreibt über neue Kinofilme, über Margot Hielscher, Bruni Löbel, Karl Schönböck als »feschen Paul«. Die Defa kündigt die Dreharbeiten zu »Bürgermeister Anna« an. Drehbuchautor: Friedrich Wolf. Ein neues Varietéprogramm wurde im »Haus Vaterland« probiert, die »Neue Scala« bringt Artistik. Der Premierenspiegel zeigt in Dresden die »Optimistische Tragödie«, in Bremen den »Zerbrochenen Krug«, Rostock inszenierte »Wassa Schelesnowa« und Chemnitz »Grube Stern« – das Sück gibt ein »aufschlußreiches Bild eines neuen Arbeitsethos der Bergarbeiter im Donezkgebiet«, geschrieben wurde es vom 24-jährigen Alexander Kornejtschuk. Ein junger Mann. Auch in dessen Heimat hatte der Krieg gewütet. Auch er kunstbegeistert.
Berno liest im Heft vom »Haus der Kinder« in Berlin. »Unweit von dem Bahnhof Frankfurter Allee, Am Stadtpark Lichtenberg, liegt es, das große weißleuchtende Paradies, das Haus der Kinder, in dem sich Träume der frühbegabten Kleinen erfüllen, Unterricht in den ihren Neigungen entsprechenden Fächern zu erhalten. Da herrscht blitzende, tadellose Sauberkeit auf allen Fluren, die Klassenzimmer sind Oasen moderner Pädagogik und überall studieren die kleinen Kursteilnehmer mit Eifer und Liebe zur Sache. Alle diese Kinder können ihre Talente in ernster Arbeit unter fachkundiger Leitung entwickeln und fördern, sie sind nicht auf die Einkommensverhältnisse im Elternhaus angewiesen, denn der Unterricht ist kostenlos. ›Wir erstatten ihnen sogar das Fahrgeld‹, sagt Herr Fölster in Vertretung des Direktors, ›und an unserem Unterricht kann jedes Kind aus jeder Wohngegend, ganz gleich ob Ost- oder Westsektor, teilnehmen. Die Zentralverwaltung für Volksbildung hat diesen großzügigen Plan ins Werk gesetzt.‹ Es macht Freude, überall die eifrigen Gesichter der Kinder, auf denen sich in den Pausen ein glückliches Lächeln zeigt, zu sehen. Man spürt, daß die Kinder ganz organisch ihren Anlagen entsprechend in einen Beruf hineinwachsen, dem sie leidenschaftlich ergeben sind und der deshalb nicht in erster Linie Broterwerb für sie

ist.« Chorgesang und Blockflöte. Malerei und Fotoklasse. Abteilung Technik. Arbeitsgemeinschaft Biologie. Auch ein Ballettkurs steht im Programm. Auf dem Foto sieht man die Eleven in Reihe. Ein Junge ist mit gutem Willen zwischen den Mädchen erkennbar. Würde Berno Henjes gern den Kurs belegen? Meiningen hat kein »Haus der Kinder«. Meiningen ist der »Palette« keine Zeile wert.

Vielleicht blättert Henjes weiter, liest Heiratsanzeigen: 32-Jährige, von Künstler geschieden. Wassersportler, geistig lebhaft, kriegsbeschädigt. Männer und Frauen suchen Gedankenaustausch und Briefwechsel. Kauf und Verkauf. Fernkurs in doppelter Buchführung und Bilanztechnik nach den Grundsätzen der Neuzeit. Berno Henjes liest: Stellenangebote. Berno ist 17 und hofft, dass ihn dies eine in seiner beruflichen Laufbahn schneller voranbringen wird: »Junger Artist sucht dringend Partner (16 bis 23 Jahre) für gute Nummer (Steptanz und Balance-Akt), evtl. auch Anfänger. Interessenten persönlich oder schriftlich mit Bild, Größen- und Gewichtsangabe an Roiko Naubitz, Dresden A-40, Windbergstr. 30.« Berno wird sich die Adresse notieren. Er wird Herrn Naubitz in Dresden schreiben. Herr Naubitz antwortet sofort mit einem Telegramm: »Engagiere als Partner – 14 Tage Probezeit – Wohnung und Kost frei – erwarte Sie Sonnabend 21. in Berlin – Roiko Naubitz.« Berno fährt nach Berlin.

»Am 21. Januar dieses Jahres lernte ich Herrn Roiko Naubitz in Berlin auf Grund einer von ihm gestellten Vakanz kennen. Er hatte dort im Westen ein Engagement in einer Bar ›Eremitage‹. Er war mit mir zufrieden, und wir wollten einen Vertrag abschließen. Gleich am ersten Tag bat mich Naubitz mit ihm aufzutreten. Alleine machte ihm seine Nummer keinen Spaß mehr. Er lieh mir seine Steppschuhe. Er erhielt keine feste Gage, sondern ist nach seinen Aufführungen mit einem Teller durch die Reihen der Gäste gegangen und hat eingesammelt. Ich habe mich dagegen gesträubt. Mir kam es auch als Bettelei vor. Auf meine Vorwürfe, daß ich mir das nicht so vorgestellt habe, machte er mir klar, daß es an der derzeitigen Lage liege und es schwer sei, ein festes Engagement zu bekommen. Seine artistische Nummer war bestimmt nicht schlecht, es steckte viel Arbeit dahinter. Die ersten 14 Tage erhielt ich kein Entgelt, er hat für mich alles Lebensnotwendige besorgt. Täglich haben wir in drei, vier Lokalen im Westsektor gearbeitet. Für 2 Mark kauften wir im Westsektor ein, das übrige Westgeld tauschten wir in Wechselstuben für Ostmark ein. Brot wurde in der

HO gekauft. Als die 14-tägige Probezeit um war, erklärte ich mich auch weiterhin bereit, mit Roiko zusammenzuarbeiten, von dieser Zeit ab erhielt ich die Hälfte des eingesammelten Geldes.«

Auch Naubitz ist jung, 23. Beim Auftritt harmonieren beide. Die jungen Artisten zeigen fortan unter dem Namen »Die Roikos« ihre Kunst. Mitte Februar »kehrten wir über Leipzig nach Dresden zurück. Hier hat Naubitz seine Eltern wohnen. Sein Vater betreibt ein selbständiges Baugeschäft. [...] Dort wohnte er bei seinen Eltern vorn und ich im Hinterhaus bei einer Bekannten in der Küche auf einer kleinen Couch.« Das Haus der Naubitz ist auf der Windbergstraße an den Südhängen Dresdens. Im Hinterhaus ist eine Schmiede, darüber wohnt Elsa Müchel, eine Freundin der Familie. Die Küche ihrer kleinen Wohnung hat einen separaten Eingang und wird für Berno das »eigene« Zimmer. Hier sitzen die Kollegen, spielen das »Hütchenspiel« oder schwatzen, wenn sie nach dem Auftritt noch nicht Ruhe finden können oder wollen. Wenn sie bei Roikos Eltern im Vorderhaus sitzen, schilt Mutter Naubitz wegen des Stromverbrauchs mitten in der Nacht. Im Hinterhaus kann die Mutter das brennende Licht nicht sehen. In Dresden »hatte Roiko keinen Vertrag, wir arbeiteten wieder gegen ›dezentes Einsammeln‹ in verschiedenen Gaststätten.«

Berno Henjes wird in Roikos Familie integriert. Der Vater schimpft zwar lautstark über den Lebenswandel seines Sohnes, bietet ihm aber zum wiederholten Male den Eintritt in sein Unternehmen an. Doch Roiko lehnt ab, es fallen harte Worte. Ein Ritual zwischen Vater und Sohn. Zu ernsthaften Streitigkeiten, gar Gewalt, ist es niemals gekommen. Da Berno in Dresden nicht gemeldet ist und deshalb keine Lebensmittelkarte besitzt, kocht Mutter Naubitz meist Mehlsüppchen für die »Kinder«. Die gehen für gewöhnlich gegen acht Uhr abends aus dem Haus. Nach Mitternacht oder morgens mit der ersten Bahn kehren sie zurück. Alltag – bis Berno Henjes am Freitag, dem 3. März 1950, um dreiviertel zwölf Uhr mittags, die Küche im Vorderhaus betritt.

Auf Roikos Bruder Peter machte Berno den Eindruck, »als hätte er die Nacht durchgesoffen«. Hemd und Hose standen offen. Berno setzte sich an den Tisch und fragte immer wieder: »›Wo bin ich, wo bin ich? Was haben sie mit uns gemacht?‹ Ich wollte ihm erst entgegnen: ›Mensch, mach kein Theater und sage, was los ist.‹ Meine Mutter fragte: ›Wie siehst du aus? Was ist mit Roiko los? Warum kommt er nicht rüber?‹ Darauf antwortete er: ›Gehen Sie nur rüber.‹ Er saß gebeugt am Tisch und legte die Schlüssel vor sich hin. Jede weitere Frage beantwortete er mit: ›Gehen Sie nur rüber, gehen Sie nur rüber.‹ Nun sagte er auch: ›Ich habe Hunger, ich habe die ganze Nacht nichts gegessen.‹«

Peter Naubitz findet seinen Bruder in Bernos Zimmer im Hinterhaus. Auf dem Bett. In Schlafkleidung. Tot. Die Leichenstarre ausgeprägt. Peter Naubitz kehrt zurück: »Wie kann so etwas passieren!?« Man verständigt die Polizei. Dieser plötzliche Tod des Artisten Roiko Naubitz veranlasst weitere Ermittlungen. »Es wird eine Lebensmittelvergiftung vermutet. Es besteht der Verdacht auf Mord.« Die Mordkommission trifft gegen sechs Uhr abends in der Windbergstraße 30 ein. »Der Tatort ist ein rechteckiges Zimmer, das sich im I. Stockwerk des Hinterhauses Windbergstr. 30 befindet, und zwar stellt dieses die Küche der Frau Müchel, der einzigen Bewohnerin des Hinterhauses, dar. Diese Küche hat einen separaten Eingang, genau wie die übrigen Zimmer, die von Frau Müchel bewohnt werden. Die Küche ist mit nur einem Fenster versehen. Der Raum ist 3,20 m tief und verbreitert sich im letzten Drittel. Von 1,65 m auf 2,80 m, so, daß ein sechseckiges Zimmer entsteht. Es herrscht in dem Zimmer eine allgemeine Unordnung. Gebrauchtes Geschirr steht herum. Das gegenüber der Tür befindliche Fenster ist mit zugezogenen Gardinen versehen. Unterhalb dieses Fensters steht ein 1,60 m langes und 0,65 m breites Chaiselongue, auf diesem liegt ein Federunterbett. Ein Stuhl am Fußende verlängert diese Lagestätte, auf der der Tote mit Unterhose und Hemd bekleidet auf dem Rücken liegt. Vor der Lagerstätte befinden sich zwei Haufen erbrochener Makkaroni. Davor auf der linken Seite des Zimmers steht ein Stuhl und daneben ein Tisch, auf dem zurechtgelegte Schnitten, bestrichen mit Aufstrichpaste, liegen. Gleich neben der Tür links befindet sich ein Gasautomat mit 10-Pfennigstückeinwurf. Dieser bedient einen zweiflammigen Gaskocher, der sich rechts von der Tür befindet. Ebenfalls auf der rechten Seite steht ein Küchenascheherd. Auf dem Herd steht ein 20-l-Topf, in dem ein Betttuch eingeknüllt ist. Es befindet sich jedoch kein Wasser in dem Topf. Der Schornstein, der sich an den Küchenherd anschließt, beginnt vom Fußboden ab und ist auf eine 13er-Ziegelwand aufgesetzt. Die Rußglocke ist mittels Zeitungspapier gut abgedichtet. An diesen Schornstein ist der im anschließenden Wohnzimmer befindliche Kachelofen angeschlossen, der jedoch zu der fraglichen Zeit, ebenso wie der Küchenofen, nicht benutzt wurde, da sich die Bewohnerin Frau Müchel zur Zeit im Krankenhaus befindet. Am Haupthahn befindet sich ein Zettel mit der Aufschrift: ›Bitte hier zudrehen, da sonst Gas ausströmt.‹ Dieser Hahn ist geschlossen. Im Küchenofen befinden sich eine große Anzahl gebrauchter Streichhölzer und Zigarettenkippen. In dem 2,50 m hohen Zimmer befindet sich außerdem noch elektrisches Licht.« Es stellen sich Fragen. Natürlich sieht Roiko Naubitz' Tod nicht aus.

Berno Henjes schildert den vergangenen Mittwoch: »Ich kann mich genau entsinnen, daß wir abends ziemlich spät, ungefähr gegen 21.00 Uhr zu unserer Arbeit in die Stadt fuhren. Wir traten im Hotel Anton, Weißeritzstr. auf. Wir waren dort nicht verabredet und fragten die Chefin, ob wir auch an diesem Abend den Gästen unsere Nummer zeigen durften. Vor unserem Auftritt aßen wir. Gegen 23.00 Uhr verließen wir dieses Lokal und gingen zu Brettschneider, auch dort hatten wir schon mehrfach Auftritte. Um 24.00 Uhr hat die Kapelle eine Pause, und in dieser Zeit zeigten wir wieder unsere Künste. Ein Herr von der Landesbühne bat uns zu sich an den Tisch. Wir kamen in ein Gespräch. Er gab uns eine Anschrift von dem Veranstaltungsleiter der Deutschen Volksbühne, wohin wir uns zwecks eines Engagements wenden sollten. Da wir knapp bei Kasse waren, leisteten wir uns gemeinsam nur ein Glas dunkles Bier. Gegen 3.00 Uhr hat uns dann der Kraftfahrer, dessen Namen ich nicht kenne, mit seinem Wagen nach Hause gefahren, damit wir nicht bis nach Gittersee laufen müßten. Zu Hause angekommen, gingen wir beide gemeinsam in mein kleines Zimmer ins Hinterhaus. Roiko ging nochmals vor zu seinen Eltern und wollte Brot holen. Er kam auch sofort wieder zurück. Wir machten uns Schnitten zurecht. Plötzlich wurde uns beiden schlecht. Beide hatten wir gebrochen und sind dann eingeschlafen. Genaue Uhrzeiten kann ich nicht angeben, weil ich keine Uhr habe. Das Zimmer wird nicht geheizt. Seit drei Wochen wohne ich darin und so lange kann ich mich nicht entsinnen, daß der Ofen in dem Zimmer einmal geheizt war. Das Zimmer befindet sich in der ersten Etage. Im Erdgeschoß ist eine Schmiede. Trotzdem habe ich nichts gemerkt, daß etwa durch ein Schmiedefeuer die Wände erwärmt worden wären. Solange ich darin wohne, ist es mir auch noch niemals schlecht geworden.

Ich bin erst am Freitag gegen 11.00 Uhr vormittags aufgewacht [nach anderthalb Tagen]. Mein Partner lag tot neben mir. Ich selbst fühlte ein sehr starkes Übelkeitsgefühl. Ich war so schwach, daß ich zum Anziehen bald eine Stunde Zeit brauchte. Ich hatte wahnsinnige Kopfschmerzen und Ohrensausen. Ich hatte direkt schwer gehört. Ich bin dann vor zu den Naubitz in die Wohnung getorkelt. Der Bruder von Roiko ist dann als erster nach hinten und hat seinen toten Bruder gesehen. Ich habe mich gar nicht getraut, den Eltern zu sagen, daß Roiko tot ist. [...]
Zwischen mir und Roiko hat stets ein gutes Einvernehmen geherrscht. Trotz der Schwierigkeiten in bezug auf unseren Broterwerb in unserem Artistenberuf wollten wir zusammen bleiben. Meine Aussagen entsprechen der Wahrheit, was ich mit meiner Unterschrift bestätige: Berno Henjes.«
Das Erbrochene wird untersucht. Schadstoffe werden nicht festgestellt. Das Sektionsprotokoll stellt als Todesursache Kohlenmonoxidvergiftung fest. Eine Lebensmittelvergiftung scheidet aus. Kohlenmonoxid – bleibt nur der Gasautomat. Denn die »Brandkommission stellt fest: Nach den baulichen Gegebenheiten und durch die Tatsache, daß die Öfen in den letzten Tage nicht geheizt wurden, kann kein Kohlenoxydgas durch Verbrennen von Heizmaterial in den Raum gelangt sein.« Tatsache: Roiko Naubitz ist tot. Selbstmord? Mord? Gar Doppelmord? Berno sagt: »Als ich nach Roikos Hand fassen wollte, kam der ganze Arm. Ich habe eben ein stärkeres Herz.«
Wer hat ein Motiv, zu töten? Mit seinem Vater hatte Roiko tags vorher gestritten. Die Emotionen kochten. Roiko schrie: »Ich brauch' euch überhaupt nicht mehr!« Der Vater schrie: »Ich werde dich nicht mehr unterstützen!« Und wirklich und immer wieder hatte der Vater Roiko Geld zugeschoben. Bis nach Berlin hat er es seinem Sohn gebracht. Alle maßen den lauten Worten keine Bedeutung bei.
Zeugen aus dem »Brettschneider« sagen aus. Eine Tanzpartnerin hat bei Roiko Schwermut bemerkt. Als sie ihn fragte »Was ist?«, bekam sie zur Antwort: »Reden wir nicht davon.« Für sie scheint Selbstmord nicht ausgeschlossen. Berno poussierte am Abend mit Anna Elisabeth Marschner. Ein Kuss und Händchenhalten. Sie schlägt Berno vor, doch gemeinsam bei ihr zu schlafen. Berno scheint unschlüssig. Der Saxophonist der Kapelle will ihr anderes beweisen: »Bubi, es gibt noch was Schöneres als Frauen.« Berno geht auf das eindeutig

sexuelle Angebot nicht ein. »Ich dachte mir gleich, der wolle mich testen.« Der Kraftfahrer der Landesbühnen fährt die zwei »Roikos« nach Hause und wiederholt das Angebot vom Engagement bei der »Deutschen Volksbühne«. Dort stellt man Programme zusammen und fährt übers Land. Kultur auf die Dörfer! Berno will Roiko überzeugen. Sie hätten so sichere Einkünfte. Ein »dezentes Einsammeln« entfiele. Das Bier könnten sie des Abends trinken und müssten sich nicht ein Glas teilen. Mordmotive?

Berno Henjes ist im Fokus der Ermittler. Zumal »bei den von hier aus durchgeführten Ermittlungen festgestellt [wurde], daß Henjes weder eine Aufenthaltsgenehmigung noch polizeiliche Meldung hatte für Dresden. Laut Fernschreiben vom 7. 3. 1950 ist Henjes in Meiningen gemeldet. Anhängig ist er lt. demselben Fernschreiben dort nicht gewesen. Es wurde lediglich mitgeteilt, daß er als Tanzeleve in dem dortigen Landestheater tätig ist und sich angeblich auf Gastspielreise befindet. Im vorliegenden Falle ist einwandfrei festgestellt worden, daß der Henjes sich unerlaubt von seinem Heimatort entfernt hat und hier ohne jede Genehmigung als Artistenlehrling in Dresden gemeinsam mit dem Roiko Naubitz aufgetreten ist.«

Vorbei die Lügen. Am 16. März streitet Berno Henjes nichts mehr ab und gibt im Geständnis zu Protokoll. »Ich bedaure, daß ich nicht der Polizei von vornherein die Wahrheit gesagt habe. Ich habe keine Angst vor der Strafe, sondern schäme mich so. [...] Natürlich das andere auch. Ich hatte den Gedanken, dafür mußt du bestraft werden, der Gedanke, abzuhauen, ist mir nicht gekommen. Ich hatte auch nicht die Absicht oder den Mut, mich selbst zu stellen, d. h., der Gedanke dazu ist mir nicht gekommen.

In den ersten Tagen unserer Anwesenheit in Dresden waren wir mit der letzten Bahn gegen 24.00 Uhr in unserer Wohnung angekommen. Weil wir noch nicht müde waren, spielten wir mit dem ›Hütchenspiel‹. Das ›Hütchenspiel‹ ist ein Würfelspiel nach der Art des ›Mensch ärgre dich nicht‹. Wir machten es hinten in meinem Zimmer, da Roikos Eltern immer wegen des vielen Lichtverbrauches schimpften. Wir zogen uns beide aus. Ich hatte das Hemd und Roiko meines Wissens nach Hemd und Unterhose an. In dieser Nacht näherte sich Roiko mir das erste Mal geschlechtlich. Wir spielten gegenseitig mit den Händen an unseren Geschlechtsteilen, bis es bei uns zum Erguß kam. Wir schliefen dann bis zum nächsten Morgen.

Dann ging der Tagesablauf wie üblich weiter, Proben und abends wieder Auftritte in verschiedenen Gaststätten. Einige Tage später schlief Roiko wieder auf meinem schmalen Schlafsofa. Hierbei kamen wir wieder geschlechtlich in Verbindung, indem er sein Geschlechtsteil in meinen After einführte. Wieder kam es bei beiden zum Erguß. Ich weiß gar nicht, wie es kam, ich war dann wie in einen gewissen Bann von Roiko gelangt. Ich habe so etwas nie bisher getan. Das Komische an der Sache war, daß ich ihn gar nicht verabscheuen konnte. Ich weiß selbst nicht, wie das kam. Diesen Akt wie das letzte Mal haben wir ungefähr drei bis vier Mal vollzogen.«

Am Mittwoch waren sie aufgetreten, und der Abend verlief, wie ihn Berno geschildert hatte. Er hatte Roiko gebeten, sich mit ihrem Programm bei der »Deutschen Volksbühne« vorzustellen. Es brächte sicheren Lohn. Doch Roiko blieb skeptisch und ließ sich nicht überzeugen. »Bereits vorher hatte er mir gesagt, daß wir in Westberliner Lokalen nackend auftreten wollten. Ich war davon nicht erbaut. Über diesen Punkt ist mehrmals Streit entstanden, weil ich das keinesfalls mitmachen wollte. Ich wollte Roiko zu diesem Engagement bei der Landesbühne zureden, aber er sagte, daß solch eine Tournee zu sehr anstrenge, in Westberlin könnten wir uns unser Geld leichter verdienen. [...]

Ich sagte, daß er doch vorgehen solle zum Schlafen, Roiko entgegnete jedoch: ›Nein, die sollen vorne sehen, daß ich auch ohne sie durchkomme.‹ Daher blieb er noch mit hinten. Während er vorn war, hatte ich mich bereits ausgezogen und ins Bett gelegt, ich hatte nur Hemd und meine Schamhöschen an. Als Roiko mit Kaffee und Brot zurückkam, ist er ziemlich stürmisch geworden, zog sich aus und kam mit zu mir auf das Sofa. Es begann wieder der Verkehr, wie lange dieser Akt andauerte, vermag ich nicht zu sagen. Bei beiden ist es wieder zum Erguß gekommen. Ich habe mein Sperma mit dem Taschentuch aufgefangen, während er seins in meinen After laufen ließ.

Ich muß mich noch heute vor Ekel schütteln, wenn ich daran denke. Nach diesem Verkehr hatte ich einen Ekel und ein ganz komisches Gefühl in mir. Ich mußte jedesmal an meine Mutter denken, die mich vor so etwas gewarnt hatte. Roiko schlief bald ein, während ich gar nicht einschlafen konnte, so war ich innerlich erregt. Ich war so müde, daß ich hätte Streichhölzer in meine Augen klemmen können, und ich konnte trotzdem nicht einschlafen. Ich stand auf vom Bett

zog mich an und drehte den Gashahn auf. Dann verließ ich das Zimmer und setzte mich auf die Treppe.
Als ich noch im Hemd neben Roiko lag, kam mir der Gedanke, die Tat so auszuführen, wie ich sie tatsächlich beging. Ich wußte mir keinen anderen Ausweg, wie ich von Roiko loskommen sollte. Ich vermag es in Worten nicht auszudrücken, was eigentlich meine Gedanken waren, die mich zu dieser Tat führten. Ich dachte daran, welch Gefallen Roiko an diesem Akt habe, und wie ich ihm bereits gesagt habe, daß mir das zuwider war. Ich dachte an meine Mutter und meine Freundin in Meiningen. Es war so ein Gedankenblitz, ohne daß ich jetzt imstande wäre, diesen Gedankenblitz begrifflich in Worten wiederzugeben. Ich habe dann den Gashahn an der Leitung und den Hahn am Kocher auf ›Auf‹ gestellt. Das Licht ließ ich brennen. Gleich wenn man aus dem Zimmer herauskam, habe ich mich auf die oberste Treppe des Hausflurs gesetzt. Ich kann nicht angeben, wie lange ich da gesessen habe. Ich muß etwas eingeschlafen sein. Ich kann nicht sagen, welche Tageszeit herrschte. Als ich erwacht war, bin ich in die Küche zurück. Ich sah nun, was ich angerichtet hatte. Ich bin auf gar keinen vernünftigen Gedanken mehr gekommen, ich heulte dann wie ein Schloßhund. Das Fenster hatte ich den ganzen Tag über offen gelassen. Ich habe den ganzen Tag über im Zimmer gesessen und vor mich hingestiert und wollte Erklärungen von mir selbst haben.
Die ganze Nacht vom Donnerstag zum Freitag habe ich in der Küche auf dem Stuhl gesessen. Das Licht ließ ich brennen. Ich mußte unverwandt auf Roiko stieren. Der Gedanke an Wiederbelebungsversuche durch dritte Hand ist mir nicht gekommen. Ich selbst habe ihn gerüttelt und geschüttelt und beim Namen gerufen. Als ich in das Zimmer zurückkam, war er jedoch schon tot. [...] Am Freitagvormittag bin ich dann vor in die elterliche Wohnung von Roiko gegangen. Ich hatte mir nicht irgendwelche Ausreden zurechtgelegt, wie dies hätte passieren können. Daß meine Tat herauskommt, wußte ich, nur vor den Eltern ... (Schulterzucken)«
In der Untersuchungshaft begreift Berno Henjes das Endgültige seiner Tat. Er bedauert. Er sorgt sich um seine Familie. Er schreibt. Er schreibt am 9. Mai:
»Meine geliebte Mutti!
In keinem Deiner lieben Briefe fehlt die Frage: ›Warum hält man Dich fest?‹ – nun lb. Mutti, es fällt mir nicht leicht, Dir diese Frage zu be-

antworten. Doch ich weiß, Ungewißheit ist ein schweres Laster. Doch bevor Du es erfährst, versprich mir, Dir keine unnötigen Sorgen zu machen, denn sie sind unnötig, schaden Dir nur. Und wir brauchen Dich doch noch lange, die Kleinen, & wenn ich wiederkomme, ich auch. Also lb. Mutti, ich bin am Tode des Herrn Naubitz schuld, ja, ich bin schuldig. Aber deßhalb noch kein Verbrecher. Mutti, man behandelt mich auch nicht im geringsten so, ganz im Gegenteil. Aber ich bitte Dich, frag nicht warum & wieso, ich schreib' es Dir ein andermal, später. Du mußt aber, verzeih, daß Dir Dein Sohn solches sagt, vernünftig sein & die Gedanken ruhen lassen. Immer nur lieb an mich denken, dann wird's leichter. Und ich weiß, Du wirst mich nicht verachten, ich bleibe Dein lieber Junge. Das war Schicksal, Mutti, & dem kann man nicht entgehen. Ich bete fleißig, & ihr tut es auch für mich, & so vergeht die böse Zeit, die ich nicht bei Euch sein kann, viel schneller. Denn es wird schon ein Weilchen dauern. Aber Dein ›Stropp‹ ist ja bei Euch, immer, nur daß Ihr ihn nicht seht. Also, meine geliebte Mutter, Du weißt jetzt die Hauptsache, & daß ich etwas ›Unrechtes‹ getan habe, muß ich dafür büßen, aber beruhige Dich, so schlimm wird's nicht werden. Sei stark, ich bin's auch.
So, & nun bedank ich mich noch für Deine lieben Briefe, am 27ten habe ich vier auf einmal bekommen, den letzten vom 25. IV. am 6. V. Schreib mir nur, so oft Du kannst. Du glaubst ja nicht, wie gut das tut, einen lb. Gruß von Dir in der Hand zu haben. Aber frag nicht mehr wegen dieser ›Sache‹; nein?, schreib von Euch, nur von Euch. Nun, meine lieben Kleinen sollen auch nicht vergessen sein. Vor allem das Geburtstagskind. Mein Trudchen, ich gratuliere Dir zum Geburtstag und wünsch' Dir alles, alles Gute. Es freut mich, daß Ihr wieder ein Kätzchen habt, paßt nur schön auf, damit es nicht wieder verschwindet. Renate hat auch am 18. Geburtstag, wenn ich nicht nochmal schreiben sollte, dann gratulierst Du bitte auch in meinem Namen, Mutti, gelt? Ich muß ehrlich sein, ich freue mich aufs nächste Paket, lb. Mutti: Ach, ich bin Dir ja so dankbar, & ich mach das alles wieder gut, alles, auch dies, wovon Du heute erfuhrst. Wenn dies auch nicht so geht, wie ich gerne möchte. So, nun bitt' ich Dich nochmal, denk' nicht soviel, sonst hab' ich hier keine Ruh'. Aus jedem Wort, das Du niederschreibst, sprechen Deine Sorgen um mich, aber das muß anders werden. Man ist hier gut zu mir, bestimmt, & auch ich versuche, immer recht lieb & nett zu sein, wie Du's von mir verlangst. –

Also meine Lieben, seid für heute ganz herzlich lieb gegrüßt von Eurem Berno
Gruß an Meinert, aber schweigen wir über dies, Mutti, ja bitte, das braucht niemand zu wissen, auch die Kinder nicht, Bitte!!!«

»Nach dem Gutachten des Psychiaters handelt es sich bei Henjes um einen Jugendlichen, dessen Gefühle sich an der Oberfläche befinden und nicht in die Tiefe gehen. Er sei kokett wie ein Mädchen und achte sehr auf sein Äußeres. Dieser Eindruck wurde auch durch sein Verhalten vor Gericht weitgehend bestätigt, wenn auch die Tat und die Gerichtsverhandlung ihn beeindruckten. Eine Geistesstörung oder eine Geistesschwäche konnte der sachverständige Psychiater nicht feststellen, bejahte jedoch trotz genügender Intelligenz seine Unreife. Auch sei er oberflächlich, spielerisch, egozentrisch und leichtsinnig. Das fand das Gericht im Auftreten ohne Engagement und dem nachfolgenden ›dezenten Einsammeln‹ bestätigt. Der vom Psychiater behaupteten Gefühlskälte widerspricht der rege Briefwechsel zwischen ihm und seinen Angehörigen. Er scheint sich gern als Beschützer zu fühlen. Wahrscheinlich hat es in den vergangenen Jahren an einem festen Halt und einer sachgemäßen Erziehung gefehlt. Henjes ist moralisch nicht verloren. Er wird, unterstützt von geeigneten Erziehungsmaßnahmen, sich in ein geordnetes Leben zurückfinden, zumal mit zunehmenden Alter eine gewisse sittliche Reife zu erwarten ist.
Henjes, der als 16-jähriger ein Liebesverhältnis mit einer Kollegin vom Ballett unterhielt, wobei es auch zum Verkehr zwischen ihnen kam, hatte zwar nicht die Energie, den sexuellen Anforderungen Widerstand entgegenzusetzen, es ist jedoch durchaus glaubwürdig, daß er nach der Päderastie von einem heftigen Ekel- und Haßgefühl erfaßt wurde. Dies ist besonders in den Morgenstunden des 2. 3. 1950 bei Henjes vorhanden gewesen und hat, ohne daß ihm schon vorher einmal ein derartiger Gedanke gekommen wäre, zur Tötung des Roiko Naubitz geführt.
Die Tat ist vorsätzlich geschehen. Er ist jedoch kein Mörder, da er weder aus Mordlust noch aus Befriedigung des Geschlechtstriebs, aus Habgier oder sonst aus niedrigen Beweggründen tötete, vielmehr wußte er sich in seiner jugendlichen Unreife keine andere Möglichkeit, in Zukunft den sexuellen Ausschweifungen des Roiko Naubitz

zu entgehen, als diese Tat. Trotzdem wurde auch das Vorliegen des § 21(7) StGB, der mildere Fall, verneint, da Henjes nicht ohne eigene Schuld gehandelt hatte und er weder durch eine Mißhandlung oder schwere Beleidigung auf der Stelle zur Tat hingerissen wurde, da er sich vor der Begehung der Tat nach seinem eigenen Geständnis 3- bis 4mal von Roiko Naubitz geschlechtlich gebrauchen ließ.
Der Angeklagte, der nach dem persönlichen Eindruck, den er in der Hauptverhandlung gemacht hat, und nach sachverständigen Gutachten bei Begehung der Tat die nach § 3 RJGG erforderliche Einsicht und Willensfähigkeit besessen hat, war daher für schuldig zu befinden, vorsätzlich einen Menschen getötet, die Tötung aber nicht mit Überlegung ausgeführt zu haben, Verbrechen nach § 212 StGB, verbunden mit § 3 RJGG und demgemäß zu bestrafen.

Urteil im Namen des Volkes!
Der am 27. 2. 1933 in Gelsenkirchen geborene jugendliche Angeklagte Berno Henjes wird wegen Totschlags zu 5 – fünf – Jahren Jugendgefängnis kostenpflichtig verurteilt.«

Fehlende Ausbildung: der Fall Steinhäuser

Angst vor der Zukunft heißt heute Angst vor keiner Zukunft.
Armand Salacrou

»Hiermit beende ich das mit Ihnen bestehende Schulverhältnis auf der Grundlage des Thüringer Schulgesetzes entsprechend der durch Sie zu vertretenden Gründe mit Wirkung des heutigen Datums.« Das Schreiben ist offiziell und rechtens. Verantwortlich für den Abiturienten fühlen sich weder Schulamt noch Gymnasien. »Der Schulausschluss verändert seinen Status abrupt und seine Falltiefe ist immens. Neben der Demütigung macht ihn der Rauswurf in einem einzigen Moment zum sozialen Fall ohne jeglichen Abschluss. Denn die Thüringer Gesetze sind zu dem Zeitpunkt so gehalten, dass ein Zwölftklässler, der sein Abitur nicht schafft und keinen Realschulabschluss hat, völlig ohne Abschluss dasteht, gerade so, als hätte er eine Schule nie besucht.« Der Schüler läuft Amok in Erfurt. Innerhalb einer Viertelstunde fallen ihm 17 Menschen zum Opfer. Weltweites Entsetzen. Bei der Trauerfeier sprach Ministerpräsident Dr. Bernhard Vogel vom »Unheil, das vom Himmel fiel«.

Robert Steinhäuser war 19, unscheinbar und ohne Zukunft. Auslösendes Motiv für Steinhäusers Gewalttat und viele der im Buch beschriebenen: Mangel an Perspektive. Die Demütigungen, der Entzug der Lebensgrundlage, ob tatsächlich oder eingebildet, nichts dagegen tun können, ausgeliefert sein, Rache nehmen, das ist häufig Mordmotiv. Man gibt jemandem eine Bombe in die Hand und wundert sich, wenn sie explodiert. Wie weiter? Familie Kleinschroth sah nur im Verbrechen die Beendigung ihres Arbeitslagers möglich. Wie weiter? Berno Henjes sah keinen anderen Ausweg aus der Abhängigkeit von Roiko Naubitz als dessen Tod. Wie weiter? Eine Kürzung des Einkommens sahen viele Kriegsversehrte 1919 als Entzug ihrer Existenzgrundlage. Kriegsminister Neuring überlebte seine Weisung nicht. Mordfall Levy, Mordfall Schlick, Doppelmordfall Thomschke – einmal sein Leben ohne Mangel und Drangsal führen können, einmal ganz so, wie man will und möchte, genauso, wie es die anderen ihnen vorleben. »Die Zukunft der Arbeit entscheidet auch über die

die Zukunft der Freiheit.« Gestohlene Zukunft. Am Ende stehen die Täter vor Gericht. Das verurteilt nach Gesetz und höchstmöglichem Strafmaß.
»Wer die Zukunft fürchtet, verdirbt die Gegenwart.« Nach dem Massaker Robert Steinhäusers in Erfurt wurden der Reden viel gehalten. Es fiel den Verantwortlichen schwer, Mitschuld einzugestehen. Einfacher ist die Begründung: »Unheil vom Himmel«. Überirdisch sind Mordmotive niemals gewesen. Nicht für die Kleinschroths. Nicht für Neuring, Ceausescu, Naubitz, erst recht nicht für den Supergau.
»Gegen 10.30 Uhr macht sich Robert Steinhäuser mit einer Sporttasche und einer langen, schmalen Umhängetasche auf den Weg zum Gutenberg-Gymnasium. Um 10.55 Uhr betritt er das Gebäude und geht zur Herrentoilette am Ende des Ganges im Erdgeschoß. Auf der Toilette zieht der junge Mann schwarze Handschuhe an. Über den Kopf zieht er eine schwarze Sturmhaube. Er deponiert auf der Toilette 500 Schuss Munition für seine Pistole Glock 17 L, 9 Millimeter, mit 16 Kugeln im Magazin und im Lauf, sowie für die Repetierflinte Typ Mossberg, Kaliber 12/76. Die Pumpgun wird er nicht benutzen. Möglicherweise verkantet sich beim ersten Schuss die Munition, was zur Ladehemmung führt. Um kurz vor elf Uhr sieht eine Sechstklässlerin, wie ein maskierter Mann mit Pistole in der Hand und Pumpgun auf dem Rücken aus der Toilette kommt. Zu dieser Zeit sind vermutlich mehr als 400 Schüler und Lehrer im Gymnasium. Offenbar geht Steinhäuser direkt zu den drei Büros der Schulleitung am südlichen Ende des Gebäudes. Die Tür zum Bürotrakt lässt sich nur von innen öffnen, daher klingelt Steinhäuser. Als Sekretärin Anneliese Schwerdtner öffnet, schießt er sofort. Dann geht der Täter ins Zimmer der stellvertretenden Rektorin Rosemarie Hajna. Sie wird an ihrem Tisch erschossen. ›Sie saß wie halb schlafend mit dem Kopf auf den Armen‹. [...] Zwei Zimmer weiter sitzt die Schulleiterin Christiane Alt, sie hatte ihre Tür geschlossen, weil sie konzentriert arbeiten wollte. Sonst steht ihre Tür meist offen. In das Zimmer der Direktorin geht Steinhäuser nicht. Als es die Direktorin knallen hört, geht sie ins Vorzimmer, sieht die tödlich verletzten Frauen, stürzt zur Tür, die auf den Gang führt, und verschließt sie. Steinhäuser ist auf dem Weg nach oben. Stockwerk um Stockwerk rennt er von Raum zu Raum und tötet Lehrer. Im Raum 105 wird Mathematik- und Physiklehrer Peter Wolff von mehreren Kugeln getroffen. Er stirbt auf der Tür-

schwelle. Im Gang tötet Steinhäuser Oberstufenleiter Hans-Joachim Schwerdtfeger mit einem Schuss in den Kopf. Auch Mathematik- und Physiklehrer Helmut Schwarzer wird tot auf dem Gang gefunden. Die zehnte Klasse brütet noch unter Aufsicht von Lehrer Hans Lippe über einer Biologiearbeit. Es werden an diesem Tag viele Arbeiten geschrieben. Es soll ruhig im Gebäude sein, damit die Abiturienten in der Aula im Dachgeschoß nicht bei den Klausuren gestört werden. Lippe hält zunächst Sanierungsarbeiten für die Ursache des lauten Knallens. Als es immer näher kommt, schaut Lippe auf den Gang hinaus. Dort rennen viele Schüler in Richtung Treppe. Lippe flüchtet zu spät, er wird tödlich im Bauch getroffen. ›Seine Augenlider flatterten‹, sagt eine Schülerin, die ihn noch angesprochen hat. Lippe lebt noch eine Stunde lang.
Um 11.05 Uhr ist die vierte Stunde zu Ende, die Pause beginnt. In der Kantine im Untergeschoß werden die ersten Mahlzeiten ausgegeben. Als sie Schüsse hören, verbarrikadieren sich einige Kinder und Angestellte dort. In Raum 8 im Erdgeschoß unterrichtet Andreas Förster die Klasse 5c in Biologie. Zusammen mit seiner Klasse flüchtet Förster über den Schulhof. Die Flüchtenden klettern über die Zäune. Der Hausmeister wählt den Polizeinotruf: ›Hier in der Schule wird geschossen!‹
Steinhäuser geht in den zweiten Stock. Als eine Zehntklässlerin die Toilette verlässt, steht der maskierte Täter vor ihr ohne sie zu beachten. Das Mädchen merkt nicht, dass er eine Waffe in der Hand hält. Ruhig geht sie die Treppe hinab. Dort brüllt ein Lehrer: ›Raus hier! Raus!‹ Weil es im Schulgebäude stinkt, denkt die Schülerin erst an ein Feuer oder einen Chemieunfall. Zusammen mit den anderen flieht sie über den Schulhof. Im zweiten Obergeschoß erschießt Steinhäuser drei Lehrerinnen: Monika Burghardt, Gabriele Klement und Yvonne-Sofia Fulsche-Baer. Die 8c will ihre Klasse verlassen, als in der Nähe Schüsse knallen. Als die Schüler die Tür öffnen, sehen sie einen schwarz maskierten Mann im Raum gegenüber. Sie verriegeln von innen die Tür. Schritte nähern sich. ›Macht auf!‹, ruft Steinhäuser von draußen und drückt die Klinke. Aber die Tür bleibt verschlossen. Der 15 Jahre alte Ronny Möckel stellt sich vor die Tür, um seine Mitschüler und die Lehrerin zu schützen, berichtet ein Freund. Steinhäuser schießt sechsmal durch die Tür. Ronny wird am Arm und an der Schulter getroffen und stirbt an zwei Bauchschüssen. Auch die

14 Jahre alte Susann Hartung wird von einer Kugel in den Rücken tödlich getroffen. Die Mitschüler rufen mit dem Handy den Notarzt und versuchen verzweifelt, die Blutungen der beiden Jugendlichen mit Taschentüchern zu stopfen. Ein dritter Schüler hat großes Glück: Eine Kugel verfängt sich in seinem Brillenetui im Rucksack. Ronny und Susann sterben. Mehr als eine Stunde lang sind die Kinder in ihrem Raum gefangen.

Auf einer Toilette steht Imanuel Seidel mit zwei Freunden und wäscht sich die Hände. Plötzlich steht der Maskierte in der Tür, es fallen Schüsse. Der 16 Jahre alte Schüler spürt einen Druck und ein Zerren im Rucksack, merkt, wie darin etwas splittert. Er wirft sich in die Ecke des Toilettenraumes, der Täter geht auf dem Gang weiter. Imanuel findet später ein Loch in seinem Rucksack. Die Kugel steckt im Malkasten. Ein Mädchen flüchtet vor dem Täter die Treppe hoch in den dritten Stock, versteckt sich in einer Mauernische, in der schon ein anderes Mädchen sitzt. Der Täter läuft an den beiden vorbei, er sucht offenbar nur Lehrer. Wenn in einem Raum nur Schüler sind, geht er wortlos weiter. Lehrerin Anke Roschke läuft inmitten ihrer Schüler über den Gang. Der Täter kommt auf sie zu, aber erkennt die junge, zierliche Frau und Mutter zweier Kinder nicht als Lehrerin. Sie erlebt, wie im Raum 304 eine Kollegin vor den Augen der Schüler erschossen wird. Der Täter hastet weiter, öffnet die Tür zu Raum 303 und schießt Richtung Lehrerpult, tötet auch hier eine Lehrerin. Auf diesem Stockwerk sterben die Lehrerinnen Heidrun Baumbach und Carola Pott. In einem Vorbereitungsraum wird Heidemarie Sickert tot gefunden. An das Fenster des Raumes haben Kinder einen großen weißen Zettel mit der Aufschrift ›Hilfe‹ befestigt. Er hängt noch Tage später dort.

In der Aula im Dachgeschoß werden seit der ersten Stunde Abiturklausuren geschrieben. Nach drei Schüssen verbarrikadieren sich in der Aula fast hundert Schüler und mehrere Lehrer vor dem sich nach oben mordenden Täter. Aber Steinhäuser geht nicht in dieses Stockwerk, er geht nach dem Mord in Raum 303 wieder nach unten. Er trifft auf Birgit Dettke. Ein Augenzeuge behauptet, gesehen zu haben, wie die 39 Jahre alte Kunstlehrerin aus dem Hinterausgang nach rechts zum Lehrerparkplatz rennt. Der Täter verfolgt sie. Mit der Pistole schießt der Maskierte auf Birgit Dettke, die hinter einem dunklen Golf Schutz sucht. Der Täter nähert sich und feuert mehr-

mals aus der Nähe auf die Frau. Anschließend geht er zurück in das Schulgebäude. [...]
Um zwölf Minuten nach elf, keine Viertelstunde nach den ersten Schüssen, treffen der 41 Jahre alte Polizeihauptmeister Andreas Gorski und ein Kollege mit ihrem Opel Vectra ein. Gorskis Tochter Carola will am Nachmittag ihren 16. Geburtstag feiern, der Sohn ist zwanzig Jahre alt. Gorski steigt aus und zieht sich seine kugelsichere Weste an – zu spät. Die Polizei vermutete den oder die Täter außerhalb der Schule, aber Steinhäuser zog sich in das Gebäude zurück. Er postiert sich am Fenster im ersten Stockwerk und schießt sofort. Er trifft Gorski tödlich in den Rücken und in den Nacken. Gorski ist das letzte Mordopfer. Kollegen ziehen seinen leblosen Körper in den Eingang der Schule.
Steinhäuser streift weiter durch den ersten Stock. Dort trifft er gegen Viertel nach elf auf den Geschichtslehrer Rainer Heise. ›Als der Täter Heise erblickt, ist sein Blutrausch plötzlich vorbei.‹ [...] Heise berichtet, Steinhäuser habe vor ihm seine Maske abgenommen und gesagt: ›Für heute reicht's.‹«

Dank

Die Autoren danken für Hilfe und Unterstützung:
Frau Petra Morgenstern und Frau Rosemarie Lauckner von der Deutschen Bücherei, Leipzig; Dr. Lutz Sartor vom Sächsischen Hauptstaatsarchiv, Dresden; Frau Christine Enderlein vom Sächsischen Staatsarchiv, Leipzig; Herrn Klaus-Dieter Kroemke, Radeburg; Frau Rita und Herrn Eckhard Jünemann, Lehrte.

Quellen

Zur Arbeitswelt der Zukunft
Profil (Josef Barth), Nr. 3, 16. Januar 2006.
ORF, Sendung »Akzente« vom 16. Januar 2006.
Zeitungen vom 11. und 12. Januar 2006: Kronen Zeitung, Kurier, Die Presse.

Blut im Sessel des Chefs
Akten des Sächsischen Hauptstaatsarchives Dresden.
Aust, Stefan: Der Baader-Meinhof-Komplex. München 1998.
Becker, Jens u. Gunnar Dedio: Die letzten Henker. Berlin 2002.
Demandt, Alexander: Das Attentat in der Geschichte. Frankfurt/M. 1999.
Genet, Jean: Stücke. Berlin 1984.
Hachmeister, Lutz: Schleyer. Eine deutsche Geschichte. München 2004.
Hiess, Peter u. Christian Lunzer: Die zarte Hand des Todes. Wien 2002.
Leipziger Volkszeitung, 10./11. Dezember 2005.
Leipziger Zeitung, 13. April 1919.
Marek, Jiri: Panoptikum sündiger Leute. Berlin 1979.
Marx/Engels: Ausgewählte Schriften I/II. Berlin 1968[16].
Rendell, Ruth: Urteil in Stein. München 2004[2].
Sächsische Zeitung, Dresden, 17. Januar 2005.
Thiele, Siegfried: Dr. Esdens alte Kriminalfälle. Dresden 2003.
Veiel, Andres: Black Box BRD. Stuttgart/München 2002.

Arbeitsmarkt, diversifiziert: der Fall Schenk und Schlossarek
Altmann, Ludwig: Hugo Schenk und seine Genossen. Wien u. Leipzig 1925 (Aus dem Archiv des Grauen Hauses).
Illustriertes Wiener Extrablatt, 11. Januar, 13.–16. März, 3. April 1884, 6. Februar 1885.
Morgenpost, 31. Januar, 13. März 1884.
Neuigkeits-Weltblatt, 13. März 1884.
Prozess des Mädchenmörders Hugo Schenk und seiner Genossen, verhandelt in Wien im März 1884 vor dem Ausnahmsgericht. Nach authentischen Quellen bearbeitet. Wien 1884.

Stellenvermittlung, privat: der Fall Rosalia und Franz Schneider
Illustriertes Wiener Extrablatt, August 1891, 18. März 1892.
Morgenpost, 11.–20. August 1891, 25.–29. Januar, 18. März 1892.
Ubald Tartaruga (d. i. E. O. Ehrenfreund): Franz und Rosalia Schneider, in: Wiener Pitaval, Bd. 3. Wien 1925.

Dienstverhältnisse: der Fall Bloemers
Friedländer, Hugo: Interessante Kriminalprozesse. Berlin 2001.
Zeitungen von Oktober 1905 bis März 1906: Generalanzeiger für Dortmund und die Provinz Westfalen, Dortmunder Wochenblatt, Dortmunder Zeitung.
(In Ausnahmefällen wurden Wörter zugunsten eines besseren Leseflusses geändert.)

Familienbetrieb: der Fall Kleinschroth
Brockdorff, Cay (Hg.): P. A. Feuerbach: Merkwürdige Verbrechen. Berlin 1979[3].
Kasparowitsch, Michael: Via Mala – ein »merkwürdiges Verbrechen« aus dem Sittenbachtal. Hersbruck 2004.
Knittel, John: Via Mala. Berlin 1934.
Scholz, Wilhelm von (Hg.): A. v. Feuerbach: Merkwürdige Verbrechen. München/Leipzig 1913.
Tausendpfund, Walter: Blood. O. O., o. J.
www.gottfriedkeller.de
www.schweizerseiten.de

Arbeitsvertrag: der Fall Pöffel
Arbeiterzeitung: 16.–20. Januar 1929.
Gürtler, Hans: Der Freispruch Pöffel. Auf Grund des stenographischen Protokolls aktenmäßig dargestellt. Wien/Leipzig 1929.
Illustrierte Kronenzeitung: 20.–22. Juni 1928, 16.–20. Januar 1929.
Kraus, Karl (Hg.): Die Fackel, Nr. 827, Februar 1930, bis Nr. 838, September 1930.
Neues Wiener Journal: 1. November 1925, 20. Juni 1928, 21. Juni 1928, 16.–20. Januar 1929.
Pressburger, Richard: Zeitgeschichtliche Kriminalprozesse. Wien 1937.

Arbeitnehmer: der Fall Schuricht
Akten im Sächsischen Staatsarchiv Leipzig.
Jünemann, Rita und Eckhard, Lehrte, Zeitzeugen.
Kroemke, Klaus-Dieter, Radeburg, Zeitzeuge.
Sächsische Tageszeitungen 1964/65, besonders der »Dresdner Kreisexpreß«.
www.radeburg.de

Karriere: der Fall Hofrichter
Kraus, Karl: Cyankali. Die Fackel, Nr. 292, 17. Dezember 1909.
Kraus, Karl: Der Giftmord, die Moral und der Postverkehr. Die Fackel, Nr. 291, 30. November 1909.
Pressburger, Richard: Zeitgeschichtliche Kriminalprozesse. Wien 1937.
Winter, Max: Der Fall Hofrichter. Aus dem Notizbuch eines Journalisten. München 1909 (noch vor dem Urteil erschienen).
Zeitungen von 18. November 1909 bis 26. Mai 1910: Arbeiterzeitung, Extrablatt, Kronenzeitung, Neue Freie Presse.

Arbeitsklima: der Fall N. N.
Weltwoche, Nr. 28, 2004.
Zeitungen vom 6. und 7. Juli 2004: Blick, Neue Zürcher Zeitung, Solothurner Zeitung, Süddeutsche Zeitung.

Arbeit und Lebenssinn: der Fall Nelböck
Matejka, Viktor: Das Buch N. 3. Hg. v. Peter Huemer. Wien 1993.
Siegert, Michael: Der Mord an Professor Schlick, in: Attentate, die Österreich erschütterten. Hg. v. Leopold Spira. Wien 1981.
Zeitungen im Zeitraum 23.–25. Juni 1936 und 25.–27. Mai 1937: Neue Freie Presse, Neue Illustrierte Kronenzeitung, Neues Wiener Journal.

Arbeiterbewegung: der Fall Kunschak
Spira, Leopold: Der Mord an Franz Schuhmeier, in: Attentate, die Österreich erschütterten. Hg. v. Leopold Spira. Wien 1981.
Zeitungen von 13. bis 17. Mai 1913: Deutsches Volksblatt, Reichspost.

Minderlohn: der Fall Werner und Grosse
Friedländer, Hugo: Interessante Kriminalprozesse. Berlin 2001.
Zeitungen im Zeitraum Oktober bis Dezember 1896: Berliner Neuste Nachrichten, Berliner Tageblatt, Vorwärts, Vossische Zeitung (daraus fast alle Medienzitate).

Kollegen: der Fall Henjes
Akten des Sächsischen Hauptstaatsarchives Dresden.
Berliner Palette, Nr. 50/1949.
Sächsische Zeitung, März 1950.

Fehlende Ausbildung: der Fall Steinhäuser
Frankfurter Allgemeine Zeitung, 4. Mai 2002.
Geipel, Ines: Für heute reicht's. Berlin 2005.
Pierre, DBC: Jesus von Texas. Berlin 2005.

Literatur

Adler, L.: Amok. München 2000.
Argyle, M.: Soziale Interaktion. Köln 1972.
Benda, R. u. H. Seyrl: Mörderisches Wien. Wien 1996.
Besag, V.: Bullies and Victims. London 1989.
Borrmann, N.: Das große Lexikon des Verbrechens. Berlin 2002.
Conell, R. W.: Gender and Power. Sydney 1987.
Drews, M.: Kriminalisten im Verhör. Berlin 1979.
Edelbacher, M. u. H. Seyrl: Wiener Kriminalchronik. Wien 1993.
Fahrmeir, A. und S. Freitag: Mord und andere Kleinigkeiten. München 2001.
Frischler, K. u. P. Zehrer: Kriminalwalzer. Wien 1979.
Gaugler, E. u. W. Weber (Hg.): Handwörterbuch des Personalwesens. Stuttgart 1992.
Geiger, E. u. P. Yvon: Es gibt durchaus noch schöne Morde. Wien 2005.
Girod, H.: Der Kreuzworträtselmord und andere Kriminalfälle aus der DDR. Berlin 2004.
Greif, S. (Hg.): Stress am Arbeitsplatz. Göttingen 1989.
Gundolf, H.: Verbrecher von A–Z. Hamburg 1966.
Habe, Hans: Meine Herren Geschworenen. Zürich 1964.
Jacta, M.: Berühmte Strafprozesse. München 2001.
Kaufholz, B.: Der Amokschütze aus der Börde. Halle/S. 2004.
Kersten, J.: Gut und (Ge)schlecht. Männlichkeit, Kultur und Kriminalität. New York 1997.
Kunz, H.: Konfliktbewältigung im Unternehmen. Köln 1987.
Leymann, H.: Mobbing. Psychoterror am Arbeitsplatz. Reinbek 1993.
Liepmann, H.: Verbrechen im Zwielicht. Berlin 1959.
Liszt, F.: Lehrbuch des deutschen Strafrechts. Berlin 1914[20].
Lübbert, M.: Amok. Der Lauf der Männlichkeit. Frankfurt 2002.
Midendorf, W.: Kriminologie der Tötungsdelikte. Stuttgart 1984.
Niedl, K.: Mobbing, Bullying am Arbeitsplatz. München 1995.
Noelle-Neumann, E. u. B. Strümpel: Macht Arbeit krank? München 1985.
Pfeiffer, H.: Plädoyers. Der Anwalt und das Verbrechen. Berlin 1970.

Qualtinger, L.: k. u. k. Krimis. Wien/München 1980.
Radbruch, G. u. H. Gwinner: Geschichte des Verbrechens. Stuttgart 1951.
Seemann, H. u. R. Meier: Das Prinzip Bosheit: die Alltäglichkeit der Schikane. Basel 1989.
Seyle, H.: Stress. München 1988.
Thomas, R.: Chefsache Mobbing. Wiesbaden 1993.
Tozzer, K. u. G. Kallinger: Todesfalle Politik. St. Pölten/Wien 1999.
Ubald Tartaruga (d. i. E. O. Ehrenfreund): Wiener Pitaval. 3. Bd. Wien 1925.
Vitecek, L.: Wörterbuch des Kriminaldienstes. Wien 1965.
Walter, H.: Mobbing. Kleinkrieg am Arbeitsplatz. Frankfurt 1993.
Weyr, S.: Liebe und Verbrechen im alten Wien. Wien 1980.
Wiegler, P.: Schicksale und Verbrechen. Berlin 1935.
Zuschlag, B.: Mobbing. Schikane am Arbeitsplatz. Göttingen 1994.